成都市教育现代化发展水平监测年度报告【2022年卷】

中国教育学会
成都市人民政府教育督导委员会 编著

科学出版社
北京

内 容 简 介

《成都教育现代化2035》提出，2025年成都将建成与国家中心城市相匹配的理念先进、体系完备、品质卓越、生态和谐、保障有力的教育强市，2035年实现更高水平、更高质量的教育现代化。本报告以年度报告的形式对成都市各区（市）县教育普及水平、教育公平程度、教育质量水平、教育投入水平、教育信息化水平、教师队伍水平、教育国际化水平、学习型社会建设水平和教育治理水平9个方面进行系统分析，报告了2021年成都市各区（市）县教育现代化年度发展水平，以及目标实现程度。

本书适合教育行政部门决策人员、教育政策研究人员、教育现代化研究人员和其他相关研究人员阅读。

图书在版编目(CIP)数据

成都市教育现代化发展水平监测年度报告. 2022年卷/中国教育学会，成都市人民政府教育督导委员会编著. —北京：科学出版社，2023.8

ISBN 978-7-03-076130-9

Ⅰ.①成… Ⅱ.①中… ②成… Ⅲ.①教育现代化-研究报告-成都-2022 Ⅳ.①G527.711

中国国家版本馆CIP数据核字(2023)第150340号

责任编辑：张 展 / 责任校对：彭 映
责任印制：罗 科 / 封面设计：墨创文化

科学出版社出版
北京东黄城根北街16号
邮政编码：100717
http://www.sciencep.com

四川煤田地质制图印务有限责任公司印刷
科学出版社发行 各地新华书店经销

*

2023年8月第 一 版 开本：787×1092 1/16
2023年8月第一次印刷 印张：13 1/2
字数：280 000

定价：149.00元

2022 Annual Monitoring Report on Educational Modernization Development Level in Chengdu City

The Chinese Society of Education

The Education Supervision Group of Chengdu Municipal Government

SCIENCE PRESS

BEIJING

前　　言

习近平总书记在党的二十大报告中提出了“教育、科技、人才是全面建设社会主义现代化国家的基础性、战略性支撑”的重要论断，对“我们要坚持教育优先发展、科技自立自强、人才引领驱动，加快建设教育强国、科技强国、人才强国，坚持为党育人、为国育才，全面提高人才自主培养质量，着力造就拔尖创新人才，聚天下英才而用之”进行了整体谋划，并将“建成教育强国、科技强国、人才强国、文化强国、体育强国、健康中国，国家文化软实力显著增强”纳入 2035 年我国发展的总体目标。党的二十大赋予了教育新的使命任务，为到 2035 年建成教育强国指明了新的前进方向。

《中国教育现代化 2035》是我国第一个以教育现代化为主题的中长期战略规划，是新时代推进教育现代化、建设教育强国的纲领性文件，系统勾画了我国教育现代化的战略愿景，明确了教育现代化的战略目标、战略任务和实施路径，明确提出了“总体规划，分区推进”的实施策略，提出要在国家教育现代化总体规划框架下，推动各地从实际出发，制定本地区教育现代化规划，形成一地一案、分区推进教育现代化的生动局面。2021 年 1 月，成都市委市政府印发了《成都教育现代化 2035》，聚焦建设高质量教育体系的核心任务，明确提出了“全域全生命周期的现代教育体系更加完善，高素质专业化创新型的教师队伍持续壮大，绿色人文可持续发展的智慧学校全域覆盖，引领城市高质量发展的服务能力显著增强，全方位宽领域多层次的开放格局基本形成，教育治理体系和治理能力现代化全面实现”的发展目标，形成了加快推进教育现代化，建设教育强市，办好人民满意的教育的“成都方案”。2022 年 5 月，成都市教育局印发《成都市“十四五”教育发展规划》，提出到 2025 年建成“理念先进、体系完备、品质卓越、生态和谐、保障有力的教育强市”的总体目标，对未来几年成都推动教育高质量发展，提升教育现代化水平进行了具体部署。

在推进教育现代化发展过程中，成都市注重发挥督导评估和教育监测的作用，从 2012 年起在全国率先开展教育现代化发展水平年度监测，以监测评价促发展。为加快全面实现教育现代化，2017 年成都市人民政府教育督导委员会办公室结合“中国教育现代化 2035”远景目标和《成都市教育事业发展第十三个五年规划》，形成了《成都市区(市)县教育现代化发展水平监测指标体系(2020)》，该指标体系包含 9 大类共 34 项监测指标，涉及国家教育现代化重点关注的全部内容。

为确保教育现代化目标任务全面完成，成都市人民政府教育督导委员会办公室积极发挥教育督导评估监测的导向作用，建立第三方评估机制，选择中国教育学会中小学教育质量评价办公室提供监测专业技术服务，通过实施监测循证决策，依据监测结果督促改进。本报告即为 2021 年对成都市各区(市)县教育现代化发展水平的监测报告。

目　　录

第一部分　2021年度成都市区（市）县教育现代化发展水平监测总报告

第二部分　2021年度成都市各区（市）县教育现代化发展水平监测分报告

第三部分　2021 年度成都市各区(市)县教育现代化发展水平 B 级指标具体情况

第一部分

2021年度成都市区（市）县教育现代化发展水平监测总报告

依据成都市人民政府教育督导委员会办公室印发的《成都市区(市)县教育现代化发展水平监测指标体系(2020)》及 2022 年教育现代化指标和标准调整方案，本书编写组对成都市所辖区(市)县开展 2021 年度教育现代化发展水平监测，现将监测结果报告如下。

本报告的监测年度为 2021 年，所有指标数据分别来源于 2021 年国家教育事业统计报表(统计时期为 2020 年 9 月 1 日至 2021 年 8 月 31 日)、2021 年国家教育经费统计报表(2021 年 1 月 1 日至 2021 年 12 月 31 日)、教育行政部门及其他部门提供的 2021 年工作数据。由于各类数据的统计分析时间不同，故本报告的数据采集截止时间为 2022 年 12 月底。

一、2021年度成都市及各区(市)县教育现代化发展水平目标总体达成情况

成都市教育现代化发展水平监测指标体系共分为9个A级指标，34个B级指标。本书运用2021年统计数据、调查数据计算各项B级指标达成度，通过加权合成A级指标达成度，最后合成总达成度。从总达成度可以判断区域教育现代化发展水平与总目标之间的差距；从A级指标达成度、B级指标达成度可以判断区域教育现代化推进过程中的优势和薄弱环节，为成都市本级及各区(市)县政府和教育行政部门决策提供科学依据，加快推进成都教育现代化。

(一)成都市及各区(市)县教育现代化发展水平目标总体达成度

2021年，成都市教育现代化发展水平目标总体达成度为91.66%，较2020年增长0.5个百分点。成都市有16个区(市)县教育现代化发展水平目标总体达成度较2020年增长。成都市各区(市)县教育现代化发展水平目标总体达成度均在84%以上；总体达成度超过85%的区(市)县有21个，与2020年持平；总体达成度超过90%的区(市)县有19个，比2020年增加4个(图1.1)。

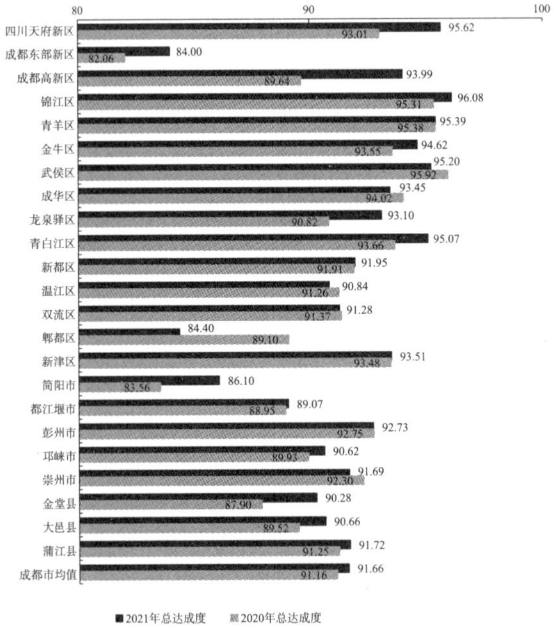

图1.1　2021年成都市及各区(市)县教育现代化发展水平目标总体达成度(%)

(二)各区(市)县教育现代化发展水平政府目标完成情况

本节以成都市委、市政府目标督查办公室(简称目督办)提出的各区(市)县教育现代化发展水平总体达成度目标值为参照，分析发现，除郫都区外，2021 年成都市及其他区(市)县均完成了政府目标(图 1.2)。

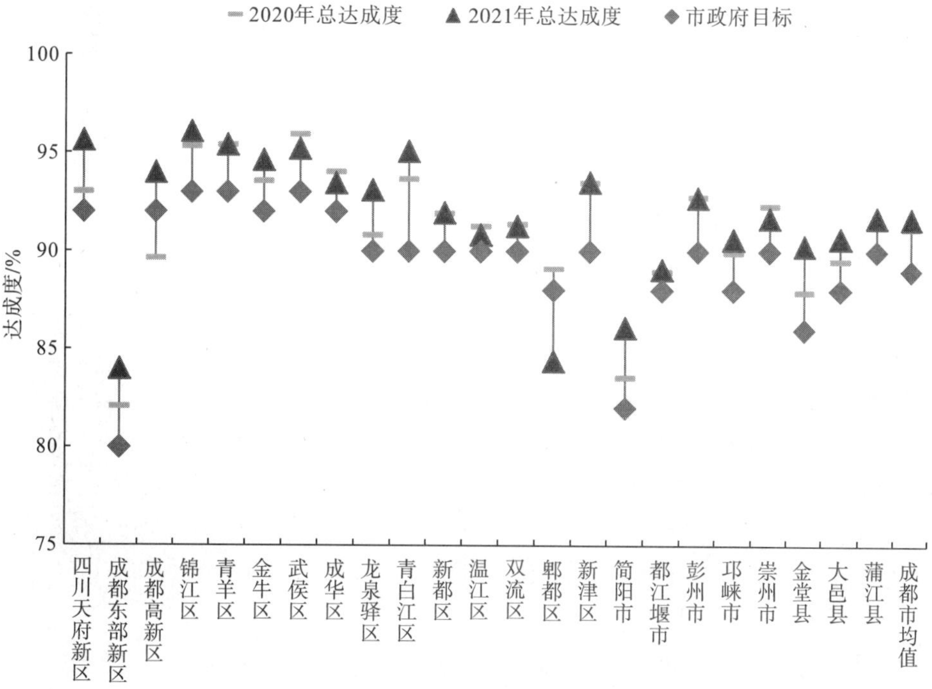

图 1.2　2021 年成都市及各区(市)县教育现代化发展水平政府目标完成情况

(三)各区(市)县教育现代化发展水平与其经济发展水平相关分析

(1)体现区域经济发展水平制约教育现代化发展水平的规律。2021 年成都市各区(市)县的经济发展水平与教育发展水平继续表现出高相关性，符合经济社会发展一般规律。成都市各区(市)县教育现代化发展水平目标总达成度排位与其人均 GDP 排位的等级相关系数为 0.799，各区(市)县教育现代化发展水平目标总达成度与其人均 GDP 的积差相关系数为 0.616，均较 2020 年有大幅度提升，说明区域教育现代化发展水平的提高，依赖其经济发展水平的持续支持。

(2)落实教育优先发展战略实现教育现代化发展水平跨越发展。习近平总书记强调，要坚持把教育优先发展作为推动党和国家各项事业发展的重要先手棋。教育优先发展战略就是社会用于发展教育的投入要适当超越于现有生产力和经济发展状态而超前投入；教育发展要先于或优于社会上其他行业和部门而先行发展。各级党委政府要贯彻落实教育优先发展战略，就要在组织领导、发展规划、资源保障上把教育事业摆在优先发展地位，通过有效的教育政策调控，实现教育现代化水平跨越式发展。

从表1.1可见，2021年四川天府新区、新都区和崇州市等教育现代化发展水平明显优先于其经济发展水平，说明这些区(市)教育优先发展战略落实很好。

表1.1　2021年成都市各区(市)县经济发展水平与教育发展水平相关分析

区(市)县	人均GDP/元	人均GDP位次	教育现代化发展水平目标总达成度/%	教育现代化总体达成度位次
成都高新区	222704	1	93.99	7
青羊区	152194	2	95.39	3
锦江区	139612	3	96.08	1
青白江区	126548	4	95.07	5
新津区	122225	5	93.51	8
金牛区	116398	6	94.62	6
武侯区	112617	7	95.20	4
龙泉驿区	111751	8	93.10	10
成华区	92142	9	93.45	9
蒲江县	79785	10	91.72	13
彭州市	77140	11	92.73	11
双流区	77133	12	91.28	15
温江区	71094	13	90.84	16
四川天府新区	69612	14	95.62	2
都江堰市	68206	15	89.07	20
金堂县	65520	16	90.28	19
新都区	64172	17	91.95	12
邛崃市	64066	18	90.62	18
简阳市	63549	19	86.10	21
大邑县	61516	20	90.66	17
崇州市	60159	21	91.69	14
郫都区	52067	22	84.40	22
成都东部新区	—	—	84.00	23

注： GDP数据来源：https://www.maigoo.com/news/503782.html。
常住人口数据来源：《成都市第七次全国人口普查公报》。

二、2021年度成都市及各区（市）县教育现代化发展水平A级指标目标达成情况

成都市教育现代化发展水平监测体系共有9个A级指标，如表1.2所示。

表1.2　成都市区（市）县教育现代化发展水平监测指标体系A级指标

A1	A2	A3	A4	A5	A6	A7	A8	A9
教育普及水平	教育公平程度	教育质量水平	教育投入水平	教育信息化水平	教师队伍水平	教育国际化水平	学习型社会建设水平	教育治理水平

（一）成都市教育现代化发展水平A级指标目标达成情况

2021年，成都市教育现代化发展水平A级指标达成度超过90%的指标有7项，分别为A1教育普及水平、A2教育公平程度、A3教育质量水平、A5教育信息化水平、A6教师队伍水平、A8学习型社会建设水平和A9教育治理水平；达成度在80%～90%的指标有1项，为A7教育国际化水平。另外，A4教育投入水平的达成度为74.79%，较2020年下降1.26个百分点，依然是成都市教育现代化建设进程中最亟须弥补的短板。

与2020年相比，2021年成都市教育现代化9项A级指标中有4项指标的达成度实现正增长（图1.3）。

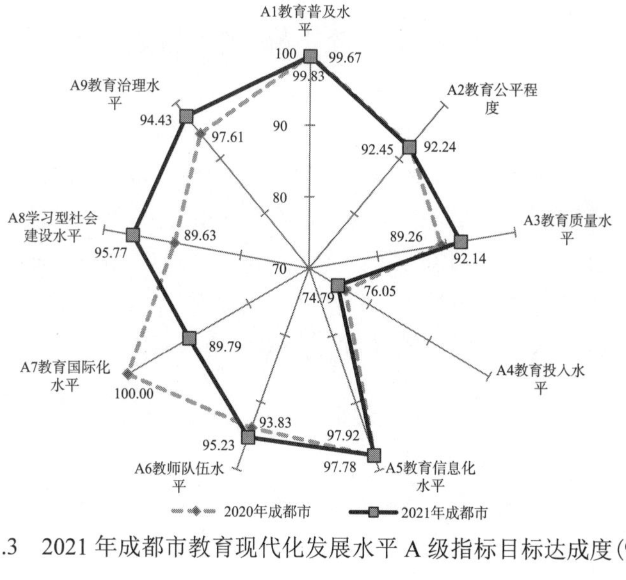

图1.3　2021年成都市教育现代化发展水平A级指标目标达成度（%）

(二)成都市各圈层[①]教育现代化发展水平 A 级指标平均达成度情况

从成都市各圈层 A 级指标达标数量看，只有郊区新城的 A8 学习型社会建设水平的平均达成度为 100%，即该区域都达到目标值。从成都市各圈层 A 级指标平均达成度大于 90% 的指标数量看，城市新区、中心城区和郊区新城分别有 7 项、8 项和 7 项，中心城区略有优势。另外，成都市各圈层都有 1 项指标平均达成度低于 80%，均为 A4 教育投入水平，其中郊区新城最低，为 69.24%(图 1.4)。

平均达成度/%			
一级指标	城市新区	中心城区	郊区新城
A1教育普及水平	99.35	99.67	99.80
A2教育公平程度	92.95	92.25	95.72
A3教育质量水平	90.70	92.71	91.82
A4教育投入水平	76.24	77.80	69.24
A5教育信息化水平	95.71	97.76	98.58
A6教师队伍水平	94.36	98.69	90.50
A7教育国际化水平	90.87	92.42	85.43
A8学习型社会建设水平	89.92	94.42	100.00
A9教育治理水平	96.47	98.67	96.44
圈层内各区(市)县平均达成度100%的指标数/项	0	0	1
圈层内各区(市)县平均达成度90%以上的指标数/项	7	8	7
圈层内各区(市)县平均达成度不足80%的指标数/项	1	1	1

图 1.4　2021 年成都市各圈层教育现代化发展水平 A 级指标平均达成度情况

(三)各区(市)县 A 级指标目标达成情况分析

1. 各区(市)县 A 级指标目标达成度与成都市均值比较

由表 1.3 可见，2021 年度，锦江区全部 9 项 A 级指标达成度均高于或等于成都市均值；四川天府新区、成都高新区、青羊区、金牛区和武侯区有 8 项 A 级指标达成度高于或等于成都市均值，表明这些区教育现代化发展水平相对较高。另外，成都东部新区没有任何一项 A 级指标高于或等于成都市均值，郫都区仅有 2 项 A 级指标高于或等于成都市均值，上述区域的 A 级指标目标达成度与成都市均值相比处于相对弱势。

① 成都市分为城市新区、中心城区和郊区新城三个圈层。城市新区有四川天府新区、成都东部新区和成都高新区；中心城区有锦江区、青羊区、金牛区、武侯区、成华区、温江区、郫都区、新都区、龙泉驿区、双流区、青白江区和新津区；郊区新城有彭州市、都江堰市、金堂县、崇州市、大邑县、简阳市、蒲江县和邛崃市。

表 1.3　2021 年各区(市)县 A 级指标目标达成度与成都市均值和所在圈层内部比较情况

圈层	A 级指标	A1 教育普及水平	A2 教育公平程度	A3 教育质量水平	A4 教育投入水平	A5 教育信息化水平	A6 教师队伍水平	A7 教育国际化水平	A8 学习型社会建设水平	A9 教育治理水平	高于或等于成都市均值的 A 级指标数/项	高于或等于所在圈层均值的 A 级指标数/项
城市新区	四川天府新区	●	●	●	●	●	●	●	●	●	8	9
	成都东部新区	○	○	○	○	○	○	○	○	○	0	0
	成都高新区	●	●	●	●	●	●	●	○	●	8	8
中心城区	锦江区	●	●	●	●	●	●	●	●	●	9	9
	青羊区	●	●	○	●	●	●	●	●	●	8	8
	金牛区	○	●	●	●	●	●	●	●	●	8	8
	武侯区	●	●	○	●	●	●	●	●	●	8	8
	成华区	○	○	●	●	●	●	●	○	●	6	6
	龙泉驿区	●	●	●	●	●	●	○	●	○	7	7
	青白江区	●	●	●	●	○	●	●	○	●	7	7
	新都区	●	○	○	○	●	●	●	●	●	6	6
	温江区	●	○	○	○	○	○	●	●	○	5	3
	双流区	●	○	○	●	○	○	○	○	●	5	3
	郫都区	●	○	○	○	○	○	○	○	●	2	2
	新津区	●	●	○	●	○	○	○	●	●	7	5
郊区新城	简阳市	●	○	○	○	○	○	○	●	●	4	3
	都江堰市	●	○	○	○	●	○	●	●	○	4	4
	彭州市	●	●	○	●	●	●	●	●	●	7	8
	邛崃市	●	●	●	●	●	●	○	●	○	6	7
	崇州市	●	○	○	●	●	○	●	●	●	6	6
	金堂县	○	●	○	○	●	●	○	●	●	5	5
	大邑县	●	○	●	○	○	○	●	●	●	5	5
	蒲江县	○	●	●	●	○	○	●	●	○	4	5
高于或等于成都市均值的区(市)县数/个		19	16	12	14	13	15	12	17	17	—	—

图例：灰色底纹为高于或等于成都市均值；（白底）为低于成都市均值。
●为高于或等于所在圈层均值；○为低于所在圈层均值。

如表 1.3 所示，从高于或等于成都市 A 级指标均值的区(市)县数看，2021 年度 A1 教育普及水平有 19 个区(市)县高于或等于成都市均值，A3 教育质量水平和 A7 教育国际化水平仅有 12 个区(市)县高于或等于成都市均值。

2. 各区(市)县 A 级指标目标达成度与所在圈层均值的 A 级指标数的比较

由表 1.3 可见，2021 年，四川天府新区和锦江区全部 9 项 A 级指标达成度均高于或等于其所在圈层均值，成都高新区、青羊区、金牛区、武侯区和彭州市有 8 项 A 级指标达成度高于或等于其所在圈层均值，表明这些区（市）教育现代化发展水平在圈层内处于优势地位。另外，成都东部新区没有任何一项 A 级指标高于或等于其所在圈层均值，郫都区仅有 2 项 A 级指标高于或等于其所在圈层均值，上述区域的 A 级指标目标达成度与所在圈层均值相比处于相对弱势。

三、2021年度成都市及各区(市)县教育现代化发展水平B级指标目标达成情况

成都市教育现代化发展水平监测指标体系共有34个B级指标，系该指标体系的最后一级指标。成都市教育现代化发展水平监测指标体系的B级指标是建立在比较分析国内外权威教育发展指标，并寻找其共同关注点的基础之上的最后一级指标，反映了教育现代化关注的重要方面和实施监测的关键点位。

(一)成都市教育现代化发展水平B级指标目标达成情况

1. 优势方面

2021年，成都市教育现代化发展水平B级指标目标达成度达到100%的有5项指标，分别为B2义务教育巩固率、B4新增劳动力平均受教育年限、B9每年交流轮岗教师占符合交流条件教师总数的比例、B23教师教育技术应用能力达标率和B30从业人员继续教育年参与率。与2020年相比，达到100%的指标减少了2项，其中，B7残疾儿童、少年义务教育阶段入学率、B15中职毕业生就业及升学比例、B28教育国际化综合实现度3项指标目标达成度未达到100%，B2义务教育巩固率由99.78%增长到100%。达成度超过90%的有25项指标，与2020年相比，增加了4项，即B11学生学业发展水平、B29市民终身学习O2O平台注册人数占常住人口的比例、B31重大公共教育政策决策的社会参与度、B32重大公共教育政策实施风险评估的比例。B28教育国际化综合实现度由2020度的100%降到2021年度的89.79%。

与2020年相比，2021年有进步的指标具体有14项，B11学生学业发展水平和B29市民终身学习O2O平台注册人数占常住人口的比例进步较大，其达成度分别增加了23.76和12.29个百分点，表明成都市各区(市)县在学生学业发展水平和市民终身学习方面有所提升。

2. 薄弱环节

2021年度，成都市教育现代化发展水平B级指标目标达成度在80%以下的薄弱指标分别为B6义务教育县域内城乡比率①、B17生均公共财政预算教育事业费和B18生均公共财政预算公用经费，其中B17生均公共财政预算教育事业费和B18生均公共财政预算

---

① B6义务教育县域内城乡比率是指县域内农村学校与城镇学校共14项监测指标值的比率，比率大于或等于1代表农村学校发展水平优于或等于城镇学校发展水平，反映的是县域内城乡差异情况，为成都市义务教育优质均衡监测的结果。此指标的达成度为大于或等于1的监测指标个数的比例，它的目标达成度为100%。参与计算的指标有小学和初中每百名学生拥有高于规定学历教师数、每百名学生拥有县级及以上骨干教师数、每百名学生拥有体育和艺术(音乐、美术)专任教师数、生均教学及辅助用房面积、生均体育运动场馆面积、生均教学仪器设备数、每百名学生拥有网络多媒体教室数。

公用经费指标达成度均低于 70%，需高度关注。

与 2020 年相比，受疫情影响，有 13 项指标出现负增长，其中 B28 教育国际化综合实现度达成度下降 10.21 个百分点(图 1.5)。

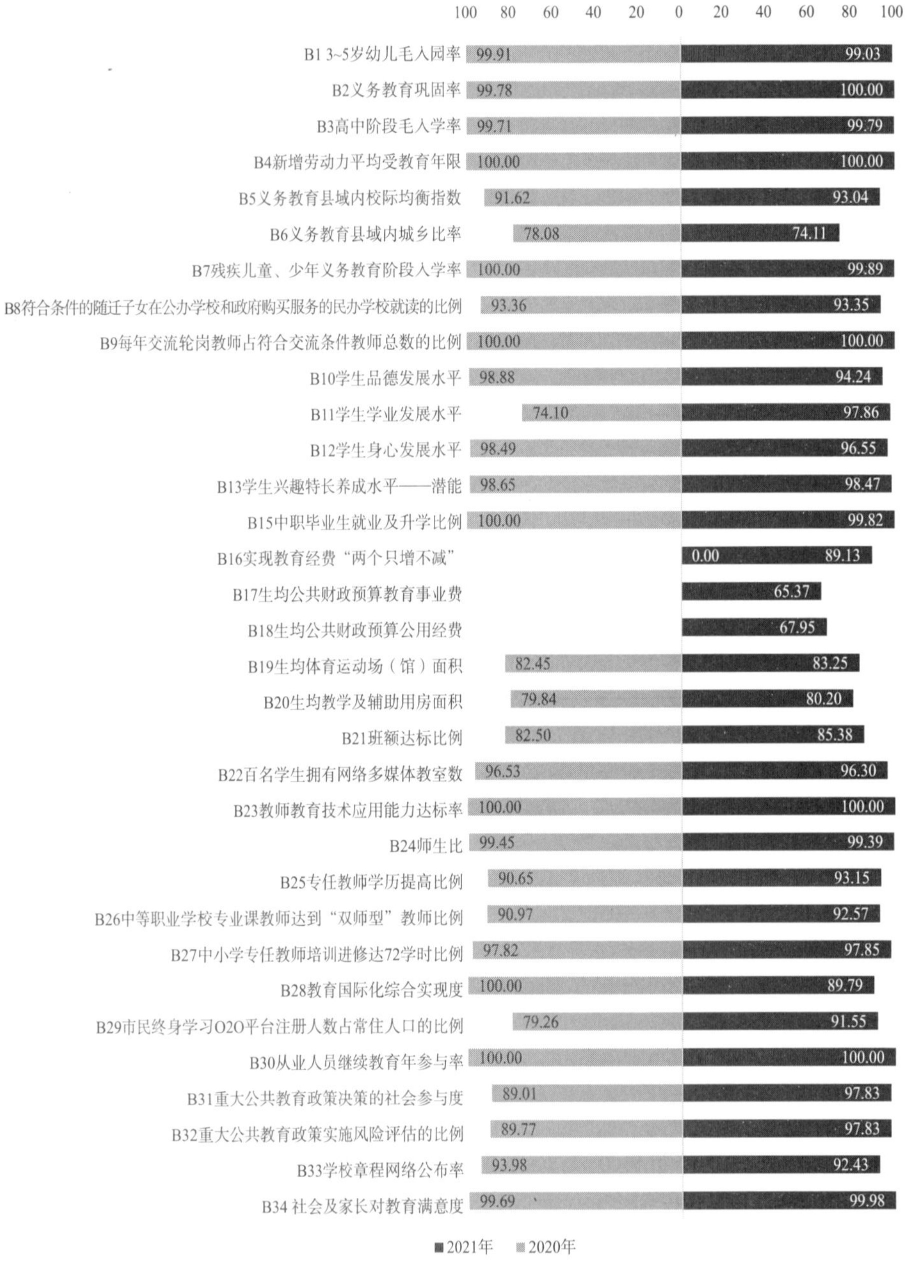

图 1.5　2021 年成都市教育现代化发展水平 B 级指标目标达成度(%)

注：① B6 义务教育县域内城乡比率，为 16 个有城乡分布的区(市)县的县域内城乡比率达成度均值。

②由于指标口径及权重发生变化，2021 年 B16 实现教育经费“两个只增不减”、B17 生均公共财政预算教育事业费和 B18 生均公共财政预算公用经费 3 项指标不与 2020 年比较。

③B14 学业负担指标因成都各区(市)县统计口径暂不统一，导致该指标在后文的对比分析中不具备指导意义，因此本报告统一未列出。

（二）成都市各圈层教育现代化发展水平 B 级指标平均达成度情况

2021 年，成都市城市新区、中心城区和郊区新城分别有 10 项、10 项和 6 项 B 级指标平均达成度达到 100%；各圈层均达到 100%的 B 级指标有 5 项，分别为 B2 义务教育巩固率、B4 新增劳动力平均受教育年限、B9 每年交流轮岗教师占符合交流条件教师总数的比例、B23 教师教育技术应用能力达标率和 B30 从业人员继续教育年参与率(图 1.6)。

平均达成度/%

二级指标	城市新区	中心城区	郊区新城
B1 3~5岁幼儿毛入园率	99.259	98.813	99.282
B2义务教育巩固率	100.000	100.000	100.000
B3高中阶段毛入学率	98.391	100.000	99.996
B4新增劳动力平均受教育年限	100.000	100.000	100.000
B5义务教育县域内校际均衡指数	84.356	92.535	97.042
B6义务教育县域内城乡比率	90.476	80.357	81.250
B7残疾儿童、少年义务教育阶段入学率	99.700	99.934	99.902
B8符合条件的随迁子女在公办学校和政府购买服务的民办学校就读的比例	98.828	88.158	99.089
B9每年交流轮岗教师占符合交流条件教师总数的比例	100.000	100.000	100.000
B10学生品德发展水平	93.774	95.192	92.982
B11学生学业发展水平	92.052	100.000	96.829
B12学生身心发展水平	96.037	97.143	95.861
B13学生兴趣特长养成水平——潜能	96.824	99.899	96.937
B15中职毕业生就业及升学比例	100.000	100.000	99.503
B16实现教育经费“两个只增不减”	83.333	87.500	93.750
B17生均公共财政预算教育事业费	76.657	69.132	55.142
B18生均公共财政预算公用经费	62.007	76.964	55.660
B19生均体育运动场（馆）面积	89.634	81.979	83.138
B20生均教学及辅助用房面积	75.330	80.825	79.474
B21班额达标比例	88.326	83.598	86.953
B22百名学生拥有网络多媒体教室数	92.849	96.267	97.632
B23教师教育技术应用能力达标率	100.000	100.000	100.000
B24师生比	99.592	100.000	98.409
B25专任教师学历提高比例	89.133	98.514	86.625
B26中等职业学校专业课教师达到“双师型”教师比例	100.000	97.637	83.110
B27中小学专任教师培训进修达72学时比例	96.547	98.315	97.650
B28教育国际化综合实现度	90.866	92.423	85.428
B29市民终身学习O2O平台注册人数占常住人口的比例	79.844	88.841	100.000
B30从业人员继续教育年参与率	100.000	100.000	100.000
B31重大公共教育政策决策的社会参与度	100.000	97.917	96.875
B32重大公共教育政策实施风险评估的比例	100.000	97.917	96.875
B33学校章程网络公布率	82.361	97.506	88.578
B34 社会及家长对教育满意度	100.000	100.000	99.938
平均达成度100%的指标/项	10	10	6
平均达成度90%以上的指标/项	23	24	23
平均达成度不足80%的指标/项	5	3	4

图 1.6　2021 年成都市各圈层教育现代化 B 级指标平均达成度情况

注：B6 义务教育县域内城乡比率，为 16 个有城乡分布的区(市)县的县域内城乡比率达成度均值。

2021 年成都市城市新区、中心城区和郊区新城分别有 23 项、24 项和 23 项 B 级指标平均达成度都在 90%以上，中心城区略有优势。另外，2021 年成都市城市新区、中心城区和郊区新城分别有 5 项、3 项和 4 项 B 级指标平均达成度低于 80%，是今后需改进的方面。

总体来说，在三个圈层中，2021 年成都市中心城区的 B 级指标较城市新区和郊区新城略有优势，而其他两个区域处于快速追赶中，区域差异正在缩小。

（三）各区（市）县 B 级指标目标达成情况分析

1. 各区（市）县 B 级指标目标达成度与成都市均值比较

各项 B 级指标分别代表工作的不同方面。横向观察表 1.4，可知成都市各区（市）县在 34 个 B 级指标中的表现水平。例如，B2 义务教育巩固率、B4 新增劳动力平均受教育年限等 5 项指标所有区（市）县均表现出了高水平。

表 1.4　2021 年各区（市）县 B 级指标目标达成度与成都市均值和所在圈层内部比较情况

圈层	城市新区			中心城区												郊区新城								高于或等于成都市均值的区（市）县数/个
二级指标	四川天府新区	成都东部新区	成都高新区	锦江区	青羊区	金牛区	武侯区	成华区	龙泉驿区	青白江区	新都区	温江区	双流区	郫都区	新津区	简阳市	都江堰市	彭州市	邛崃市	崇州市	金堂县	大邑县	蒲江县	
B1 3～5岁幼儿毛入园率	●	○	●	●	●	○	●	○	●	●	●	●	●	●	●	●	●	●	●	●	○	●	○	18
B2 义务教育巩固率	●	●	●	●	●	●	●	●	●	●	●	●	●	●	●	●	●	●	●	●	●	●	●	23
B3 高中阶段毛入学率	●	○	●	●	●	●	●	●	●	●	●	●	●	●	●	●	○	●	●	●	●	●	●	22
B4 新增劳动力平均受教育年限	●	●	●	●	●	●	●	●	●	●	●	●	●	●	●	●	●	●	●	●	●	●	●	23

续表

圈层	城市新区			中心城区												郊区新城								高于或等于成都市均值的区（市）县数/个
二级指标	四川天府新区	成都东部新区	成都高新区	锦江区	青羊区	金牛区	武侯区	成华区	龙泉驿区	青白江区	新都区	温江区	双流区	郫都区	新津区	简阳市	都江堰市	彭州市	邛崃市	崇州市	金堂县	大邑县	蒲江县	
B5 义务教育县域内校际均衡指数	●	○	●	●	●	●	●	○	●	●	●	○	○	○	●	○	●	●	●	○	●	○	●	16
B6 义务教育县域内城乡比率	●	○	●	●	●	●	●	●	○	●	○	○	○	○	○	○	○	●	○	○	●	●	●	15
B7 残疾儿童、少年义务教育阶段入学率	●	○	●	●	●	●	●	●	○	●	●	●	●	●	●	○	●	●	●	●	●	●	●	20
B8 符合条件的随迁子女在公办学校和政府购买服务的民办学校就读的比例	●	●	○	●	●	○	●	●	○	●	●	○	○	○	●	●	●	○	●	●	●	●	●	16

续表

圈层	城市新区			中心城区												郊区新城								高于或等于成都市均值的区(市)县数/个
二级指标	四川天府新区	成都东部新区	成都高新区	锦江区	青羊区	金牛区	武侯区	成华区	龙泉驿区	青白江区	新都区	温江区	双流区	郫都区	新津区	简阳市	都江堰市	彭州市	邛崃市	崇州市	金堂县	大邑县	蒲江县	
B9 每年交流轮岗教师占符合交流条件教师总数的比例	●	●	●	●	●	●	●	●	●	●	●	●	●	●	●	●	●	●	●	●	●	●	●	23
B10 学生品德发展水平	●	○	●	●	○	●	●	●	○	●	○	○	●	○	○	○	●	●	○	○	○	●	●	13
B11 学生学业发展水平	●	○	●	●	●	●	●	●	●	●	●	●	●	●	●	○	●	●	●	●	○	●	●	19
B12 学生身心发展水平	●	○	●	●	○	●	●	●	●	●	○	○	○	○	○	○	●	●	○	○	○	●	●	13
B13 学生兴趣特长养成水平 潜能	●	○	●	●	●	●	●	●	●	○	●	●	●	○	●	○	●	●	●	●	○	●	●	14
B15 中职毕业生就业及升学比例	●	●	●	●	●	●	●	●	●	●	●	●	●	●	●	●	●	●	●	○	●	●	●	22

续表

圈层	城市新区			中心城区												郊区新城								高于或等于成都市均值的区（市）县数/个
二级指标	四川天府新区	成都东部新区	成都高新区	锦江区	青羊区	金牛区	武侯区	成华区	龙泉驿区	青白江区	新都区	温江区	双流区	郫都区	新津区	简阳市	都江堰市	彭州市	邛崃市	崇州市	金堂县	大邑县	蒲江县	
B16 实现教育经费“两个只增不减”	●	●	○	●	●	●	○	●	●	●	●	○	●	○	●	●	●	○	●	●	●	●	●	18
B17 生均公共财政预算教育事业费	●	○	●	●	●	●	●	●	●	●	○	●	●	○	○	○	○	●	○	●	○	○	●	13
B18 生均公共财政预算公用经费	●	○	○	○	●	●	●	●	○	○	○	●	●	○	○	●	○	●	○	●	●	○	●	12
B19 生均体育运动场（馆）面积	●	○	●	●	○	○	●	○	●	●	○	○	●	○	●	○	○	●	●	●	○	●	○	12
B20 生均教学及辅助用房面积	○	○	●	●	○	○	●	○	●	●	○	●	●	○	●	●	●	●	○	○	○	●	○	12
B21 班额达标比例	●	○	●	●	○	○	●	○	○	●	○	○	●	○	●	○	●	○	●	●	○	●	●	12

续表

圈层	城市新区			中心城区												郊区新城							高于或等于成都市均值的区(市)县数/个
二级指标	四川天府新区	成都东部新区	成都高新区	锦江区	青羊区	金牛区	武侯区	成华区	龙泉驿区	青白江区	新都区	温江区	双流区	郫都区	新津区	简阳市	都江堰市	彭州市	邛崃市	崇州市	金堂县	大邑县	蒲江县	
B22 每百名学生拥有网络多媒体教室数	●	○	●	●	●	●	●	●	●	○	●	○	○	○	○	○	●	●	●	●	●	○	○	13
B23 教师教育技术应用能力达标率	●	●	●	●	●	●	●	●	●	●	●	●	●	●	●	●	●	●	●	●	●	●	●	23
B24 师生比	●	○	●	●	●	●	●	●	●	●	●	●	●	●	●	○	●	●	●	○	○	●	●	18
B25 专任教师学历提高比例	●	○	●	●	●	●	●	●	●	●	○	○	●	○	○	○	●	●	●	○	●	○	○	14
B26 中等职业学校专业课教师达到“双师型”教师比例	●	●	●	●	●	●	●	●	●	●	○	○	○	●	●	○	○	●	●	○	●	●	●	19

续表

圈层	城市新区			中心城区												郊区新城								高于或等于成都市均值的区(市)县数/个
二级指标	四川天府新区	成都东部新区	成都高新区	锦江区	青羊区	金牛区	武侯区	成华区	龙泉驿区	青白江区	新都区	温江区	双流区	郫都区	新津区	简阳市	都江堰市	彭州市	邛崃市	崇州市	金堂县	大邑县	蒲江县	
B27 中小学专任教师培训进修达 72 学时比例	●	○	●	●	●	●	●	●	●	●	●	○	●	○	●	○	○	●	●	●	○	●	●	17
B28 教育国际化综合实现度	●	○	●	●	●	●	●	●	○	●	●	●	○	○	○	○	●	●	○	●	○	●	●	12
B29 市民终身学习 O2O 平台注册人数占常住人口的比例	●	○	○	●	●	●	●	○	●	○	●	●	○	○	●	●	●	●	●	●	●	●	●	17
B30 从业人员继续教育年参与率	●	●	●	●	●	●	●	●	●	●	●	●	●	●	●	●	●	●	●	●	●	●	●	23
B31 重大公共教育政策决策的社会参与度	●	●	●	●	●	●	●	●	○	●	●	●	●	●	●	●	●	●	○	●	●	●	●	21

续表

圈层	城市新区			中心城区												郊区新城								高于或等于成都市均值的区（市）县数/个
二级指标	四川天府新区	成都东部新区	成都高新区	锦江区	青羊区	金牛区	武侯区	成华区	龙泉驿区	青白江区	新都区	温江区	双流区	郫都区	新津区	简阳市	都江堰市	彭州市	邛崃市	崇州市	金堂县	大邑县	蒲江县	
B32重大公共教育政策实施风险评估的比例	●	●	●	●	●	●	●	●	○	●	●	●	●	●	●	●	●	●	○	●	●	●	●	21
B33学校章程网络公布率	●	○	●	●	●	●	●	●	○	●	●	○	●	○	●	●	○	●	●	●	●	●	○	18
B34社会及家长对教育满意度	●	●	●	●	●	●	●	●	●	●	●	●	●	●	●	○	●	●	●	●	●	●	●	22
高于或等于成都市均值的B级指标数/项	30	13	30	33	29	28	31	27	28	31	25	23	26	17	29	16	31	28	23	20	19	25	23	-
高于或等于所在圈层均值的B级指标数/项	32	12	29	32	28	28	32	27	23	29	24	20	25	15	25	16	25	30	24	24	19	28	27	-

图例：[灰色]为高于或等于成都市各（区）市县B级指标达成度均值；[白色]为低于成都市各（区）市县B级指标达成度均值；●为高于或等于所在圈层平均值；○为低于所在圈层平均值。

纵向观察表 1.4，可知成都市各个区(市)县在推进教育现代化进程中的优势方面和薄弱环节。例如，四川天府新区有 31 项指标的达成度高于或等于成都市均值，表现突出，但 B18 生均公共财政预算公用经费、B20 生均教学及辅助用房面积及 B22 每百名学生拥有网络多媒体教室数等方面需要进一步努力改进。郫都区、简阳市和成都东部新区分别仅有 17 项、16 项和 13 项指标的达成度高于或等于成都市均值，简阳市和成都东部新区半数以上的教育现代化指标需要进一步提升。

2. 各区(市)县 B 级指标目标达成度与所在圈层内部的比较

纵向观察表 1.4，2021 年，四川天府新区和锦江区有 32 项 B 级指标达成度均高于或等于其所在圈层均值，武侯区有 32 项 B 级指标达成度高于或等于其所在圈层均值，彭州市有 30 项 B 级指标达成度高于或等于其所在圈层均值，表明其教育现代化发展水平在圈层内处于优势地位。另外，成都东部新区和郫都区分别只有 12 项和 15 项 B 级指标高于或等于其所在圈层均值，处于相对弱势。

3. 各区(市)县 B 级指标目标达成度对其总体达成度增长的贡献情况

各区(市)县 B 级指标对其总体达成度增长的贡献有正贡献、零贡献和负贡献，本书分别用不同色块标识。正贡献表示较上一个监测年度其指标达成度有正增长，零贡献表示较上一个监测年度其指标达成度有零增长，负贡献表示较上一个监测年度其指标达成度有负增长。

表 1.5 反映出，较 2020 年，2021 年成都市各区(市)县 34 个 B 级指标对本年度教育现代化发展水平的贡献度情况。例如，2021 年有 B2 义务教育巩固率、B3 高中阶段毛入学率等 9 项指标各区(市)县均保持了正增长或零增长，而 B19 生均体育运动场(馆)面积有 10 个区(市)县出现了负增长等。

表 1.5　2021 年较 2020 年各区(市)县 B 级指标目标达成度对其总体达成度贡献情况

二级指标	四川天府新区	成都东部新区	成都高新区	锦江区	青羊区	金牛区	武侯区	成华区	龙泉驿区	青白江区	新都区	温江区	双流区	郫都区	新津区	简阳市	都江堰市	彭州市	邛崃市	崇州市	金堂县	大邑县	蒲江县	对总体达成度有负贡献的区(市)县数/个
B1 3～5岁幼儿毛入园率																								4
B2 义务教育巩固率																								0

续表

二级指标	四川天府新区	成都东部新区	成都高新区	锦江区	青羊区	金牛区	武侯区	成华区	龙泉驿区	青白江区	新都区	温江区	双流区	郫都区	新津区	简阳市	都江堰市	彭州市	邛崃市	崇州市	金堂县	大邑县	蒲江县	对总体达成度有负贡献的区（市）县数/个
B3 高中阶段毛入学率																								0
B4 新增劳动力平均受教育年限																								0
B5 义务教育县域内校际均衡指数																								6
B6 义务教育县域内城乡比率																								10
B7 残疾儿童、少年义务教育阶段入学率																								3

续表

二级指标	四川天府新区	成都东部新区	成都高新区	锦江区	青羊区	金牛区	武侯区	成华区	龙泉驿区	青白江区	新都区	温江区	双流区	郫都区	新津区	简阳市	都江堰市	彭州市	邛崃市	崇州市	金堂县	大邑县	蒲江县	对总体达成度有负贡献的区（市）县数/个
B8 符合条件的随迁子女在公办学校和政府购买服务的民办学校就读的比例																								4
B9 每年交流轮岗教师占符合交流条件教师总数的比例																								0
B10 学生品德发展水平																								22
B11 学生学业发展水平																								0
B12 学生身心发展水平																								23

续表

二级指标	四川天府新区	成都东部新区	成都高新区	锦江区	青羊区	金牛区	武侯区	成华区	龙泉驿区	青白江区	新都区	温江区	双流区	郫都区	新津区	简阳市	都江堰市	彭州市	邛崃市	崇州市	金堂县	大邑县	蒲江县	对总体达成度有负贡献的区(市)县数/个
B13学生兴趣特长养成水平——潜能																								8
B15中职毕业生就业及升学比例																								1
B16实现教育经费“两个只增不减”	—	—	—	—	—	—	—	—	—	—	—	—	—	—	—	—	—	—	—	—	—	—	—	—
B17生均公共财政预算教育事业费	—	—	—	—	—	—	—	—	—	—	—	—	—	—	—	—	—	—	—	—	—	—	—	—
B18生均公共财政预算公用经费	—	—	—	—	—	—	—	—	—	—	—	—	—	—	—	—	—	—	—	—	—	—	—	—
B19生均体育运动场(馆)面积																								10

续表

二级指标	四川天府新区	成都东部新区	成都高新区	锦江区	青羊区	金牛区	武侯区	成华区	龙泉驿区	青白江区	新都区	温江区	双流区	郫都区	新津区	简阳市	都江堰市	彭州市	邛崃市	崇州市	金堂县	大邑县	蒲江县	对总体达成度有负贡献的区(市)县数/个
B20 生均教学及辅助用房面积																								8
B21 班额达标比例																								7
B22 每百名学生拥有网络多媒体教室数																								6
B23 教师教育技术应用能力达标率																								0
B24 师生比																								2
B25 专任教师学历提高比例																								0

续表

二级指标	四川天府新区	成都东部新区	成都高新区	锦江区	青羊区	金牛区	武侯区	成华区	龙泉驿区	青白江区	新都区	温江区	双流区	郫都区	新津区	简阳市	都江堰市	彭州市	邛崃市	崇州市	金堂县	大邑县	蒲江县	对总体达成度有负贡献的区(市)县数/个
B26 中等职业学校专业课教师达到“双师型”教师比例																								4
B27 中小学专任教师培训进修达 72 学时比例																								3
B28 教育国际化综合实现度																								14
B29 市民终身学习 O2O 平台注册人数占常住人口的比例																								0
B30 从业人员继续教育年参与率																								0

续表

二级指标	四川天府新区	成都东部新区	成都高新区	锦江区	青羊区	金牛区	武侯区	成华区	龙泉驿区	青白江区	新都区	温江区	双流区	郫都区	新津区	简阳市	都江堰市	彭州市	邛崃市	崇州市	金堂县	大邑县	蒲江县	对总体达成度有负贡献的区(市)县数/个
B31 重大公共教育政策决策的社会参与度																								2
B32 重大公共教育政策实施风险评估的比例																								1
B33 学校章程网络公布率																								6
B34 社会及家长对教育满意度																								1
对总体达成度有正贡献的B级指标数/项	10	8	11	3	4	8	5	4	9	8	8	9	11	11	6	12	7	6	7	5	8	5	5	—

续表

二级指标	四川天府新区	成都东部新区	成都高新区	锦江区	青羊区	金牛区	武侯区	成华区	龙泉驿区	青白江区	新都区	温江区	双流区	郫都区	新津区	简阳市	都江堰市	彭州市	邛崃市	崇州市	金堂县	大邑县	蒲江县	对总体达成度有负贡献的区(市)县数/个
对总体达成度有负贡献的B级指标数/项	2	13	3	3	5	5	2	7	6	4	5	8	8	8	6	8	9	6	6	8	7	8	8	-

图例：深灰色为对总体达成度有正贡献；浅灰色为对总体达成度有零贡献；白色为对总体达成度有负贡献。

注：由于指标口径及权重发生变化，2021 年 B16 实现教育经费“两个只增不减”、B17 生均公共财政预算教育事业费和 B18 生均公共财政预算公用经费 3 项指标不与 2020 年比较。

四、小结与建议

（一）主 要 成 绩

1. 监测评估体系不断完善，评价指挥棒作用突显

成都市始终坚持以习近平总书记关于教育的重要论述为指导，贯彻党的教育方针，落实立德树人根本任务，围绕“加快推进教育现代化，建设教育强市，办好人民满意的教育”的目标，深入推进教育领域综合改革。成都市坚持以《深化新时代教育评价改革总体方案》为指导，聚焦教育领域的突出问题和薄弱环节，围绕扭转不科学的教育评价导向，坚决扭转“唯分数、唯升学、唯文凭、唯论文、唯帽子”的倾向，探索构建教育评价新体系，建立了“督政、督学、评估监测”三位一体的现代教育督导制度，强化监测结果运用，具体有以下措施。

(1) 重视监测评估的价值导向。监测结果不计总分、不排名次，重在反映相关指标的达成度、优势及不足，引导区（市）县树立正确的政绩观和科学的质量观，扭转单纯以学业考试成绩和升学率评价教育的倾向。

(2) 建立了监测结果通报制度。教育现代化监测报告经成都市政府同意后在全市范围通报，分报告直接反馈至区（市）县党委政府，每年对监测评价报告进行专业解读，指导区（市）县和学校找准方向和路径，成为各区（市）县整改提升的依据。

(3) 加大结果运用力度。成都市将评价结果作为每年对县级人民政府履行教育职责评价的重要参考，“教育现代化发展水平达成度”连续多年纳入市委市政府对区（市）县党委政府的目标绩效考核指标，成为区（市）县政府和教育行政部门领导的“案头书”和“决策指南”。

2. 教育现代化发展水平不断提升，区（市）县目标总体达成度稳中有进

2021 年度，成都市各区（市）县教育现代化发展水平目标总体达成度均值为 91.66%，较 2020 年增长 0.5 个百分点，有 16 个区（市）县教育现代化发展水平达成度较 2020 年增长或持平。各区（市）县教育现代化发展水平达成度均在 84%以上，达成度超过 85%的有 21 个，达成度超过 90%的区（市）县有 19 个，比 2020 年增加 4 个。22 个区（市）县完成了成都市委、市政府目督办提出的各区（市）县教育现代化发展水平达成度目标值，教育现代化发展水平再创新高。

3. 人民群众教育获得感增强，教育强市基础更加牢固

在教育现代化发展水平监测指标体系 9 项 A 级指标中，2021 年成都市有 7 项指标达成度超过 90%，分别是 A1 教育普及水平、A2 教育公平程度、A3 教育质量水平、A5 教育

信息化水平、A6教师队伍水平、A8学习型社会建设水平和A9教育治理水平。与2020年相比，2021年成都市9项A级指标中有4项指标的达成度实现正增长。从各圈层A级指标达标数量看，城市新区、中心城区和郊区新城分别有7项、8项和7项A级指标平均达成度大于90%，郊区新城的A8学习型社会建设水平的平均达成度为100%。城市新区、中心城区和郊区新城分别有10项、10项和6项B级指标平均达成度为100%；分别有23项、24项和23项B级指标平均达成度大于90%。

由此反映出成都市推动教育高质量发展的各项举措成效显著，教育支撑保障水平持续改善，教育内涵发展的动力更加充足，教育现代化发展水平达成度的区域差异正在缩小，人民群众在教育上更具获得感，全面实现教育现代化的基础更加牢固，“建设教育强市，办好人民满意的教育”的目标正在逐步变为现实。

（二）主要差距

1. 教育经费投入水平需继续提高

2021年成都市教育投入水平的达成度为74.79%，较2020年降低了1.26个百分点，依然是成都市教育现代化建设中需要着力提升的方面。尤其是生均公共财政预算教育事业费、生均公共财政预算公用经费的达成度均低于70%，需引起重视。从各圈层情况看，城市新区、中心城区和郊区新城A4教育投入水平指标的平均达成度均低于80%，其中郊区新城最低，为69.24%。

2. 城乡教育融合发展机制有待健全

监测结果显示，2021年成都市“义务教育县域内城乡比率”达标率较低，仅为74.11%。从各圈层情况看，郊区新城在教育投入、教师队伍和教育国际化等方面与中心城区和城市新区仍有一定差距，表明成都市和各区（市）县在缩小城乡教育差异，推动城乡教育融合发展方面尚有不足之处，需采取更有针对性的举措加以弥补。

（三）工作建议

当前和今后一个时期，成都市和各区（市）县要以贯彻落实党的二十大精神为指引，深刻领会以习近平同志为核心的党中央对教育、科技和人才工作一体化战略部署的深义和赋予教育的新任务新要求，加快推进教育高质量发展。成都市和各区（市）县要按照《成都教育现代化2035》的总体部署和《成都市“十四五”教育发展规划》的具体安排，针对制约教育发展的突出问题和关键环节，尤其是监测中发现的短板，提出科学整改方案和具体改进举措，明确时间表路线图，落实到年度工作中，将评估优势转化为政策优势，切实提升人民群众的教育获得感。

1. 持续加大教育投入，将教育优先发展落实落细

习近平总书记在全国教育大会上提出“坚持把优先发展教育事业作为推动党和国家各项事业发展的重要先手棋”。各级党委政府要深入学习贯彻习近平总书记关于教育的重

要论述，采取有力举措将教育优先发展战略落到实处。

(1)健全优先发展教育事业的体制机制。在组织领导、发展规划、资源保障上把教育事业摆在优先发展地位。

(2)加大财政支持力度。在经济下行压力增大、财政收支矛盾突出的情况下，发挥政府投入为主、多渠道筹集教育经费的体制优势，提高生均公共财政预算教育事业费、生均公共财政预算公用经费，着力改善办学条件。

(3)不断提高资源配置效率和资金使用效益。围绕人民群众对教育密切关注的问题，聚焦教育发展薄弱环节，进一步优化教育经费使用结构，优化资源配置方式，充分发挥教育经费在保障基础、推动改革、促进公平、提升质量等方面的关键作用。

(4)进一步完善区(市)县义务教育经费保障机制，引导县级政府履行资金管理主体责任，加强区域内相关教育经费的统筹安排和使用，市级层面在财政投入和项目支持等方面加强统筹，支持郊区新城各区(市)县提高教育经费投入水平、改善办学条件。

2. 提升教育优质均衡水平，推动城乡教育融合发展

成都市和各区(市)县要贯彻落实《中共中央　国务院关于建立健全城乡融合发展体制机制和政策体系的意见》精神和四川省委十二届二次全会关于“四化同步、城乡融合、五区共兴”的决策部署，以更加公平、更高质量为目标，构建高质量教育体系，努力缩小校际、城乡和区域差异，促进各学段教育协调发展。

(1)建立圈层联动机制。不断做优做强教育基本功能，深入实施“家门口的好学校”建设工程、公办初中强校工程等；坚持外引内培并举，创新发展机制，全面提升重点片区教育品质；加强圈层联动，重点在教师队伍建设和教育国际化等方面建立对口帮扶机制，带动郊区新城不断提高教育现代化水平。

(2)建立城乡教育融合发展机制。探索建立以城带乡、整体推进、城乡一体、均衡发展的新路径，建立城乡学校联动发展机制，建设城乡学校发展共同体；加大教科研机构、名师名校长工作室结对帮扶力度。

(3)促进优质教育资源共享。加大干部教师交流力度，推动教师资源向乡村倾斜，通过稳步提高待遇等措施增强乡村教师岗位吸引力；充分发挥数字教育资源的辐射作用，通过课程共建、联合教研等形式推动优质教育资源城乡共享。

第二部分

2021年度成都市各区(市)县教育现代化发展水平监测分报告

一、2021 年度成都东部新区教育现代化发展水平情况

2021 年成都东部新区教育现代化发展水平的目标总达成度为 84.00%，完成了 2022 年成都市对成都东部新区的政府考核目标。

（一）A 级指标目标达成情况

2021 年成都东部新区教育现代化发展水平监测指标体系 A 级指标的平均达成度为 84.55%；达成度在 90%以上的指标有 3 个，分别是 A1 教育普及水平、A5 教育信息化水平、A9 教育治理水平；达成度最低的指标是 A4 教育投入水平，仅为 69.43%。

与成都市均值比较，2021 年成都东部新区 9 项 A 级指标达成度均低于成都市均值，其中 A2 教育公平程度低于成都市均值 12.80 个百分点(图 2.1)。

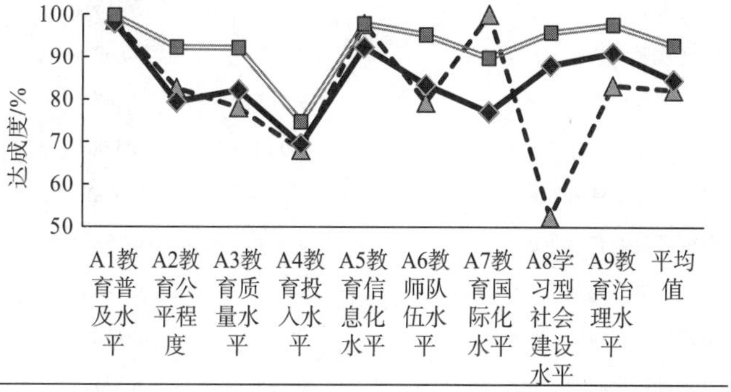

	A1教育普及水平	A2教育公平程度	A3教育质量水平	A4教育投入水平	A5教育信息化水平	A6教师队伍水平	A7教育国际化水平	A8学习型社会建设水平	A9教育治理水平	平均值
2020年/%	98.63	82.66	78.14	68.07	97.76	79.34	100.00	52.32	83.33	82.25
2021年/%	98.04	79.44	82.18	69.43	92.29	83.46	77.06	88.05	90.99	84.55
2021年成都市均值/%	99.67	92.24	92.14	74.79	97.78	95.23	89.79	95.77	97.61	92.78

图 2.1　成都东部新区 A 级指标达成度与成都市均值比较

（二）B 级指标目标达成情况

1. 总体情况

2021 年，成都东部新区有 12 项 B 级指标达到了目标值；在未达到目标值的 21 项 B 级指标中，达成度不足 60%的指标有 B5 义务教育县域内校际均衡指数、B33 学校章程网

络公布率，达成度分别为53.07%、54.95%。

与成都市各区(市)县B级指标达成度均值比较，2021年成都东部新区有13项B级指标达成度高于或等于成都市均值。在低于成都市均值的指标中，B5 义务教育县域内校际均衡指数、B33学校章程网络公布率2项指标的达成度分别为成都市均值的57.0%、59.5%，与成都市均值差距较大(表2.1)。

表2.1　成都东部新区B级指标达成度情况

二级指标	达成度/%			2021年成都东部新区达成度/成都市均值
	2020年	2021年	增长情况	
B1 3～5岁幼儿毛入园率	100.00	97.78	−2.22	0.987
B2 义务教育巩固率	100.00	100.00	0.00	1.000
B3 高中阶段毛入学率	95.07	95.17	0.10	0.954
B4 新增劳动力平均受教育年限	100.00	100.00	0.00	1.000
B5 义务教育县域内校际均衡指数	58.70	53.07	−5.63	0.570
B6 义务教育县域内城乡比率	78.57	71.43	−7.14	0.964
B7 残疾儿童、少年义务教育阶段入学率	100.00	99.10	−0.90	0.992
B8 符合条件的随迁子女在公办学校和政府购买服务的民办学校就读的比例	100.00	100.00	0.00	1.071
B9 每年交流轮岗教师占符合交流条件教师总数的比例	100.00	100.00	0.00	1.000
B10 学生品德发展水平	96.12	85.96	−10.16	0.912
B11 学生学业发展水平	33.41	76.16	42.75	0.778
B12 学生身心发展水平	96.87	90.69	−6.18	0.939
B13 学生兴趣特长养成水平——潜能	92.17	90.47	−1.70	0.919
B15 中职学校毕业生就业及升学比例	100.00	100.00	0.00	1.002
B16 实现教育经费“两个只增不减”	—	100.00	—	1.122
B17 生均公共财政预算教育事业费	—	62.58	—	0.957
B18 生均公共财政预算公用经费	—	60.05	—	0.884
B19 生均体育运动场(馆)面积	90.12	86.18	−3.94	1.035
B20 生均教学及辅助用房面积	67.78	67.31	−0.47	0.839
B21 班额达标比例	69.80	68.78	−1.02	0.806
B22 百名学生拥有网络多媒体教室数	96.26	87.15	−9.11	0.905
B23 教师教育技术应用能力达标率	100.00	100.00	0.00	1.000
B24 师生比	98.43	98.78	0.35	0.994
B25 专任教师学历提高比例	62.87	67.95	5.08	0.729
B26 中等职业学校专业课教师达到“双师型”教师比例	100.00	100.00	0.00	1.080
B27 中小学专任教师培训进修达72学时比例	79.45	90.50	11.05	0.925
B28 教育国际化综合实现度	100.00	77.06	−22.94	0.858

续表

二级指标	达成度/%			2021 年成都东部新区达成度/成都市均值
	2020 年	2021 年	增长情况	
B29 市民终身学习 O2O 平台注册人数占常住人口的比例	4.64	76.09	71.45	0.831
B30 从业人员继续教育年参与率	100.00	100.00	0.00	1.000
B31 重大公共教育政策决策的社会参与度	83.33	100.00	16.67	1.022
B32 重大公共教育政策实施风险评估的比例	33.33	100.00	66.67	1.022
B33 学校章程网络公布率	100.00	54.95	−45.05	0.595
B34 社会及家长对教育满意度	100.00	100.00	0.00	1.000
达成度达到目标值的 B 级指标数量/项	12			
达成度高于或等于成都市均值的指标数量/项	13			
达成度低于 60%的指标数量/项	2			

注：①由于成都东部新区无中职学校，B15 中职学校毕业生就业及升学比例和 B26 中等职业学校专业课教师达到“双师型”教师比例 2 项指标达成度视为 100%。

②由于指标口径及权重发生变化，2021 年 B16 实现教育经费“两个只增不减”、B17 生均公共财政预算教育事业费和 B18 生均公共财政预算公用经费 3 项指标不与 2020 年比较。

2. 对总体达成度的贡献情况

成都东部新区 B 级指标中，由于指标口径及权重发生变化，2021 年 B16 实现教育经费“两个只增不减”、B17 生均公共财政预算教育事业费和 B18 生均公共财政预算公用经费 3 项指标不与 2020 年比较。其余指标对 2021 年成都东部新区总体达成度有正贡献的指标有 8 项，零贡献 9 项，负贡献 13 项(表 2.2)。

表 2.2　成都东部新区 B 级指标对总体达成度的贡献情况

二级指标	B 级指标加权达成度/%		对总体达成度的贡献情况/%
	2020 年	2021 年	
B1 3～5 岁幼儿毛入园率	5.00	4.89	−0.11
B2 义务教育巩固率	5.00	5.00	0.00
B3 高中阶段毛入学率	4.75	4.76	0.01
B4 新增劳动力平均受教育年限	3.00	3.00	0.00
B5 义务教育县域内校际均衡指数	2.35	2.12	−0.23
B6 义务教育县域内城乡比率	1.57	1.43	−0.14
B7 残疾儿童、少年义务教育阶段入学率	2.00	1.98	−0.02
B8 符合条件的随迁子女在公办学校和政府购买服务的民办学校就读的比例	2.00	2.00	0.00
B9 每年交流轮岗教师占符合交流条件教师总数的比例	2.00	2.00	0.00
B10 学生品德发展水平	1.92	1.72	−0.20
B11 学生学业发展水平	1.00	2.28	1.28
B12 学生身心发展水平	4.84	4.53	−0.31

续表

二级指标	B级指标加权达成度/%		对总体达成度的贡献情况/%
	2020年	2021年	
B13 学生兴趣特长养成水平——潜能	1.84	1.81	−0.03
B15 中职学校毕业生就业及升学比例	2.00	2.00	0.00
B16 实现教育经费“两个只增不减”	—	2.00	—
B17 生均公共财政预算教育事业费	—	3.13	—
B18 生均公共财政预算公用经费	—	3.00	—
B19 生均体育运动场(馆)面积	1.35	1.29	−0.06
B20 生均教学及辅助用房面积	1.02	1.01	−0.01
B21 班额达标比例	2.09	2.06	−0.03
B22 百名学生拥有网络多媒体教室数	2.89	2.61	−0.28
B23 教师教育技术应用能力达标率	2.00	2.00	0.00
B24 师生比	2.95	2.96	0.01
B25 专任教师学历提高比例	3.77	4.08	0.31
B26 中等职业学校专业课教师达到“双师型”教师比例	2.00	2.00	0.00
B27 中小学专任教师培训进修达72学时比例	1.59	1.81	0.22
B28 教育国际化综合实现度	4.00	3.08	−0.92
B29 市民终身学习O2O平台注册人数占常住人口的比例	0.09	1.52	1.43
B30 从业人员继续教育年参与率	2.00	2.00	0.00
B31 重大公共教育政策决策的社会参与度	1.67	2.00	0.33
B32 重大公共教育政策实施风险评估的比例	0.67	2.00	1.33
B33 学校章程网络公布率	2.00	1.10	−0.90
B34 社会及家长对教育满意度	4.00	4.00	0.00

注：由于成都东部新区无中职学校，B15中职学校毕业生就业及升学比例和B26中等职业学校专业课教师达到“双师型”教师比例2项指标对总体达成度的贡献视为0.00。

(三)工作建议

(1)完善保障教育高质量发展的、科学的教育经费投入机制，建立教育经费投入对区域教育发展成效评估机制，落实教育诊断问题的改进；加大教育经费投入，提高生均公共财政预算教育事业费和公用经费，着力改善生均教学及辅助用房面积、班额达标比例，切实减小县域内义务教育校际差异、城乡差异，解决生均办学条件下滑和区域内差异增大的问题。

(2)建立精准指向区域教师队伍建设问题的教师队伍建设机制，优化教师队伍学历结构，提高专任教师培训进修达标比例。

(3)提高教育国际化水平，完善区域义务教育质量提升机制，提升学生品德发展、学业水平发展等薄弱方面的水平，关注学生身心发展水平、兴趣特长养成水平下降的问题。进一步改善区域教育治理水平，提高学校章程网络公布率。

二、2021 年度四川天府新区教育现代化发展水平情况

2021 年四川天府新区教育现代化发展水平的目标总达成度为 95.62%，较 2020 年增加了 2.61 个百分点，完成了 2022 年成都市对四川天府新区的政府考核目标。

（一）A 级指标目标达成情况

2021 年四川天府新区教育现代化发展水平监测指标体系 A 级指标的平均达成度为 96.65%；达成度在 90%以上的指标有 8 个，分别是 A1 教育普及水平、A2 教育公平程度、A3 教育质量水平、A5 教育信息化水平、A6 教师队伍水平、A7 教育国际化水平、A8 学习型社会建设水平 、A9 教育治理水平；达成度最低的指标是 A4 教育投入水平，为 82.71%。

与成都市均值比较，2021 年四川天府新区有 8 项 A 级指标达成度高于或等于成都市均值，其中 A7 教育国际化水平比成都市均值高 10.21 个百分点；另有 1 项指标低于成都市均值，为 A5 教育信息化水平，低于成都市均值 1.51 个百分点。

与 2020 年比较，2021 年四川天府新区 A 级指标的平均达成度略有增加，全部 9 项 A 级指标的达成度实现增长或保持不变，其中 A8 学习型社会建设水平的增长最多，增加了 17.82 个百分点(图 2.2)。

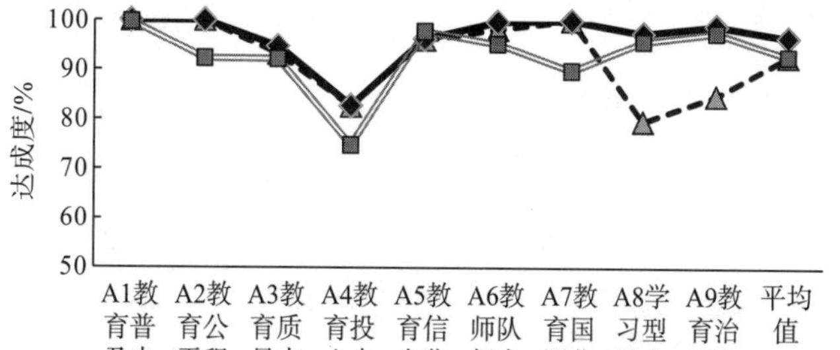

	A1教育普及水平	A2教育公平程度	A3教育质量水平	A4教育投入水平	A5教育信息化水平	A6教师队伍水平	A7教育国际化水平	A8学习型社会建设水平	A9教育治理水平	平均值
2020年/%	100.00	100.00	93.17	82.61	96.04	98.21	100.00	79.62	84.81	92.72
2021年/%	100.00	100.00	94.70	82.71	96.27	99.74	100.00	97.44	99.02	96.65
2021年成都市均值/%	99.67	92.24	92.14	74.79	97.78	95.23	89.79	95.77	97.61	92.78

图 2.2　四川天府新区 A 级指标达成度与成都市均值比较

(二)B 级指标目标达成情况

1. 总体情况

2021 年，四川天府新区有 23 项 B 级指标达到了目标值，B18 生均公共财政预算公用经费和 B20 生均教学及辅助用房面积指标达成度较低，分别为 66.88%和 67.08%。

与成都市各区(市)县 B 级指标达成度均值比较，2021 年四川天府新区有 30 项 B 级指标达成度高于或等于成都市均值。在高于成都市均值的指标中，B6 义务教育县域内城乡比率、B17 生均公共财政预算教育事业费的达成度均为成都市均值的 1.2 倍以上；在低于成都市均值的指标中，B20 生均教学及辅助用房面积达成度为成都市均值的 83.6%，比值最低。

与 2020 年相比，2021 年四川天府新区 B 级指标达成度增长最多的为 B31 重大公共教育政策决策的社会参与度，达成度增长了 57.14 个百分点；下降最多的 B 级指标为 B10 学生品德发展水平，达成度下降了 3.89 个百分点(表 2.3)。

表 2.3　四川天府新区 B 级指标达成度情况

二级指标	达成度/%			2021 年四川天府新区达成度/成都市均值
	2020 年	2021 年	增长情况	
B1 3～5 岁幼儿毛入园率	100.00	100.00	0.00	1.010
B2 义务教育巩固率	100.00	100.00	0.00	1.000
B3 高中阶段毛入学率	100.00	100.00	0.00	1.002
B4 新增劳动力平均受教育年限	100.00	100.00	0.00	1.000
B5 义务教育县域内校际均衡指数	100.00	100.00	0.00	1.075
B6 义务教育县域内城乡比率	100.00	100.00	0.00	1.349
B7 残疾儿童、少年义务教育阶段入学率	100.00	100.00	0.00	1.001
B8 符合条件的随迁子女在公办学校和政府购买服务的民办学校就读的比例	100.00	100.00	0.00	1.071
B9 每年交流轮岗教师占符合交流条件教师总数的比例	100.00	100.00	0.00	1.000
B10 学生品德发展水平	99.28	95.39	−3.89	1.012
B11 学生学业发展水平	91.94	100.00	8.06	1.022
B12 学生身心发展水平	100.00	97.62	−2.38	1.011
B13 学生兴趣特长养成水平——潜能	100.00	100.00	0.00	1.016
B15 中职学校毕业生就业及升学比例	100.00	100.00	0.00	1.002
B16 实现教育经费“两个只增不减”	—	100.00	—	1.122
B17 生均公共财政预算教育事业费	—	83.79	—	1.282
B18 生均公共财政预算公用经费	—	66.88	—	0.984
B19 生均体育运动场(馆)面积	77.28	89.83	12.55	1.079

续表

二级指标	达成度/%			2021 年四川天府新区达成度/成都市均值
	2020 年	2021 年	增长情况	
B20 生均教学及辅助用房面积	64.35	67.08	2.73	0.836
B21 班额达标比例	89.00	100.00	11.00	1.171
B22 百名学生拥有网络多媒体教室数	93.40	93.79	0.39	0.974
B23 教师教育技术应用能力达标率	100.00	100.00	0.00	1.000
B24 师生比	100.00	100.00	0.00	1.006
B25 专任教师学历提高比例	98.41	99.45	1.04	1.068
B26 中等职业学校专业课教师达到“双师型”教师比例	93.14	100.00	6.86	1.080
B27 中小学专任教师培训进修达 72 学时比例	100.00	100.00	0.00	1.022
B28 教育国际化综合实现度	100.00	100.00	0.00	1.114
B29 市民终身学习 O2O 平台注册人数占常住人口的比例	59.24	94.87	35.63	1.036
B30 从业人员继续教育年参与率	100.00	100.00	0.00	1.000
B31 重大公共教育政策决策的社会参与度	42.86	100.00	57.14	1.022
B32 重大公共教育政策实施风险评估的比例	100.00	100.00	0.00	1.022
B33 学校章程网络公布率	81.18	95.12	13.94	1.029
B34 社会及家长对教育满意度	100.00	100.00	0.00	1.000
达成度达到目标值的 B 级指标数量/项			23	
达成度高于或等于成都市均值的指标数量/项			30	
达成度低于 60%的指标数量/项			0	

注：①由于四川天府新区内无农村学校，故 B6 义务教育县域内城乡比率的达成率自动赋值为 100%。
　　②由于指标口径及权重发生变化，2021 年 B16 实现教育经费“两个只增不减”、B17 生均公共财政预算教育事业费和 B18 生均公共财政预算公用经费 3 项指标不与 2020 年比较。

2. 对总体达成度的贡献情况

四川天府新区 B 级指标中，由于指标口径及权重发生变化，2021 年 B16 实现教育经费“两个只增不减”、B17 生均公共财政预算教育事业费和 B18 生均公共财政预算公用经费 3 项指标不与 2020 年比较。其余指标对 2021 年四川天府新区总体达成度有正贡献的指标有 10 项，零贡献 18 项，负贡献 2 项(表 2.4)。

表 2.4　四川天府新区 B 级指标对总体达成度的贡献情况

二级指标	B 级指标加权达成度/%		对总体达成度的贡献情况/%
	2020 年	2021 年	
B1 3～5 岁幼儿毛入园率	5.00	5.00	0.00
B2 义务教育巩固率	5.00	5.00	0.00

续表

二级指标	B 级指标加权达成度/%		对总体达成度的贡献情况/%
	2020 年	2021 年	
B3 高中阶段毛入学率	5.00	5.00	0.00
B4 新增劳动力平均受教育年限	3.00	3.00	0.00
B5 义务教育县域内校际均衡指数	4.00	4.00	0.00
B6 义务教育县域内城乡比率	2.00	2.00	0.00
B7 残疾儿童、少年义务教育阶段入学率	2.00	2.00	0.00
B8 符合条件的随迁子女在公办学校和政府购买服务的民办学校就读的比例	2.00	2.00	0.00
B9 每年交流轮岗教师占符合交流条件教师总数的比例	2.00	2.00	0.00
B10 学生品德发展水平	1.99	1.91	−0.08
B11 学生学业发展水平	2.76	3.00	0.24
B12 学生身心发展水平	5.00	4.88	−0.12
B13 学生兴趣特长养成水平——潜能	2.00	2.00	0.00
B15 中职学校毕业生就业及升学比例	2.00	2.00	0.00
B16 实现教育经费“两个只增不减”	—	2.00	—
B17 生均公共财政预算教育事业费	—	4.19	—
B18 生均公共财政预算公用经费	—	3.34	—
B19 生均体育运动场(馆)面积	1.16	1.35	0.19
B20 生均教学及辅助用房面积	0.97	1.01	0.04
B21 班额达标比例	2.67	3.00	0.33
B22 百名学生拥有网络多媒体教室数	2.80	2.81	0.01
B23 教师教育技术应用能力达标率	2.00	2.00	0.00
B24 师生比	3.00	3.00	0.00
B25 专任教师学历提高比例	5.90	5.97	0.07
B26 中等职业学校专业课教师达到“双师型”教师比例	1.86	2.00	0.14
B27 中小学专任教师培训进修达 72 学时比例	2.00	2.00	0.00
B28 教育国际化综合实现度	4.00	4.00	0.00
B29 市民终身学习 O2O 平台注册人数占常住人口的比例	1.18	1.90	0.72
B30 从业人员继续教育年参与率	2.00	2.00	0.00
B31 重大公共教育政策决策的社会参与度	0.86	2.00	1.14
B32 重大公共教育政策实施风险评估的比例	2.00	2.00	0.00
B33 学校章程网络公布率	1.62	1.90	0.28
B34 社会及家长对教育满意度	4.00	4.00	0.00

注：由于四川天府新区内无农村学校，故 B6 义务教育县域内城乡比率对总体达成度的贡献视为 0.00。

(三)工 作 建 议

完善持续推进区域教育高质量发展的、科学的教育经费投入机制，完善教育经费投入成效评估机制，制定问题改进路线图，落实以评促建；加大教育经费投入，提高生均公共财政预算教育事业费和公用经费，着力改善生均教学及辅助用房面积、生均体育运动场(馆)面积；完善区域义务教育质量提升机制，关注学生品德发展水平、学生身心发展水平下降的问题。

三、2021年度成都高新区教育现代化发展水平情况

2021 年成都高新区教育现代化发展水平的目标总达成度为 93.99%，较 2020 年增加 4.35 个百分点，完成了 2022 年成都市对成都高新区的政府考核目标。

（一）A 级指标目标达成情况

2021 年成都高新区教育现代化发展水平监测指标体系 A 级指标的平均达成度为 94.32%；达成度在 90%以上的指标有 7 个，分别是 A1 教育普及水平、A2 教育公平程度、A3 教育质量水平、A5 教育信息化水平、A6 教师队伍水平、A7 教育国际化水平、A9 教育治理水平；达成度最低的指标是 A4 教育投入水平，仅为 76.60%。

与成都市均值比较，2021 年成都高新区有 8 项 A 级指标达成度高于或等于成都市均值，其中 A2 教育公平程度比成都市均值高 7.17 个百分点；另有 1 项指标低于成都市均值，为 A8 学习型社会建设水平，低于成都市均值 11.48 个百分点。

与 2020 年比较，2021 年成都高新区 A 级指标的平均达成度增加了 4.13 个百分点，其中 8 项 A 级指标的达成度实现增长或保持不变，其中 A8 学习型社会建设水平增长最多，增加了 12.85 个百分点；另有 1 项 A 级指标的达成度有所降低，为 A7 教育国际化水平，较 2020 年降低了 4.46 个百分点（图 2.3）。

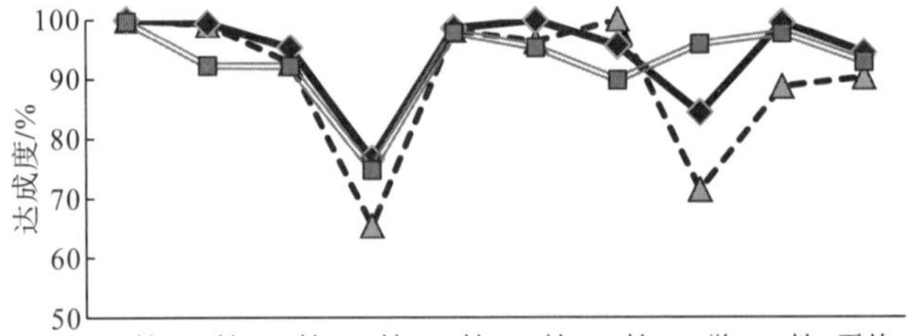

	A1教育普及水平	A2教育公平程度	A3教育质量水平	A4教育投入水平	A5教育信息化水平	A6教师队伍水平	A7教育国际化水平	A8学习型社会建设水平	A9教育治理水平	平均值
2020年/%	99.97	99.13	92.70	65.44	98.17	96.21	100.00	71.44	88.68	90.19
2021年/%	100.00	99.41	95.21	76.60	98.56	99.87	95.54	84.29	99.40	94.32
2021年成都市均值/%	99.67	92.24	92.14	74.79	97.78	95.23	89.79	95.77	97.61	92.78

图 2.3　成都高新区 A 级指标达成度与成都市均值比较

(二)B 级指标目标达成情况

1. 总体情况

2021 年，成都高新区有 19 项 B 级指标达到了目标值；在未达到目标值的 14 项 B 级指标中，达成度不足 60%的指标有 2 项，分别是 B16 实现教育经费“两个只增不减”、B18 生均公共财政预算公用经费，达成度分别为 50.00%、59.09 %。

与成都市各区(市)县 B 级指标达成度均值比较，2021 年成都高新区有 30 项 B 级指标达成度高于或等于成都市均值。在高于成都市均值的指标中，B6 义务教育县域内城乡比率、B17 生均公共财政预算教育事业费的达成度为成都市均值的 1.2 倍以上；在低于成都市均值的指标中，B16 实现教育经费“两个只增不减”的达成度仅为成都市均值的 56.1%，比值最低。

与 2020 年相比，2021 年成都高新区 B 级指标达成度增长最多的为 B31 重大公共教育政策决策的社会参与度，达成度增长了 42.86 个百分点；下降最多的 B 级指标为 B28 教育国际化综合实现度，达成度下降了 4.46 个百分点(表 2.5)。

表 2.5　成都高新区 B 级指标达成度情况

二级指标	达成度/%			2021 年成都高新区达成度/成都市均值
	2020 年	2021 年	增长情况	
B1 3～5 岁幼儿毛入园率	100.00	100.00	0.00	1.010
B2 义务教育巩固率	99.90	100.00	0.10	1.000
B3 高中阶段毛入学率	100.00	100.00	0.00	1.002
B4 新增劳动力平均受教育年限	100.00	100.00	0.00	1.000
B5 义务教育县域内校际均衡指数	100.00	100.00	0.00	1.075
B6 义务教育县域内城乡比率	100.00	100.00	0.00	1.349
B7 残疾儿童、少年义务教育阶段入学率	100.00	100.00	0.00	1.001
B8 符合条件的随迁子女在公办学校和政府购买服务的民办学校就读的比例	94.75	96.49	1.74	1.034
B9 每年交流轮岗教师占符合交流条件教师总数的比例	100.00	100.00	0.00	1.000
B10 学生品德发展水平	100.00	99.97	−0.03	1.061
B11 学生学业发展水平	96.40	100.00	3.60	1.022
B12 学生身心发展水平	100.00	99.80	−0.20	1.034
B13 学生兴趣特长养成水平——潜能	100.00	100.00	0.00	1.016
B15 中职学校毕业生就业及升学比例	100.00	100.00	0.00	1.002
B16 实现教育经费“两个只增不减”	—	50.00	—	0.561
B17 生均公共财政预算教育事业费	—	83.60	—	1.279
B18 生均公共财政预算公用经费	—	59.09	—	0.870
B19 生均体育运动场(馆)面积	85.02	92.89	7.87	1.116

续表

二级指标	达成度/%			2021 年成都高新区达成度/成都市均值
	2020 年	2021 年	增长情况	
B20 生均教学及辅助用房面积	89.12	91.60	2.48	1.142
B21 班额达标比例	83.24	96.19	12.95	1.127
B22 百名学生拥有网络多媒体教室数	96.95	97.61	0.66	1.014
B23 教师教育技术应用能力达标率	100.00	100.00	0.00	1.000
B24 师生比	100.00	100.00	0.00	1.006
B25 专任教师学历提高比例	100.00	100.00	0.00	1.074
B26 中等职业学校专业课教师达到“双师型”教师比例	75.35	100.00	24.65	1.080
B27 中小学专任教师培训进修达 72 学时比例	100.00	99.15	−0.85	1.013
B28 教育国际化综合实现度	100.00	95.54	−4.46	1.064
B29 市民终身学习 O2O 平台注册人数占常住人口的比例	42.88	68.57	25.69	0.749
B30 从业人员继续教育年参与率	100.00	100.00	0.00	1.000
B31 重大公共教育政策决策的社会参与度	57.14	100.00	42.86	1.022
B32 重大公共教育政策实施风险评估的比例	100.00	100.00	0.00	1.022
B33 学校章程网络公布率	86.26	97.01	10.75	1.050
B34 社会及家长对教育满意度	100.00	100.00	0.00	1.000
达成度达到目标值的 B 级指标数量			19	
达成度高于或等于成都市均值的指标数量			30	
达成度低于 60%的指标数量			2	

注：①由于成都高新区内无农村学校，故 B6 义务教育县域内城乡比率的达成率自动赋值为 100%。

②由于指标口径及权重发生变化，2021 年 B16 实现教育经费“两个只增不减”、B17 生均公共财政预算教育事业费和 B18 生均公共财政预算公用经费 3 项指标不与 2020 年比较。

2. 对总体达成度的贡献情况

成都高新区 B 级指标中，由于指标口径及权重发生变化，2021 年 B16 实现教育经费“两个只增不减”、B17 生均公共财政预算教育事业费和 B18 生均公共财政预算公用经费 3 项指标不与 2020 年比较。其余指标对 2021 年成都高新区总体达成度有正贡献的指标有 11 项，零贡献 16 项，负贡献 3 项(表 2.6)。

表 2.6　成都高新区 B 级指标对总体达成度的贡献情况

二级指标	B 级指标加权达成度/%		对总体达成度的贡献情况
	2020 年	2021 年	
B1 3～5 岁幼儿毛入园率	5.00	5.00	0.00
B2 义务教育巩固率	4.99	5.00	0.01
B3 高中阶段毛入学率	5.00	5.00	0.00
B4 新增劳动力平均受教育年限	3.00	3.00	0.00

续表

二级指标	B 级指标加权达成度/%		对总体达成度的贡献情况
	2020 年	2021 年	
B5 义务教育县域内校际均衡指数	4.00	4.00	0.00
B6 义务教育县域内城乡比率	2.00	2.00	0.00
B7 残疾儿童、少年义务教育阶段入学率	2.00	2.00	0.00
B8 符合条件的随迁子女在公办学校和政府购买服务的民办学校就读的比例	1.90	1.93	0.03
B9 每年交流轮岗教师占符合交流条件教师总数的比例	2.00	2.00	0.00
B10 学生品德发展水平	2.00	2.00	0.00
B11 学生学业发展水平	2.89	3.00	0.11
B12 学生身心发展水平	5.00	4.99	−0.01
B13 学生兴趣特长养成水平——潜能	2.00	2.00	0.00
B15 中职学校毕业生就业及升学比例	2.00	2.00	0.00
B16 实现教育经费“两个只增不减”	—	1.00	—
B17 生均公共财政预算教育事业费	—	4.18	—
B18 生均公共财政预算公用经费	—	2.95	—
B19 生均体育运动场(馆)面积	1.28	1.39	0.11
B20 生均教学及辅助用房面积	1.34	1.37	0.03
B21 班额达标比例	2.50	2.89	0.39
B22 百名学生拥有网络多媒体教室数	2.91	2.93	0.02
B23 教师教育技术应用能力达标率	2.00	2.00	0.00
B24 师生比	3.00	3.00	0.00
B25 专任教师学历提高比例	6.00	6.00	0.00
B26 中等职业学校专业课教师达到“双师型”教师比例	1.51	2.00	0.49
B27 中小学专任教师培训进修达 72 学时比例	2.00	1.98	−0.02
B28 教育国际化综合实现度	4.00	3.82	−0.18
B29 市民终身学习 O2O 平台注册人数占常住人口的比例	0.86	1.37	0.51
B30 从业人员继续教育年参与率	2.00	2.00	0.00
B31 重大公共教育政策决策的社会参与度	1.14	2.00	0.86
B32 重大公共教育政策实施风险评估的比例	2.00	2.00	0.00
B33 学校章程网络公布率	1.73	1.94	0.21
B34 社会及家长对教育满意度	4.00	4.00	0.00

注：由于成都高新区内无农村学校，故 B6 义务教育县域内城乡比率对总体达成度的贡献视为 0.00。

（三）工 作 建 议

完善持续推进区域教育高质量发展的、科学的教育经费投入机制，完善教育经费投入成效评估机制，制定问题改进路线图，落实以评促建；加大教育经费投入，着力解决教育经费“两个只增不减”不达标的问题，提高生均公共财政预算教育事业费和公用经费，进一步改善生均办学条件；完善区域义务教育管理，提高教学与学习效率；改善市民终身学习 O2O 平台注册人数占比较低的问题，推进学习型社会建设。

四、2021年度锦江区教育现代化发展水平情况

2021年锦江区教育现代化发展水平的目标总达成度为96.08%，较2020年增长了0.77个百分点，完成了2022年成都市对锦江区的政府考核目标。

（一）A级指标目标达成情况

2021年锦江区教育现代化发展水平监测指标体系A级指标的平均达成度为97.52%；达成度在90%以上的指标有8个；仅A4教育投入水平1项指标达成度低于90%，为82.55%。

与成都市均值比较，2021年锦江区9项A级指标达成度均高于或等于成都市均值，其中A2教育公平程度、A4教育投入水平、A7教育国际化水平3项指标比成都市均值高7.76个百分点及以上。

与2020年比较，2021年锦江区A级指标的平均达成度增加了0.48个百分点，其中有8项A级指标的达成度实现增长或保持不变，其中A4教育投入水平的增长最多，增加了5.39个百分点；仅A3教育质量水平1项A级指标的达成度降低，降低了1.59个百分点（图2.4）。

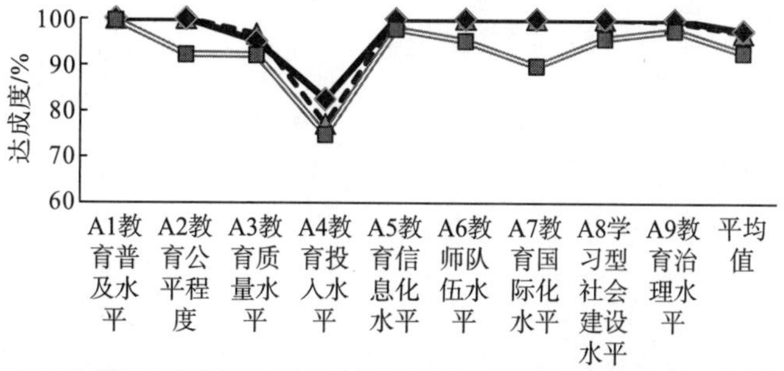

	A1教育普及水平	A2教育公平程度	A3教育质量水平	A4教育投入水平	A5教育信息化水平	A6教师队伍水平	A7教育国际化水平	A8学习型社会建设水平	A9教育治理水平	平均值
2020年/%	100.00	100.00	96.71	77.16	100.00	100.00	100.00	100.00	99.51	97.04
2021年/%	100.00	100.00	95.12	82.55	100.00	100.00	100.00	100.00	100.00	97.52
2021年成都市均值/%	99.67	92.24	92.14	74.79	97.78	95.23	89.79	95.77	97.61	92.78

图2.4　锦江区A级指标达成度与成都市均值比较

(二)B级指标目标达成情况

1. 总体情况

2021年，锦江区有26项B级指标达到了目标值，B17生均公共财政预算教育事业费和B18生均公共财政预算公用经费指标达成度较低，分别为74.89%和75.07%。

与成都市各区(市)县B级指标达成度均值比较，2021年锦江区B级指标达成度均高于或等于成都市均值，其中B6义务教育县域内城乡比率指标的达成度为成都市均值的1.349倍。

与2020年相比，2021年锦江区B级指标达成度增长最多的为B19生均体育运动场(馆)面积，达成度增长了4.82个百分点；下降最多的B级指标为B10学生品德发展水平，达成度下降了2.45个百分点(表2.7)。

表2.7　锦江区B级指标目标达成度情况

二级指标	达成度/%			2021年锦江区达成度/成都市均值
	2020年	2021年	增长情况	
B1 3～5岁幼儿毛入园率	100.00	100.00	0.00	1.010
B2 义务教育巩固率	100.00	100.00	0.00	1.000
B3 高中阶段毛入学率	100.00	100.00	0.00	1.002
B4 新增劳动力平均受教育年限	100.00	100.00	0.00	1.000
B5 义务教育县域内校际均衡指数	100.00	100.00	0.00	1.075
B6 义务教育县域内城乡比率	100.00	100.00	0.00	1.349
B7 残疾儿童、少年义务教育阶段入学率	100.00	100.00	0.00	1.001
B8 符合条件的随迁子女在公办学校和政府购买服务的民办学校就读的比例	100.00	100.00	0.00	1.071
B9 每年交流轮岗教师占符合交流条件教师总数的比例	100.00	100.00	0.00	1.000
B10 学生品德发展水平	100.00	97.55	−2.45	1.035
B11 学生学业发展水平	100.00	100.00	0.00	1.022
B12 学生身心发展水平	99.89	98.19	−1.70	1.017
B13 学生兴趣特长养成水平——潜能	100.00	100.00	0.00	1.016
B15 中职学校毕业生就业及升学比例	100.00	100.00	0.00	1.002
B16 实现教育经费“两个只增不减”	—	100.00	—	1.122
B17 生均公共财政预算教育事业费	—	74.89	—	1.146
B18 生均公共财政预算公用经费	—	75.07	—	1.105
B19 生均体育运动场(馆)面积	84.61	89.43	4.82	1.074
B20 生均教学及辅助用房面积	82.50	81.74	−0.76	1.019
B21 班额达标比例	89.75	93.11	3.36	1.091
B22 百名学生拥有网络多媒体教室数	100.00	100.00	0.00	1.038

续表

二级指标	达成度/%			2021年锦江区达成度/成都市均值
	2020年	2021年	增长情况	
B23 教师教育技术应用能力达标率	100.00	100.00	0.00	1.000
B24 师生比	100.00	100.00	0.00	1.006
B25 专任教师学历提高比例	100.00	100.00	0.00	1.074
B26 中等职业学校专业课教师达到“双师型”教师比例	100.00	100.00	0.00	1.080
B27 中小学专任教师培训进修达72学时比例	100.00	100.00	0.00	1.022
B28 教育国际化综合实现度	100.00	100.00	0.00	1.114
B29 市民终身学习O2O平台注册人数占常住人口的比例	100.00	100.00	0.00	1.092
B30 从业人员继续教育年参与率	100.00	100.00	0.00	1.000
B31 重大公共教育政策决策的社会参与度	100.00	100.00	0.00	1.022
B32 重大公共教育政策实施风险评估的比例	100.00	100.00	0.00	1.022
B33 学校章程网络公布率	97.56	100.00	2.44	1.082
B34 社会及家长对教育满意度	100.00	100.00	0.00	1.000
达成度达到目标值的B级指标数量/项			26	
达成度高于或等于成都市均值的指标数量/项			34	
达成度低于60%的指标数量/项			0	

注：①由于锦江区内无农村学校，故B6义务教育县域内城乡比率的达成率自动赋值为100%。
②由于指标口径及权重发生变化，2021年B16实现教育经费“两个只增不减”、B17生均公共财政预算教育事业费和B18生均公共财政预算公用经费3项指标不与2020年比较。

2. 对总体达成度的贡献情况

锦江区B级指标中，由于指标口径及权重发生变化，2021年B16实现教育经费“两个只增不减”、B17生均公共财政预算教育事业费和B18生均公共财政预算公用经费3项指标不与2020年比较。其余指标对2021年锦江区总体达成度有正贡献的指标有3项，零贡献24项，负贡献3项(表2.8)。

表2.8　锦江区B级指标对总体达成度的贡献情况

二级指标	B级指标加权达成度/%		对总体达成度的贡献情况
	2020年	2021年	
B1 3～5岁幼儿毛入园率	5.00	5.00	0.00
B2 义务教育巩固率	5.00	5.00	0.00
B3 高中阶段毛入学率	5.00	5.00	0.00
B4 新增劳动力平均受教育年限	3.00	3.00	0.00
B5 义务教育县域内校际均衡指数	4.00	4.00	0.00
B6 义务教育县域内城乡比率	2.00	2.00	0.00
B7 残疾儿童、少年义务教育阶段入学率	2.00	2.00	0.00

续表

二级指标	B 级指标加权达成度/%		对总体达成度的贡献情况
	2020 年	2021 年	
B8 符合条件的随迁子女在公办学校和政府购买服务的民办学校就读的比例	2.00	2.00	0.00
B9 每年交流轮岗教师占符合交流条件教师总数的比例	2.00	2.00	0.00
B10 学生品德发展水平	2.00	1.95	−0.05
B11 学生学业发展水平	3.00	3.00	0.00
B12 学生身心发展水平	4.99	4.91	−0.08
B13 学生兴趣特长养成水平——潜能	2.00	2.00	0.00
B15 中职学校毕业生就业及升学比例	2.00	2.00	0.00
B16 实现教育经费“两个只增不减”	—	2.00	—
B17 生均公共财政预算教育事业费	—	3.74	—
B18 生均公共财政预算公用经费	—	3.75	—
B19 生均体育运动场(馆)面积	1.27	1.34	0.07
B20 生均教学及辅助用房面积	1.24	1.23	−0.01
B21 班额达标比例	2.69	2.79	0.10
B22 百名学生拥有网络多媒体教室数	3.00	3.00	0.00
B23 教师教育技术应用能力达标率	2.00	2.00	0.00
B24 师生比	3.00	3.00	0.00
B25 专任教师学历提高比例	6.00	6.00	0.00
B26 中等职业学校专业课教师达到“双师型”教师比例	2.00	2.00	0.00
B27 中小学专任教师培训进修达 72 学时比例	2.00	2.00	0.00
B28 教育国际化综合实现度	4.00	4.00	0.00
B29 市民终身学习 O2O 平台注册人数占常住人口的比例	2.00	2.00	0.00
B30 从业人员继续教育年参与率	2.00	2.00	0.00
B31 重大公共教育政策决策的社会参与度	2.00	2.00	0.00
B32 重大公共教育政策实施风险评估的比例	2.00	2.00	0.00
B33 学校章程网络公布率	1.95	2.00	0.05
B34 社会及家长对教育满意度	4.00	4.00	0.00

注：由于锦江区内无农村学校，故 B6 义务教育县域内城乡比率对总体达成度的贡献视为 0.00。

(三)工 作 建 议

完善持续推进区域教育高质量发展的、科学的教育经费投入机制，完善教育经费投入成效评估机制，制定问题改进路线图，落实以评促建；加大教育经费投入，提高生均公共财政预算教育事业费和公用经费；统筹规划，提升生均体育运动场(馆)面积、生均教学及辅助用房面积，提高班额达标比例；完善区域义务教育管理，关注学生品德发展水平、学生身心发展水平下降的问题，提高教育教学效率，保障学生身心健康发展。

五、2021年度青羊区教育现代化发展水平情况

2021年青羊区教育现代化发展水平的目标总达成度为95.39%，较2020年增长了0.01个百分点，完成了2022年成都市对青羊区的政府考核目标。

（一）A级指标目标达成情况

2021年青羊区教育现代化发展水平监测指标体系A级指标的平均达成度为96.82%；达成度在90%以上的指标有8个；只有A4教育投入水平1项指标达成度低于90%，为82.92%。

与成都市均值比较，2021年青羊区有8项A级指标达成度高于或等于成都市均值，其中，A2教育公平程度、A4教育投入水平、A7教育国际化水平均比成都市均值高7个百分点以上；A3教育质量水平1项指标比成都市均值低0.99个百分点。

与2020年比较，2021年青羊区A级指标的平均达成度增加了1.71个百分点，7项A级指标的达成度均实现增长或保持不变，其中A8学习型社会建设水平的增长最多，增加了21.41个百分点；另有A3教育质量水平、A5教育信息化水平2项A级指标的达成度降低，分别降低5.13个百分点、1.01个百分点（图2.5）。

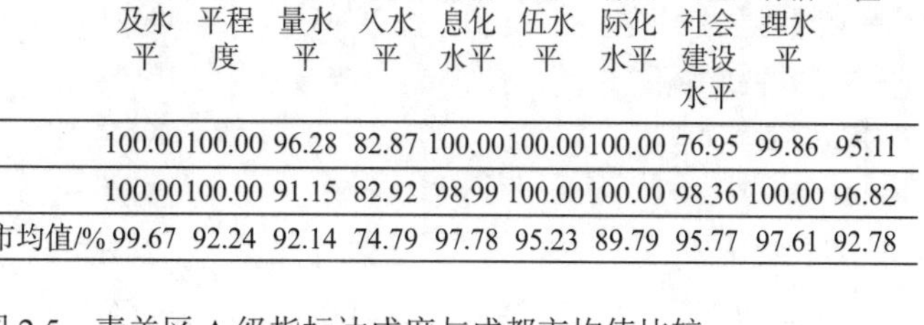

	A1教育普及水平	A2教育公平程度	A3教育质量水平	A4教育投入水平	A5教育信息化水平	A6教师队伍水平	A7教育国际化水平	A8学习型社会建设水平	A9教育治理水平	平均值
2020年/%	100.00	100.00	96.28	82.87	100.00	100.00	100.00	76.95	99.86	95.11
2021年/%	100.00	100.00	91.15	82.92	98.99	100.00	100.00	98.36	100.00	96.82
2021年成都市均值/%	99.67	92.24	92.14	74.79	97.78	95.23	89.79	95.77	97.61	92.78

图2.5　青羊区A级指标达成度与成都市均值比较

(二)B级指标目标达成情况

1. 总体情况

2021年,青羊区有24项B级指标达到了目标值;在未达到目标值的9项B级指标中,B17生均公共财政预算教育事业费指标的达成度较低,为70.65%。

与成都市各区(市)县B级指标达成度均值比较,2021年青羊区有29项B级指标达成度高于或等于成都市均值。在高于成都市均值的指标中,B6义务教育县域内城乡比率、B18生均公共财政预算公用经费2项指标的达成度均为成都市均值的1.3倍以上;在低于成都市均值的指标中,B19生均体育运动场(馆)面积的达成度为成都市均值的86.7%。

与2020年相比,2021年青羊区B级指标达成度增长最多的为B29市民终身学习O2O平台注册人数占常住人口的比例,达成度增长了42.83个百分点;下降最多的B级指标为B10学生品德发展水平,达成度下降了5.90个百分点(表2.9)。

表2.9 青羊区B级指标目标达成度情况

二级指标	达成度/%			2021年青羊区达成度/成都市均值
	2020年	2021年	增长情况	
B1 3～5岁幼儿毛入园率	100.00	100.00	0.00	1.010
B2 义务教育巩固率	100.00	100.00	0.00	1.000
B3 高中阶段毛入学率	100.00	100.00	0.00	1.002
B4 新增劳动力平均受教育年限	100.00	100.00	0.00	1.000
B5 义务教育县域内校际均衡指数	100.00	100.00	0.00	1.075
B6 义务教育县域内城乡比率	100.00	100.00	0.00	1.349
B7 残疾儿童、少年义务教育阶段入学率	100.00	100.00	0.00	1.001
B8 符合条件的随迁子女在公办学校和政府购买服务的民办学校就读的比例	100.00	100.00	0.00	1.071
B9 每年交流轮岗教师占符合交流条件教师总数的比例	100.00	100.00	0.00	1.000
B10 学生品德发展水平	100.00	94.10	−5.90	0.999
B11 学生学业发展水平	99.16	100.00	0.84	1.022
B12 学生身心发展水平	100.00	97.00	−3.00	1.005
B13 学生兴趣特长养成水平——潜能	100.00	100.00	0.00	1.016
B15 中职学校毕业生就业及升学比例	100.00	100.00	0.00	1.002
B16 实现教育经费“两个只增不减”	—	100.00	—	1.122
B17 生均公共财政预算教育事业费	—	70.65	—	1.081
B18 生均公共财政预算公用经费	—	94.56	—	1.392
B19 生均体育运动场(馆)面积	70.44	72.19	1.75	0.867
B20 生均教学及辅助用房面积	77.02	76.76	−0.26	0.957
B21 班额达标比例	84.24	81.00	−3.24	0.949

续表

二级指标	达成度/%			2021 年青羊区达成度/成都市均值
	2020 年	2021 年	增长情况	
B22 百名学生拥有网络多媒体教室数	100.00	98.32	−1.68	1.021
B23 教师教育技术应用能力达标率	100.00	100.00	0.00	1.000
B24 师生比	100.00	100.00	0.00	1.006
B25 专任教师学历提高比例	100.00	100.00	0.00	1.074
B26 中等职业学校专业课教师达到“双师型”教师比例	100.00	100.00	0.00	1.080
B27 中小学专任教师培训进修达 72 学时比例	100.00	100.00	0.00	1.022
B28 教育国际化综合实现度	100.00	100.00	0.00	1.114
B29 市民终身学习 O2O 平台注册人数占常住人口的比例	53.90	96.73	42.83	1.057
B30 从业人员继续教育年参与率	100.00	100.00	0.00	1.000
B31 重大公共教育政策决策的社会参与度	100.00	100.00	0.00	1.022
B32 重大公共教育政策实施风险评估的比例	100.00	100.00	0.00	1.022
B33 学校章程网络公布率	99.28	100.00	0.72	1.082
B34 社会及家长对教育满意度	100.00	100.00	0.00	1.000
达成度达到目标值的 B 级指标数量/项		24		
达成度高于或等于成都市均值的指标数量/项		29		
达成度低于 60%的指标数量/项		0		

注：①由于青羊区内无农村学校，故 B6 义务教育县域内城乡比率的达成率自动赋值为 100%。

②由于指标口径及权重发生变化，2021 年 B16 实现教育经费“两个只增不减”、B17 生均公共财政预算教育事业费和 B18 生均公共财政预算公用经费 3 项指标不与 2020 年比较。

2. 对总体达成度的贡献情况

青羊区 B 级指标中，由于指标口径及权重发生变化，2021 年 B16 实现教育经费“两个只增不减”、B17 生均公共财政预算教育事业费和 B18 生均公共财政预算公用经费 3 项指标不与 2020 年比较。其余指标对 2021 年青羊区总体达成度有正贡献的指标有 4 项，零贡献 21 项，负贡献 5 项(表 2.10)。

表 2.10　青羊区 B 级指标对总体达成度的贡献情况

二级指标	B 级指标加权达成度/%		对总体达成度的贡献情况
	2020 年	2021 年	
B1 3～5 岁幼儿毛入园率	5.00	5.00	0.00
B2 义务教育巩固率	5.00	5.00	0.00
B3 高中阶段毛入学率	5.00	5.00	0.00
B4 新增劳动力平均受教育年限	3.00	3.00	0.00
B5 义务教育县域内校际均衡指数	4.00	4.00	0.00
B6 义务教育县域内城乡比率	2.00	2.00	0.00

续表

二级指标	B级指标加权达成度/%		对总体达成度的贡献情况
	2020年	2021年	
B7 残疾儿童、少年义务教育阶段入学率	2.00	2.00	0.00
B8 符合条件的随迁子女在公办学校和政府购买服务的民办学校就读的比例	2.00	2.00	0.00
B9 每年交流轮岗教师占符合交流条件教师总数的比例	2.00	2.00	0.00
B10 学生品德发展水平	2.00	1.88	−0.12
B11 学生学业发展水平	2.97	3.00	0.03
B12 学生身心发展水平	5.00	4.85	−0.15
B13 学生兴趣特长养成水平——潜能	2.00	2.00	0.00
B15 中职学校毕业生就业及升学比例	2.00	2.00	0.00
B16 实现教育经费“两个只增不减”	—	2.00	—
B17 生均公共财政预算教育事业费	—	3.53	—-
B18 生均公共财政预算公用经费	—	4.73	—
B19 生均体育运动场(馆)面积	1.06	1.08	0.02
B20 生均教学及辅助用房面积	1.16	1.15	−0.01
B21 班额达标比例	2.53	2.43	−0.10
B22 百名学生拥有网络多媒体教室数	3.00	2.95	−0.05
B23 教师教育技术应用能力达标率	2.00	2.00	0.00
B24 师生比	3.00	3.00	0.00
B25 专任教师学历提高比例	6.00	6.00	0.00
B26 中等职业学校专业课教师达到“双师型”教师比例	2.00	2.00	0.00
B27 中小学专任教师培训进修达72学时比例	2.00	2.00	0.00
B28 教育国际化综合实现度	4.00	4.00	0.00
B29 市民终身学习O2O平台注册人数占常住人口的比例	1.08	1.93	0.85
B30 从业人员继续教育年参与率	2.00	2.00	0.00
B31 重大公共教育政策决策的社会参与度	2.00	2.00	0.00
B32 重大公共教育政策实施风险评估的比例	2.00	2.00	0.00
B33 学校章程网络公布率	1.99	2.00	0.01
B34 社会及家长对教育满意度	4.00	4.00	0.00

注：由于青羊区内无农村学校，故B6义务教育县域内城乡比率的达成率对总体达成度的贡献视为0.00。

(三)工作建议

完善推进区域教育高质量发展的、科学的教育经费投入机制，完善教育经费投入成效评估机制，制定问题改进路线图，落实以评促建；加大教育经费投入，提高生均公共财政预算教育事业费；统筹规划，改善生均体育运动场(馆)面积、生均教学及辅助用房面积、班额达标比例；完善区域义务教育管理，关注学生品德发展水平、学生身心发展水平下降的问题，提高教育教学效能，保障学生身心健康发展。

六、2021 年度金牛区教育现代化发展水平情况

2021 年金牛区教育现代化发展水平的目标总达成度为 94.62%，较 2020 年增长了 1.07 个百分点。完成了 2022 年成都市对金牛区的政府考核目标。

（一）A 级指标目标达成情况

2021 年金牛区教育现代化发展水平监测指标体系 A 级指标的平均达成度为 96.46%；达成度在 90%以上的指标有 8 个，分别是 A1 教育普及水平、A2 教育公平程度、A3 教育质量水平、A5 教育信息化水平、A6 教师队伍水平、A7 教育国际化水平、A8 学习型社会建设水平、A9 教育治理水平；另有 A4 教育投入水平 1 项 A 级指标的达成度低于 90%，为 78.03%。

与成都市均值比较，2021 年金牛区有 8 项 A 级指标达成度高于或等于成都市均值，其中 A7 教育国际化水平比成都市均值高 10.21 个百分点；另有 A1 教育普及水平 1 项指标比成都市均值低 0.03 个百分点。

与 2020 年比较，2021 年金牛区 A 级指标的平均达成度增加了 1.10 个百分点，有 7 项 A 级指标的达成度实现增长或保持不变，其中 A2 教育公平程度、A9 教育治理水平增加了 4 个百分点以上；另有 A1 教育普及水平、A4 教育投入水平 2 项 A 级指标的达成度降低，分别降低 0.26、1.52 个百分点(图 2.6)。

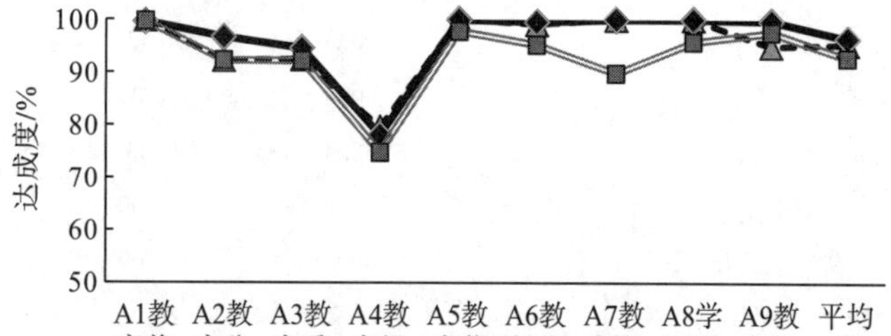

	A1教育普及水平	A2教育公平程度	A3教育质量水平	A4教育投入水平	A5教育信息化水平	A6教师队伍水平	A7教育国际化水平	A8学习型社会建设水平	A9教育治理水平	平均值
2020年/%	99.90	92.28	92.45	79.55	100.00	99.13	100.00	100.00	94.92	95.36
2021年/%	99.64	96.68	94.54	78.03	100.00	99.54	100.00	100.00	99.72	96.46
2021年成都市均值/%	99.67	92.24	92.14	74.79	97.78	95.23	89.79	95.77	97.61	92.78

图 2.6　金牛区 A 级指标达成度与成都市均值比较

(二)B 级指标目标达成情况

1. 总体情况

2021 年，金牛区有 21 项 B 级指标达到了目标值，B20 生均教学及辅助用房面积指标的达成度较低，为 68.51%。

与成都市各区(市)县 B 级指标达成度均值比较，2021 年金牛区有 28 项 B 级指标达成度高于或等于成都市均值。在高于成都市均值的指标中，B6 义务教育县域内城乡比率 1 项指标的达成度为成都市均值的 1.349 倍；在低于成都市均值的指标中，B19 生均体育运动场(馆)面积、B20 生均教学及辅助用房面积 2 项指标的达成度均低于成都市均值的 90%。

与 2020 年相比，2021 年金牛区 B 级指标达成度增长最多的为 B31 重大公共教育政策决策的社会参与度，达成度增长了 23.50 个百分点；下降最多的 B 级指标为 B10 学生品德发展水平，达成度下降了 3.45 个百分点(表 2.11)。

表 2.11　金牛区 B 级指标目标达成度情况

二级指标	达成度/%			2021 年达成度金牛区/成都市均值
	2020 年	2021 年	增长情况	
B1 3～5 岁幼儿毛入园率	100.00	98.70	-1.30	0.997
B2 义务教育巩固率	99.63	100.00	0.37	1.000
B3 高中阶段毛入学率	100.00	100.00	0.00	1.002
B4 新增劳动力平均受教育年限	100.00	100.00	0.00	1.000
B5 义务教育县域内校际均衡指数	84.38	97.15	12.77	1.044
B6 义务教育县域内城乡比率	100.00	100.00	0.00	1.349
B7 残疾儿童、少年义务教育阶段入学率	100.00	100.00	0.00	1.001
B8 符合条件的随迁子女在公办学校和政府购买服务的民办学校就读的比例	84.93	85.77	0.84	0.919
B9 每年交流轮岗教师占符合交流条件教师总数的比例	100.00	100.00	0.00	1.000
B10 学生品德发展水平	100.00	96.55	-3.45	1.025
B11 学生学业发展水平	83.34	100.00	16.66	1.022
B12 学生身心发展水平	99.24	98.33	-0.91	1.018
B13 学生兴趣特长养成水平——潜能	100.00	100.00	0.00	1.016
B15 中职学校毕业生就业及升学比例	100.00	100.00	0.00	1.002
B16 实现教育经费“两个只增不减”	—	100.00	—	1.122
B17 生均公共财政预算教育事业费	—	70.97	—	1.086
B18 生均公共财政预算公用经费	—	80.32	—	1.182
B19 生均体育运动场(馆)面积	73.95	73.63	-0.32	0.884
B20 生均教学及辅助用房面积	67.11	68.51	1.40	0.854
B21 班额达标比例	79.81	78.28	-1.53	0.917
B22 百名学生拥有网络多媒体教室数	100.00	100.00	0.00	1.038

续表

二级指标	达成度/%			2021 年达成度金牛区/成都市均值
	2020 年	2021 年	增长情况	
B23 教师教育技术应用能力达标率	100.00	100.00	0.00	1.000
B24 师生比	100.00	100.00	0.00	1.006
B25 专任教师学历提高比例	98.12	99.01	0.89	1.063
B26 中等职业学校专业课教师达到“双师型”教师比例	100.00	100.00	0.00	1.080
B27 中小学专任教师培训进修达 72 学时比例	100.00	100.00	0.00	1.022
B28 教育国际化综合实现度	100.00	100.00	0.00	1.114
B29 市民终身学习 O2O 平台注册人数占常住人口的比例	100.00	100.00	0.00	1.092
B30 从业人员继续教育年参与率	100.00	100.00	0.00	1.000
B31 重大公共教育政策决策的社会参与度	76.50	100.00	23.50	1.022
B32 重大公共教育政策实施风险评估的比例	100.00	100.00	0.00	1.022
B33 学校章程网络公布率	98.10	98.59	0.49	1.067
B34 社会及家长对教育满意度	100.00	100.00	0.00	1.000
达成度达到目标值的 B 级指标数量/项	21			
达成度高于或等于成都市均值的指标数量/项	28			
达成度低于 60%的指标数量/项	0			

注：①由于金牛区内无农村学校，故 B6 义务教育县域内城乡比率的达成率自动赋值为 100%。
②由于指标口径及权重发生变化，2021 年 B16 实现教育经费“两个只增不减”、B17 生均公共财政预算教育事业费和 B18 生均公共财政预算公用经费 3 项指标不与 2020 年比较。

2. 对总体达成度的贡献情况

金牛区 B 级指标中，由于指标口径及权重发生变化，2021 年 B16 实现教育经费“两个只增不减”、B17 生均公共财政预算教育事业费和 B18 生均公共财政预算公用经费 3 项指标不与 2020 年比较。其余指标对 2021 年金牛区总体达成度有正贡献的指标有 8 项，零贡献 17 项，负贡献 5 项(表 2.12)。

表 2.12　金牛区 B 级指标对总体达成度的贡献情况

二级指标	B 级指标加权达成度/%		对总体达成度的贡献情况
	2020 年	2021 年	
B1 3～5 岁幼儿毛入园率	5.00	4.93	−0.07
B2 义务教育巩固率	4.98	5.00	0.02
B3 高中阶段毛入学率	5.00	5.00	0.00
B4 新增劳动力平均受教育年限	3.00	3.00	0.00
B5 义务教育县域内校际均衡指数	3.38	3.89	0.51
B6 义务教育县域内城乡比率	2.00	2.00	0.00
B7 残疾儿童、少年义务教育阶段入学率	2.00	2.00	0.00
B8 符合条件的随迁子女在公办学校和政府购买服务的民办学校就读的比例	1.70	1.72	0.02

续表

二级指标	B 级指标加权达成度/%		对总体达成度的贡献情况
	2020 年	2021 年	
B9 每年交流轮岗教师占符合交流条件教师总数的比例	2.00	2.00	0.00
B10 学生品德发展水平	2.00	1.93	−0.07
B11 学生学业发展水平	2.50	3.00	0.50
B12 学生身心发展水平	4.96	4.92	−0.04
B13 学生兴趣特长养成水平——潜能	2.00	2.00	0.00
B15 中职学校毕业生就业及升学比例	2.00	2.00	0.00
B16 实现教育经费“两个只增不减”	—	2.00	—
B17 生均公共财政预算教育事业费	—	3.55	—
B18 生均公共财政预算公用经费	—	4.02	—
B19 生均体育运动场(馆)面积	1.11	1.10	−0.01
B20 生均教学及辅助用房面积	1.01	1.03	0.02
B21 班额达标比例	2.39	2.35	−0.04
B22 百名学生拥有网络多媒体教室数	3.00	3.00	0.00
B23 教师教育技术应用能力达标率	2.00	2.00	0.00
B24 师生比	3.00	3.00	0.00
B25 专任教师学历提高比例	5.89	5.94	0.05
B26 中等职业学校专业课教师达到“双师型”教师比例	2.00	2.00	0.00
B27 中小学专任教师培训进修达 72 学时比例	2.00	2.00	0.00
B28 教育国际化综合实现度	4.00	4.00	0.00
B29 市民终身学习 O2O 平台注册人数占常住人口的比例	2.00	2.00	0.00
B30 从业人员继续教育年参与率	2.00	2.00	0.00
B31 重大公共教育政策决策的社会参与度	1.53	2.00	0.47
B32 重大公共教育政策实施风险评估的比例	2.00	2.00	0.00
B33 学校章程网络公布率	1.96	1.97	0.01
B34 社会及家长对教育满意度	4.00	4.00	0.00

注：由于金牛区内无农村学校，故 B6 义务教育县域内城乡比率的达成率对总体达成度的贡献视为 0.00。

(三)工 作 建 议

完善保障区域教育高质量发展的、科学的教育经费投入机制，完善教育经费投入成效评估机制，制定问题改进路线图，落实以评促建；加大教育经费投入，提高生均公共财政预算教育事业费和公用经费；统筹规划，改善生均体育运动场(馆)面积、生均教学及辅助用房面积、班额达标比例及符合条件的随迁子女在公办学校和政府购买服务的民办学校就读的比例；完善区域教育质量管理，关注学生品德发展水平、学生身心发展水平下降的问题，提高教育教学效能，保障学生身心健康发展。

七、2021 年度武侯区教育现代化发展水平情况

2021 年武侯区教育现代化发展水平的目标总达成度为 95.20%，完成了 2022 年成都市对武侯区的政府考核目标。

（一）A 级指标目标达成情况

2021 年武侯区教育现代化发展水平监测指标体系 A 级指标的平均达成度为 96.94%；达成度在 90%以上的指标有 8 个；仅有 1 项 A 级指标 A4 教育投入水平的达成度低于 90%，为 80.46%。

与成都市均值比较，2021 年武侯区有 8 项 A 级指标达成度高于或等于成都市均值，其中 A7 教育国际化水平比成都市均值高 10.21 个百分点。另有 A3 教育质量水平 1 项指标比成都市均值低 0.13 个百分点。

与 2020 年比较，2021 年武侯区 A 级指标的平均达成度降低 0.28 个百分点，7 项 A 级指标的达成度均实现增长或保持不变，其中 A2 教育公平程度的达成度增长最多，为 3.98 个百分点；A3 教育质量水平、A4 教育投入水平 2 项 A 级指标的达成度降低，分别降低了 1.75 个百分点、5.45 个百分点（图 2.7）。

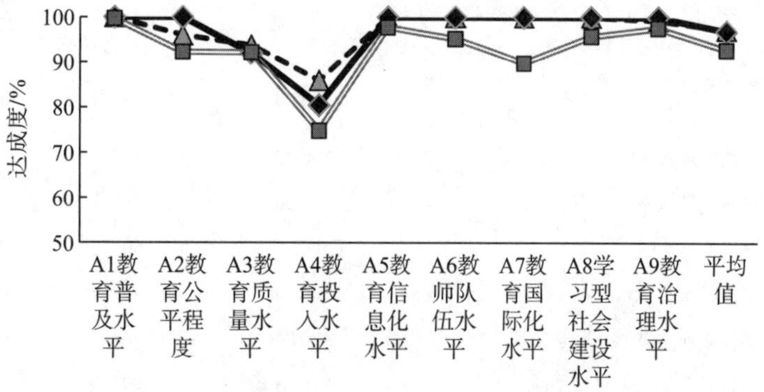

2020 年/%	100.00	96.02	93.76	85.91	100.00	100.00	100.00	100.00	99.27	97.22
2021 年/%	100.00	100.00	92.01	80.46	100.00	100.00	100.00	100.00	100.00	96.94
2021年成都市均值/%	99.67	92.24	92.14	74.79	97.78	95.23	89.79	95.77	97.61	92.78

图 2.7　武侯区 A 级指标达成度与成都市均值比较

（二）B 级指标目标达成情况

1. 总体情况

2021 年，武侯区有 25 项 B 级指标达到了目标值；在未达到目标值的 8 项 B 级指标中，达成度不足 60%的指标有 B16 实现教育经费“两个只增不减”，达成度为 50.00%。

与成都市各区（市）县 B 级指标达成度均值比较，2021 年武侯区有 31 项 B 级指标达成度高于或等于成都市均值。在高于成都市均值的指标中，B6 义务教育县域内城乡比率、B17 生均公共财政预算教育事业费、B18 生均公共财政预算公用经费 3 项指标的达成度均为成都市均值的 1.2 倍以上；在低于成都市均值的指标中，B16 实现教育经费“两个只增不减”为成都市均值的 56.1%。

与 2020 年相比，2021 年武侯区 B 级指标达成度增长最多的为 B8 符合条件的随迁子女在公办学校和政府购买服务的民办学校就读的比例，达成度增长了 23.87 个百分点；B10 学生品德发展水平下降较多，下降了 3.37 个百分点（表 2.13）。

表 2.13　武侯区 B 级指标目标达成度情况

二级指标	达成度/%			2021 年 武侯区达成度 /成都市均值
	2020 年	2021 年	增长情况	
B1 3～5 岁幼儿毛入园率	100.00	100.00	0.00	1.010
B2 义务教育巩固率	100.00	100.00	0.00	1.000
B3 高中阶段毛入学率	100.00	100.00	0.00	1.002
B4 新增劳动力平均受教育年限	100.00	100.00	0.00	1.000
B5 义务教育县域内校际均衡指数	100.00	100.00	0.00	1.075
B6 义务教育县域内城乡比率	100.00	100.00	0.00	1.349
B7 残疾儿童、少年义务教育阶段入学率	100.00	100.00	0.00	1.001
B8 符合条件的随迁子女在公办学校和政府购买服务的民办学校就读的比例	76.13	100.00	23.87	1.071
B9 每年交流轮岗教师占符合交流条件教师总数的比例	100.00	100.00	0.00	1.000
B10 学生品德发展水平	100.00	96.63	−3.37	1.025
B11 学生学业发展水平	100.00	100.00	0.00	1.022
B12 学生身心发展水平	99.52	97.60	−1.92	1.011
B13 学生兴趣特长养成水平——潜能	100.00	100.00	0.00	1.016
B15 中职学校毕业生就业及升学比例	100.00	100.00	0.00	1.002
B16 实现教育经费“两个只增不减”	—	50.00	—	0.561
B17 生均公共财政预算教育事业费	—	79.72	—	1.220
B18 生均公共财政预算公用经费	—	82.45	—	1.213
B19 生均体育运动场（馆）面积	81.95	82.67	0.72	0.993
B20 生均教学及辅助用房面积	81.60	87.59	5.99	1.092

续表

二级指标	达成度/%			2021 年 武侯区达成度 /成都市均值
	2020 年	2021 年	增长情况	
B21 班额达标比例	87.00	94.01	7.01	1.101
B22 百名学生拥有网络多媒体教室数	100.00	100.00	0.00	1.038
B23 教师教育技术应用能力达标率	100.00	100.00	0.00	1.000
B24 师生比	100.00	100.00	0.00	1.006
B25 专任教师学历提高比例	100.00	100.00	0.00	1.074
B26 中等职业学校专业课教师达到“双师型”教师比例	100.00	100.00	0.00	1.080
B27 中小学专任教师培训进修达 72 学时比例	100.00	100.00	0.00	1.022
B28 教育国际化综合实现度	100.00	100.00	0.00	1.114
B29 市民终身学习 O2O 平台注册人数占常住人口的比例	100.00	100.00	0.00	1.092
B30 从业人员继续教育年参与率	100.00	100.00	0.00	1.000
B31 重大公共教育政策决策的社会参与度	100.00	100.00	0.00	1.022
B32 重大公共教育政策实施风险评估的比例	100.00	100.00	0.00	1.022
B33 学校章程网络公布率	96.37	100.00	3.63	1.082
B34 社会及家长对教育满意度	100.00	100.00	0.00	1.000
达成度达到目标值的 B 级指标数量/项			25	
达成度高于或等于成都市均值的指标数量/项			31	
达成度低于 60%的指标数量/项			1	

注：①由于武侯区内无农村学校，故 B6 义务教育县域内城乡比率的达成率自动赋值为 100%。

②由于指标口径及权重发生变化，2021 年 B16 实现教育经费“两个只增不减”、B17 生均公共财政预算教育事业费和 B18 生均公共财政预算公用经费 3 项指标不与 2020 年比较。

2. 对总体达成度的贡献情况

武侯区 B 级指标中，由于指标口径及权重发生变化，2021 年 B16 实现教育经费“两个只增不减”、B17 生均公共财政预算教育事业费和 B18 生均公共财政预算公用经费 3 项指标不与 2020 年比较。其余指标对 2021 年武侯区总体达成度有正贡献的指标有 5 项，零贡献 23 项，负贡献 2 项(表 2.14)。

表 2.14　武侯区 B 级指标对总体达成度的贡献情况

二级指标	B 级指标加权达成度/%		对总体达成度的贡献情况
	2020 年	2021 年	
B1 3～5 岁幼儿毛入园率	5.00	5.00	0.00
B2 义务教育巩固率	5.00	5.00	0.00
B3 高中阶段毛入学率	5.00	5.00	0.00
B4 新增劳动力平均受教育年限	3.00	3.00	0.00
B5 义务教育县域内校际均衡指数	4.00	4.00	0.00

续表

二级指标	B 级指标加权达成度/%		对总体达成度的贡献情况
	2020 年	2021 年	
B6 义务教育县域内城乡比率	2.00	2.00	0.00
B7 残疾儿童、少年义务教育阶段入学率	2.00	2.00	0.00
B8 符合条件的随迁子女在公办学校和政府购买服务的民办学校就读的比例	1.52	2.00	0.48
B9 每年交流轮岗教师占符合交流条件教师总数的比例	2.00	2.00	0.00
B10 学生品德发展水平	2.00	1.93	-0.07
B11 学生学业发展水平	3.00	3.00	0.00
B12 学生身心发展水平	4.98	4.88	-0.10
B13 学生兴趣特长养成水平——潜能	2.00	2.00	0.00
B15 中职学校毕业生就业及升学比例	2.00	2.00	0.00
B16 实现教育经费“两个只增不减”	—	1.00	—
B17 生均公共财政预算教育事业费	—	3.99	—
B18 生均公共财政预算公用经费	—	4.12	—
B19 生均体育运动场(馆)面积	1.23	1.24	0.01
B20 生均教学及辅助用房面积	1.22	1.31	0.09
B21 班额达标比例	2.61	2.82	0.21
B22 百名学生拥有网络多媒体教室数	3.00	3.00	0.00
B23 教师教育技术应用能力达标率	2.00	2.00	0.00
B24 师生比	3.00	3.00	0.00
B25 专任教师学历提高比例	6.00	6.00	0.00
B26 中等职业学校专业课教师达到“双师型”教师比例	2.00	2.00	0.00
B27 中小学专任教师培训进修达 72 学时比例	2.00	2.00	0.00
B28 教育国际化综合实现度	4.00	4.00	0.00
B29 市民终身学习 O2O 平台注册人数占常住人口的比例	2.00	2.00	0.00
B30 从业人员继续教育年参与率	2.00	2.00	0.00
B31 重大公共教育政策决策的社会参与度	2.00	2.00	0.00
B32 重大公共教育政策实施风险评估的比例	2.00	2.00	0.00
B33 学校章程网络公布率	1.93	2.00	0.07
B34 社会及家长对教育满意度	4.00	4.00	0.00

注：由于武侯区内无农村学校，故 B6 义务教育县域内城乡比率对总体达成度的贡献视为 0.00。

(三)工 作 建 议

完善保障区域教育高质量发展的、科学的教育经费投入机制，完善教育经费投入成效评估机制，制定问题改进路线图，落实以评促建；加大教育经费投入，着力解决教育经费“两个只增不减”不达标的问题，提高公共财政预算教育事业费和公用经费，改善生均体育运动场(馆)面积、生均教学及辅助用房面积，提高生均办学条；完善区域教育质量管理，关注学生品德发展水平、学生身心发展水平下降的问题，提高教育教学效能，保障学生身心健康发展。

八、2021年度成华区教育现代化发展水平情况

2021年成华区教育现代化发展水平的目标总达成度为93.45%，完成了2022年成都市对成华区的政府考核目标。

（一）A级指标目标达成情况

2021年成华区教育现代化发展水平监测指标体系A级指标的平均达成度为93.83%；达成度在90%以上的指标有7个；有2项A级指标的达成度低于90%，其中A8学习型社会建设水平的达成度最低，为79.51%。

与成都市均值比较，2021年成华区有6项A级指标达成度均高于或等于成都市均值，其中A7教育国际化水平比成都市均值高10.21个百分点；有A1教育普及水平、A2教育公平程度、A8学习型社会建设水平3项指标比成都市均值低，分别低3.26个百分点、0.05个百分点、16.26个百分点。

与2020年比较，2021年成华区A级指标的平均达成度增加了0.21个百分点，有7项A级指标的达成度实现增长或保持不变，其中A8学习型社会建设水平1项指标增长了8.25个百分点；另有A1教育普及水平、A2教育公平程度2项A级指标的达成度降低，分别降低了3.55个百分点、4.48个百分点（图2.8）。

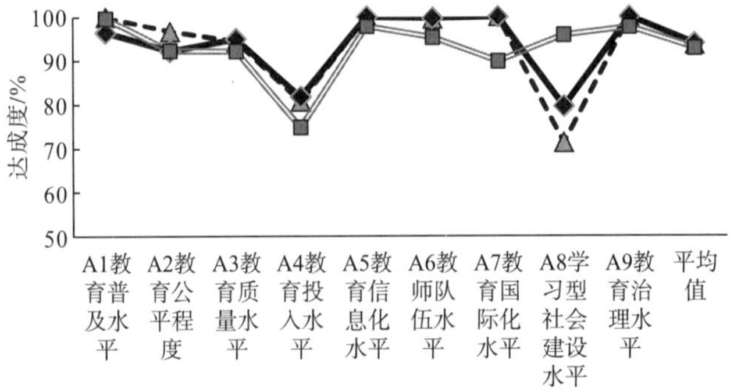

2020年/%	99.96	96.67	94.39	80.73	100.00	99.53	100.00	71.26	100.00	93.62
2021年/%	96.41	92.19	94.90	81.73	100.00	99.71	100.00	79.51	100.00	93.83
2021年成都市均值/%	99.67	92.24	92.14	74.79	97.78	95.23	89.79	95.77	97.61	92.78

图2.8　成华区A级指标达成度与成都市均值比较

(二)B 级指标目标达成情况

1. 总体情况

2021 年，成华区有 22 项 B 级指标达到了目标值；在未达到目标值的 11 项 B 级指标中，有 B29 市民终身学习 O2O 平台注册人数占常住人口的比例 1 项指标达成度不足 60%，为 59.02%。

与成都市各区(市)县 B 级指标达成度均值比较，2021 年成华区有 27 项 B 级指标达成度高于或等于成都市均值。在高于成都市均值的指标中，B6 义务教育县域内城乡比率、B18 生均公共财政预算公用经费的达成度均为成都市均值的 1.2 倍以上；在低于成都市均值的指标中，B29 市民终身学习 O2O 平台注册人数占常住人口的比例的达成度为成都市均值的 64.5%，比值最低。

与 2020 年相比，2021 年成华区 B 级指标达成度增长最多的为 B29 市民终身学习 O2O 平台注册人数占常住人口的比例，达成度增长了 16.50 个百分点；下降最多的 B 级指标为 B1 3～5 岁幼儿毛入园率、B5 义务教育县域内校际均衡指数，分别下降了 12.94 个百分点、13.44 个百分点(表 2.15)。

表 2.15　成华区 B 级指标目标达成度情况

二级指标	达成度/%			2021 年成华区达成度/成都市均值
	2020 年	2021 年	增长情况	
B1 3～5 岁幼儿毛入园率	100.00	87.06	−12.94	0.879
B2 义务教育巩固率	99.86	100.00	0.14	1.000
B3 高中阶段毛入学率	100.00	100.00	0.00	1.002
B4 新增劳动力平均受教育年限	100.00	100.00	0.00	1.000
B5 义务教育县域内校际均衡指数	90.00	76.56	−13.44	0.823
B6 义务教育县域内城乡比率	100.00	100.00	0.00	1.349
B7 残疾儿童、少年义务教育阶段入学率	100.00	100.00	0.00	1.001
B8 符合条件的随迁子女在公办学校和政府购买服务的民办学校就读的比例	100.00	100.00	0.00	1.071
B9 每年交流轮岗教师占符合交流条件教师总数的比例	100.00	100.00	0.00	1.000
B10 学生品德发展水平	100.00	98.55	−1.45	1.046
B11 学生学业发展水平	95.80	100.00	4.20	1.022
B12 学生身心发展水平	99.43	98.70	−0.73	1.022
B13 学生兴趣特长养成水平——潜能	100.00	100.00	0.00	1.016
B15 中职学校毕业生就业及升学比例	100.00	100.00	0.00	1.002
B16 实现教育经费“两个只增不减”	—	100.00	—	1.122
B17 生均公共财政预算教育事业费	—	73.94	—	1.131
B18 生均公共财政预算公用经费	—	87.94	—	1.294

续表

二级指标	达成度/%			2021年成华区达成度/成都市均值
	2020年	2021年	增长情况	
B19 生均体育运动场(馆)面积	78.66	76.44	−2.22	0.918
B20 生均教学及辅助用房面积	80.49	78.42	−2.07	0.978
B21 班额达标比例	79.11	76.48	−2.63	0.896
B22 百名学生拥有网络多媒体教室数	100.00	100.00	0.00	1.038
B23 教师教育技术应用能力达标率	100.00	100.00	0.00	1.000
B24 师生比	100.00	100.00	0.00	1.006
B25 专任教师学历提高比例	98.98	99.37	0.39	1.067
B26 中等职业学校专业课教师达到“双师型”教师比例	100.00	100.00	0.00	1.080
B27 中小学专任教师培训进修达72学时比例	100.00	100.00	0.00	1.022
B28 教育国际化综合实现度	100.00	100.00	0.00	1.114
B29 市民终身学习O2O平台注册人数占常住人口的比例	42.52	59.02	16.50	0.645
B30 从业人员继续教育年参与率	100.00	100.00	0.00	1.000
B31 重大公共教育政策决策的社会参与度	100.00	100.00	0.00	1.022
B32 重大公共教育政策实施风险评估的比例	100.00	100.00	0.00	1.022
B33 学校章程网络公布率	100.00	100.00	0.00	1.082
B34 社会及家长对教育满意度	100.00	100.00	0.00	1.000
达成度达到目标值的B级指标数量/项	22			
达成度高于或等于成都市均值的指标数量/项	27			
达成度低于60%的指标数量/项	1			

注：① 由于成华区内无农村学校，故B6义务教育县域内城乡比率的达成率自动赋值为100%。

②由于指标口径及权重发生变化，2021年B16实现教育经费“两个只增不减”、B17生均公共财政预算教育事业费和B18生均公共财政预算公用经费3项指标不与2020年比较。

2. 对总体达成度的贡献情况

成华区B级指标中，由于指标口径及权重发生变化，2021年B16实现教育经费“两个只增不减”、B17生均公共财政预算教育事业费和B18生均公共财政预算公用经费3项指标不与2020年比较。其余指标对2021年成华区总体达成度有正贡献的指标有4项，零贡献19项，负贡献7项(表2.16)。

表2.16 成华区B级指标对总体达成度的贡献情况

二级指标	B级指标加权达成度/%		对总体达成度的贡献情况
	2020年	2021年	
B1 3～5岁幼儿毛入园率	5.00	4.35	−0.65
B2 义务教育巩固率	4.99	5.00	0.01
B3 高中阶段毛入学率	5.00	5.00	0.00

续表

二级指标	B 级指标加权达成度/%		对总体达成度的贡献情况
	2020 年	2021 年	
B4 新增劳动力平均受教育年限	3.00	3.00	0.00
B5 义务教育县域内校际均衡指数	3.60	3.06	−0.54
B6 义务教育县域内城乡比率	2.00	2.00	0.00
B7 残疾儿童、少年义务教育阶段入学率	2.00	2.00	0.00
B8 符合条件的随迁子女在公办学校和政府购买服务的民办学校就读的比例	2.00	2.00	0.00
B9 每年交流轮岗教师占符合交流条件教师总数的比例	2.00	2.00	0.00
B10 学生品德发展水平	2.00	1.97	−0.03
B11 学生学业发展水平	2.87	3.00	0.13
B12 学生身心发展水平	4.97	4.94	−0.03
B13 学生兴趣特长养成水平——潜能	2.00	2.00	0.00
B15 中职学校毕业生就业及升学比例	2.00	2.00	0.00
B16 实现教育经费“两个只增不减”	—	2.00	—
B17 生均公共财政预算教育事业费	—	3.70	—
B18 生均公共财政预算公用经费	—	4.40	—
B19 生均体育运动场（馆）面积	1.18	1.15	−0.03
B20 生均教学及辅助用房面积	1.21	1.18	−0.03
B21 班额达标比例	2.37	2.29	−0.08
B22 百名学生拥有网络多媒体教室数	3.00	3.00	0.00
B23 教师教育技术应用能力达标率	2.00	2.00	0.00
B24 师生比	3.00	3.00	0.00
B25 专任教师学历提高比例	5.94	5.96	0.02
B26 中等职业学校专业课教师达到“双师型”教师比例	2.00	2.00	0.00
B27 中小学专任教师培训进修达 72 学时比例	2.00	2.00	0.00
B28 教育国际化综合实现度	4.00	4.00	0.00
B29 市民终身学习 O2O 平台注册人数占常住人口的比例	0.85	1.18	0.33
B30 从业人员继续教育年参与率	2.00	2.00	0.00
B31 重大公共教育政策决策的社会参与度	2.00	2.00	0.00
B32 重大公共教育政策实施风险评估的比例	2.00	2.00	0.00
B33 学校章程网络公布率	2.00	2.00	0.00
B34 社会及家长对教育满意度	4.00	4.00	0.00

注：由于成华区内无农村学校，故 B6 义务教育县域内城乡比率对总体达成度的贡献视为 0.00。

（三）工 作 建 议

完善保障区域教育高质量发展的、科学的教育经费投入机制，完善教育经费投入成效评估机制，制定问题改进路线图，落实以评促建；加大教育经费投入，提高生均公共财政预算教育事业费和公用经费；统筹规划，改善生均体育运动场(馆)面积、生均教学及辅助用房面积、班额达标比例，关注义务教育县域内校际差异增大的问题，切实减小校际差异，推进教育优质均衡发展；完善区域教育质量管理，关注学生品德发展水平、学生身心发展水平下降的问题，优化教育教学效能，保障学生身心健康发展；改善市民终身学习 O2O平台注册人数占比较低的问题，落实学习型社会建设。

九、2021 年度龙泉驿区教育现代化发展水平情况

2021 年龙泉驿区教育现代化发展水平的目标总达成度为 93.10%，较 2020 年增加了 2.28 个百分点，完成了 2022 年成都市对龙泉驿区的政府考核目标。

(一)A 级指标目标达成情况

2021 年龙泉驿区教育现代化发展水平监测指标体系 A 级指标的平均达成度为 93.91%；达成度在 90%以上的指标有 6 个；另有 A4 教育投入水平、A7 教育国际化水平、A9 教育治理水平 3 项 A 级指标的达成度低于 90%，分别为 79.78%、88.39%和 89.04%。

与成都市均值比较，2021 年龙泉驿区有 7 项 A 级指标达成度高于或等于成都市均值，其中 A4 教育投入水平、A6 教师队伍水平、A8 学习型社会建设水平 3 项指标均比成都市均值高 4 个百分点以上；另有 A7 教育国际化水平和 A9 教育治理水平 2 项的达成度低于成都市均值，分别低 1.40 个百分点、8.57 个百分点。

与 2020 年比较，2021 年龙泉驿区 A 级指标的平均达成度增加了 0.45 个百分点，有 7 项 A 级指标的达成度实现增长或保持不变，其中 A4 教育投入水平增长最多，增加了 11.98 个百分点；有 2 项 A 级指标的达成度降低，其中 A7 教育国际化水平的达成度降低了 11.61 个百分点(图 2.9)。

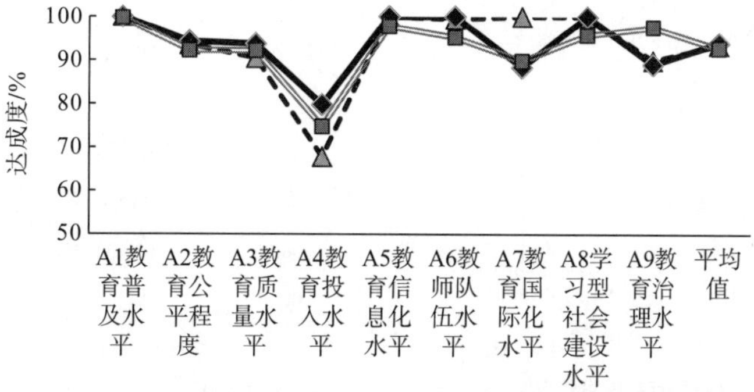

	A1教育普及水平	A2教育公平程度	A3教育质量水平	A4教育投入水平	A5教育信息化水平	A6教师队伍水平	A7教育国际化水平	A8学习型社会建设水平	A9教育治理水平	平均值
2020年/%	100.00	93.55	90.44	67.80	100.00	99.46	100.00	100.00	89.92	93.46
2021年/%	100.00	94.27	93.69	79.78	100.00	100.00	88.39	100.00	89.04	93.91
2021年成都市均值/%	99.67	92.24	92.14	74.79	97.78	95.23	89.79	95.77	97.61	92.78

图 2.9　龙泉驿区 A 级指标达成度与成都市均值比较

(二)B 级指标目标达成情况

1. 总体情况

2021 年，龙泉驿区有 19 项 B 级指标达到了目标值；在未达到目标值的 14 项 B 级指标中，B17 生均公共财政预算教育事业费指标的达成度较低，为 72.91%。

与成都市各区(市)县 B 级指标达成度均值比较，2021 年龙泉驿区有 27 项 B 级指标达成度高于或等于成都市均值。在高于成都市均值的指标中，B16 实现教育经费“两个只增不减”1 项指标的达成度与成都市均值的比值最高，为 1.122；在低于成都市均值的指标中，B31 重大公共教育政策决策的社会参与度、B32 重大公共教育政策实施风险评估的比例 2 项指标达成度均为成都市均值的 76.7%，比值最低。

与 2020 年相比，2021 年龙泉驿区 B 级指标达成度增长最多的为 B11 学生学业发展水平，达成度增长了 23.46 个百分点；下降最多的 B 级指标为 B31 重大公共教育政策决策的社会参与度，达成度下降了 25.00 个百分点(表 2.17)。

表 2.17　龙泉驿区 B 级指标目标达成度情况

二级指标	达成度/%			2021 年龙泉驿区达成度/成都市均值
	2020 年	2021 年	增长情况	
B1 3～5 岁幼儿毛入园率	100.00	100.00	0.00	1.010
B2 义务教育巩固率	100.00	100.00	0.00	1.000
B3 高中阶段毛入学率	100.00	100.00	0.00	1.002
B4 新增劳动力平均受教育年限	100.00	100.00	0.00	1.000
B5 义务教育县域内校际均衡指数	100.00	100.00	0.00	1.075
B6 义务教育县域内城乡比率	71.43	78.57	7.14	1.060
B7 残疾儿童、少年义务教育阶段入学率	100.00	99.20	−0.80	0.993
B8 符合条件的随迁子女在公办学校和政府购买服务的民办学校就读的比例	89.90	87.85	−2.05	0.941
B9 每年交流轮岗教师占符合交流条件教师总数的比例	100.00	100.00	0.00	1.000
B10 学生品德发展水平	100.00	94.88	−5.12	1.007
B11 学生学业发展水平	76.54	100.00	23.46	1.022
B12 学生身心发展水平	99.11	97.93	−1.18	1.014
B13 学生兴趣特长养成水平——潜能	100.00	100.00	0.00	1.016
B15 中职学校毕业生就业及升学比例	100.00	100.00	0.00	1.002
B16 实现教育经费“两个只增不减”	—	100.00	—	1.122
B17 生均公共财政预算教育事业费	—	72.91	—	1.115
B18 生均公共财政预算公用经费	—	76.16	—	1.121
B19 生均体育运动场(馆)面积	84.70	86.51	1.81	1.039
B20 生均教学及辅助用房面积	76.68	81.68	5.00	1.018
B21 班额达标比例	76.57	79.45	2.88	0.931

续表

二级指标	达成度/%			2021 年 龙泉驿区达成度 /成都市均值
	2020 年	2021 年	增长情况	
B22 百名学生拥有网络多媒体教室数	100.00	100.00	0.00	1.038
B23 教师教育技术应用能力达标率	100.00	100.00	0.00	1.000
B24 师生比	100.00	100.00	0.00	1.006
B25 专任教师学历提高比例	98.83	100.00	1.17	1.074
B26 中等职业学校专业课教师达到“双师型”教师比例	100.00	100.00	0.00	1.080
B27 中小学专任教师培训进修达 72 学时比例	100.00	100.00	0.00	1.022
B28 教育国际化综合实现度	100.00	88.39	−11.61	0.984
B29 市民终身学习 O2O 平台注册人数占常住人口的比例	100.00	100.00	0.00	1.092
B30 从业人员继续教育年参与率	100.00	100.00	0.00	1.000
B31 重大公共教育政策决策的社会参与度	100.00	75.00	−25.00	0.767
B32 重大公共教育政策实施风险评估的比例	60.00	75.00	15.00	0.767
B33 学校章程网络公布率	91.71	95.18	3.47	1.030
B34 社会及家长对教育满意度	98.95	100.00	1.05	1.000
达成度达到目标值的 B 级指标数量/项		19		
达成度高于或等于成都市均值的指标数量/项		27		
达成度低于 60%的指标数量/项		0		

注：由于指标口径及权重发生变化，2021 年 B16 实现教育经费“两个只增不减”、B17 生均公共财政预算教育事业费和 B18 生均公共财政预算公用经费 3 项指标不与 2020 年比较。

2. 对总体达成度的贡献情况

龙泉驿区 B 级指标中，由于指标口径及权重发生变化，2021 年 B16 实现教育经费“两个只增不减”、B17 生均公共财政预算教育事业费和 B18 生均公共财政预算公用经费 3 项指标不与 2020 年比较。其余指标对 2021 年龙泉驿区总体达成度有正贡献的指标有 9 项，零贡献 15 项，负贡献 6 项(表 2.18)。

表 2.18　龙泉驿区 B 级指标对总体达成度的贡献情况

二级指标	B 级指标加权达成度/%		对总体达成度的贡献情况
	2020 年	2021 年	
B1 3～5 岁幼儿毛入园率	5.00	5.00	0.00
B2 义务教育巩固率	5.00	5.00	0.00
B3 高中阶段毛入学率	5.00	5.00	0.00
B4 新增劳动力平均受教育年限	3.00	3.00	0.00
B5 义务教育县域内校际均衡指数	4.00	4.00	0.00
B6 义务教育县域内城乡比率	1.43	1.57	0.14
B7 残疾儿童、少年义务教育阶段入学率	2.00	1.98	−0.02

续表

二级指标	B级指标加权达成度/%		对总体达成度的贡献情况
	2020年	2021年	
B8 符合条件的随迁子女在公办学校和政府购买服务的民办学校就读的比例	1.80	1.76	-0.04
B9 每年交流轮岗教师占符合交流条件教师总数的比例	2.00	2.00	0.00
B10 学生品德发展水平	2.00	1.90	-0.10
B11 学生学业发展水平	2.30	3.00	0.70
B12 学生身心发展水平	4.96	4.90	-0.06
B13 学生兴趣特长养成水平——潜能	2.00	2.00	0.00
B15 中职学校毕业生就业及升学比例	2.00	2.00	0.00
B16 实现教育经费“两个只增不减”	—	2.00	—
B17 生均公共财政预算教育事业费	—	3.65	—
B18 生均公共财政预算公用经费	—	3.81	—
B19 生均体育运动场(馆)面积	1.27	1.30	0.03
B20 生均教学及辅助用房面积	1.15	1.23	0.08
B21 班额达标比例	2.30	2.38	0.08
B22 百名学生拥有网络多媒体教室数	3.00	3.00	0.00
B23 教师教育技术应用能力达标率	2.00	2.00	0.00
B24 师生比	3.00	3.00	0.00
B25 专任教师学历提高比例	5.93	6.00	0.07
B26 中等职业学校专业课教师达到“双师型”教师比例	2.00	2.00	0.00
B27 中小学专任教师培训进修达72学时比例	2.00	2.00	0.00
B28 教育国际化综合实现度	4.00	3.54	-0.46
B29 市民终身学习O2O平台注册人数占常住人口的比例	2.00	2.00	0.00
B30 从业人员继续教育年参与率	2.00	2.00	0.00
B31 重大公共教育政策决策的社会参与度	2.00	1.50	-0.50
B32 重大公共教育政策实施风险评估的比例	1.20	1.50	0.30
B33 学校章程网络公布率	1.83	1.90	0.07
B34 社会及家长对教育满意度	3.96	4.00	0.04

(三)工作建议

完善保障区域教育高质量发展的、科学的教育经费投入机制，完善教育经费投入成效评估机制，制定问题改进路线图，落实以评促建；加大教育经费投入，提高生均公共财政预算教育事业费和公用经费；统筹规划，进一步改善生均体育运动场(馆)面积、生均教学及辅助用房面积、班额达标比例，进一步减小义务教育县域内城乡差异，推进教育优质均衡发展；完善区域教育质量管理，关注学生品德发展水平、学生身心发展水平下降的问题，提高教育教学效能，保障学生身心健康发展；进一步改善区域教育治理水平，提高教育管理过程中风险防控的水平。

十、2021 年度青白江区教育现代化发展水平情况

2021 年青白江区教育现代化发展水平的目标总达成度为 95.07%，较 2020 年增长了 1.41 个百分点，完成了 2022 年成都市对青白江区的政府考核目标。

（一）A 级指标目标达成情况

2021 年青白江区教育现代化发展水平监测指标体系 A 级指标的平均达成度为 95.87%；达成度在 90%以上的指标有 8 个；仅 A4 教育投入水平 1 项 A 级指标的达成度低于 90%，达成度为 80.00%。

与成都市均值比较，2021 年青白江区有 7 项 A 级指标达成度均高于或等于成都市均值，其中 A2 教育公平程度、A4 教育投入水平、A6 教师队伍水平、A7 教育国际化水平 4 项指标均比成都市均值高 4 个百分点以上；A5 教育信息化水平、A8 学习型社会建设水平 2 项指标比成都市均值低，分别低 0.4 个百分点、2.26 个百分点。

与 2020 年比较，2021 年青白江区 A 级指标的平均达成度增加了 0.91 个百分点，8 项 A 级指标的达成度均实现增长或保持不变，其中 A3 教育质量水平增长最多，增加了 5.91 个百分点；另有 A7 教育国际化水平 1 项 A 级指标的达成度降低，降低了 2.54 个百分点（图 2.10）。

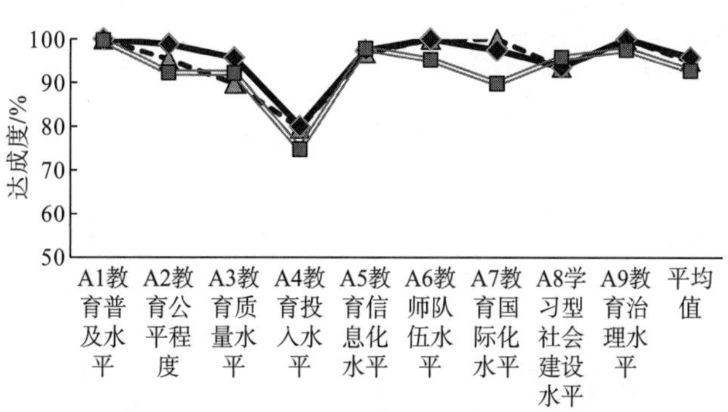

	A1教育普及水平	A2教育公平程度	A3教育质量水平	A4教育投入水平	A5教育信息化水平	A6教师队伍水平	A7教育国际化水平	A8学习型社会建设水平	A9教育治理水平	平均值
2020年/%	99.93	95.23	89.75	79.53	96.74	99.93	100.00	93.51	100.00	94.96
2021年/%	100.00	98.81	95.66	80.00	97.38	100.00	97.46	93.51	100.00	95.87
2021年成都市均值/%	99.67	92.24	92.14	74.79	97.78	95.23	89.79	95.77	97.61	92.78

图 2.10　青白江区 A 级指标达成度与成都市均值比较

(二)B级指标目标达成情况

1. 总体情况

2021年，青白江区有21项B级指标达到了目标值，在未达到目标值的B级指标中，B17生均公共财政预算教育事业费和B18生均公共财政预算公用经费指标的达成度较低，分别为69.58%、71.35%。

与成都市各区(市)县B级指标达成度均值比较，2021年青白江区有31项B级指标达成度高于或等于成都市均值。在高于成都市均值的指标中，B6义务教育县域内城乡比率指标达成度是成都市均值的1.253倍；B22百名学生拥有网络多媒体教室数、B29市民终身学习O2O平台注册人数占常住人口的比例2项指标低于成都市均值，分别为成都市均值的99.3%和95.0%。

与2020年相比，2021年青白江区B级指标达成度增长最多的为B11学生学业发展水平，达成度增长了29.91个百分点；下降最多的B级指标为B10学生品德发展水平、B28教育国际化综合实现度，分别下降了2.83个百分点、2.54个百分点(表2.19)。

表2.19　青白江区B级指标目标达成度情况

二级指标	达成度/%			2021年 青白江区达成度 /成都市均值
	2020年	2021年	增长情况	
B1 3～5岁幼儿毛入园率	99.74	100.00	0.26	1.010
B2 义务教育巩固率	100.00	100.00	0.00	1.000
B3 高中阶段毛入学率	100.00	100.00	0.00	1.002
B4 新增劳动力平均受教育年限	100.00	100.00	0.00	1.000
B5 义务教育县域内校际均衡指数	100.00	100.00	0.00	1.075
B6 义务教育县域内城乡比率	71.43	92.86	21.43	1.253
B7 残疾儿童、少年义务教育阶段入学率	100.00	100.00	0.00	1.001
B8 符合条件的随迁子女在公办学校和政府购买服务的民办学校就读的比例	99.93	100.00	0.07	1.071
B9 每年交流轮岗教师占符合交流条件教师总数的比例	100.00	100.00	0.00	1.000
B10 学生品德发展水平	100.00	97.17	−2.83	1.031
B11 学生学业发展水平	70.09	100.00	29.91	1.022
B12 学生身心发展水平	98.68	98.33	−0.35	1.018
B13 学生兴趣特长养成水平——潜能	100.00	99.17	−0.83	1.007
B15 中职学校毕业生就业及升学比例	100.00	100.00	0.00	1.002
B16 实现教育经费“两个只增不减”	—	100.00	—	1.122
B17 生均公共财政预算教育事业费	—	69.58	—	1.064
B18 生均公共财政预算公用经费	—	71.35	—	1.050
B19 生均体育运动场(馆)面积	91.89	93.35	1.46	1.121

续表

二级指标	达成度/%			2021 年青白江区达成度/成都市均值
	2020 年	2021 年	增长情况	
B20 生均教学及辅助用房面积	82.86	85.00	2.14	1.060
B21 班额达标比例	88.34	89.26	0.92	1.045
B22 百名学生拥有网络多媒体教室数	94.57	95.63	1.06	0.993
B23 教师教育技术应用能力达标率	100.00	100.00	0.00	1.000
B24 师生比	100.00	100.00	0.00	1.006
B25 专任教师学历提高比例	99.84	100.00	0.16	1.074
B26 中等职业学校专业课教师达到“双师型”教师比例	100.00	100.00	0.00	1.080
B27 中小学专任教师培训进修达 72 学时比例	100.00	100.00	0.00	1.022
B28 教育国际化综合实现度	100.00	97.46	−2.54	1.085
B29 市民终身学习 O2O 平台注册人数占常住人口的比例	87.01	87.01	0.00	0.950
B30 从业人员继续教育年参与率	100.00	100.00	0.00	1.000
B31 重大公共教育政策决策的社会参与度	100.00	100.00	0.00	1.022
B32 重大公共教育政策实施风险评估的比例	100.00	100.00	0.00	1.022
B33 学校章程网络公布率	100.00	100.00	0.00	1.082
B34 社会及家长对教育满意度	100.00	100.00	0.00	1.000
达成度达到目标值的 B 级指标数量/项		21		
达成度高于或等于成都市均值的指标数量/项		31		
达成度低于 60%的指标数量/项		0		

注：由于指标口径及权重发生变化，2021 年 B16 实现教育经费“两个只增不减”、B17 生均公共财政预算教育事业费和 B18 生均公共财政预算公用经费 3 项指标不与 2020 年比较。

2. 对总体达成度的贡献情况

青白江区 B 级指标中，由于指标口径及权重发生变化，2021 年 B16 实现教育经费“两个只增不减”、B17 生均公共财政预算教育事业费和 B18 生均公共财政预算公用经费 3 项指标不与 2020 年比较。其余指标对 2021 年青白江区总体达成度有正贡献的指标有 8 项，零贡献 18 项，负贡献 4 项(表 2.20)。

表 2.20　青白江区 B 级指标对总体达成度的贡献情况

二级指标	B 级指标加权达成度/%		对总体达成度的贡献情况
	2020 年	2021 年	
B1 3~5 岁幼儿毛入园率	4.99	5.00	0.01
B2 义务教育巩固率	5.00	5.00	0.00
B3 高中阶段毛入学率	5.00	5.00	0.00
B4 新增劳动力平均受教育年限	3.00	3.00	0.00
B5 义务教育县域内校际均衡指数	4.00	4.00	0.00
B6 义务教育县域内城乡比率	1.43	1.86	0.43

续表

二级指标	B级指标加权达成度/%		对总体达成度的贡献情况
	2020年	2021年	
B7 残疾儿童、少年义务教育阶段入学率	2.00	2.00	0.00
B8 符合条件的随迁子女在公办学校和政府购买服务的民办学校就读的比例	2.00	2.00	0.00
B9 每年交流轮岗教师占符合交流条件教师总数的比例	2.00	2.00	0.00
B10 学生品德发展水平	2.00	1.94	-0.06
B11 学生学业发展水平	2.10	3.00	0.90
B12 学生身心发展水平	4.93	4.92	-0.01
B13 学生兴趣特长养成水平——潜能	2.00	1.98	-0.02
B15 中职学校毕业生就业及升学比例	2.00	2.00	0.00
B16 实现教育经费“两个只增不减”	—	2.00	—
B17 生均公共财政预算教育事业费	—	3.48	—
B18 生均公共财政预算公用经费	—	3.57	—
B19 生均体育运动场(馆)面积	1.38	1.40	0.02
B20 生均教学及辅助用房面积	1.24	1.28	0.04
B21 班额达标比例	2.65	2.68	0.03
B22 百名学生拥有网络多媒体教室数	2.84	2.87	0.03
B23 教师教育技术应用能力达标率	2.00	2.00	0.00
B24 师生比	3.00	3.00	0.00
B25 专任教师学历提高比例	5.99	6.00	0.01
B26 中等职业学校专业课教师达到“双师型”教师比例	2.00	2.00	0.00
B27 中小学专任教师培训进修达72学时比例	2.00	2.00	0.00
B28 教育国际化综合实现度	4.00	3.90	-0.10
B29 市民终身学习O2O平台注册人数占常住人口的比例	1.74	1.74	0.00
B30 从业人员继续教育年参与率	2.00	2.00	0.00
B31 重大公共教育政策决策的社会参与度	2.00	2.00	0.00
B32 重大公共教育政策实施风险评估的比例	2.00	2.00	0.00
B33 学校章程网络公布率	2.00	2.00	0.00
B34 社会及家长对教育满意度	4.00	4.00	0.00

(三)工作建议

完善保障区域教育高质量发展的、科学的教育经费投入机制，完善教育经费投入成效评估机制，制定问题改进路线图，落实以评促建；加大教育经费投入，提高生均公共财政预算教育事业费和公用经费；统筹规划，进一步改善生均体育运动场(馆)面积、生均教学及辅助用房面积、班额达标比例、百名学生拥有网络多媒体教室数，减小义务教育县域内城乡差异，推进教育优质均衡发展；关注学生品德发展水平下降的问题，提高教育教学效能，促进学生全面、健康发展；改善市民终身学习O2O平台注册人数占比较低的问题，推进学习型社会建设。

十一、2021年度新都区教育现代化发展水平情况

2021年新都区教育现代化发展水平的目标总达成度为91.95%，较2020年增加了0.04个百分点，完成了2022年成都市对新都区的政府考核目标。

（一）A级指标目标达成情况

2021年新都区教育现代化发展水平监测指标体系A级指标的平均达成度为94.35%；达成度在90%以上的指标有6个；另有A2教育公平程度、A3教育质量水平、A4教育投入水平3项A级指标的达成度低于90%，达成度分别为87.19%、89.60%、74.07%。

与成都市均值比较，2021年新都区有6项A级指标达成度高于或等于成都市均值，其中A7教育国际化水平比成都市均值高10.12个百分点；另有A2教育公平程度、A3教育质量水平、A4教育投入水平3项A级指标的达成度低于成都市均值，分别低5.05个百分点、2.54个百分点、0.72个百分点。

与2020年比较，2021年新都区A级指标的平均达成度增加了0.16个百分点，有6项A级指标的达成度实现增长或保持不变，其中A3教育质量水平增长最多，增加了2.69个百分点；另有A2教育公平程度、A4教育投入水平、A7教育国际化水平3个A级指标的达成度降低，分别降低了4.84个百分点、1.98个百分点、0.09个百分点(图2.11)。

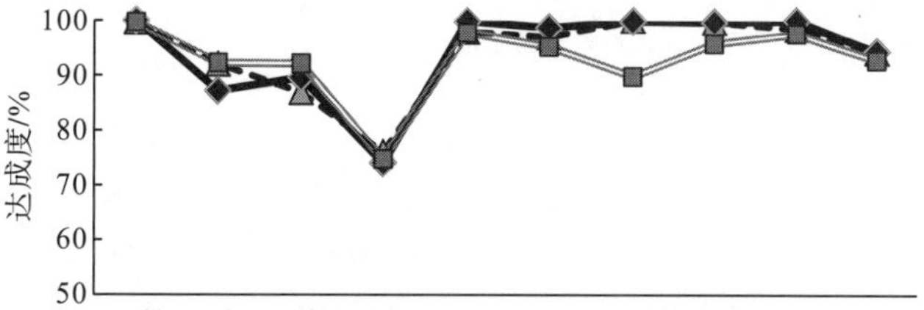

	A1教育普及水平	A2教育公平程度	A3教育质量水平	A4教育投入水平	A5教育信息化水平	A6教师队伍水平	A7教育国际化水平	A8学习型社会建设水平	A9教育治理水平	平均值
2020年/%	99.66	92.03	86.91	76.05	97.93	96.95	100.00	99.72	98.48	94.19
2021年/%	100.00	87.19	89.60	74.07	99.91	98.74	99.91	99.72	100.00	94.35
2021年成都市均值/%	99.67	92.24	92.14	74.79	97.78	95.23	89.79	95.77	97.61	92.78

图2.11　新都区A级指标达成度与成都市均值比较

（二）B 级指标目标达成情况

1. 总体情况

2021 年，新都区有 18 项 B 级指标达到了目标值，在未达到目标值的 B 级指标中，达成度不足 60%的指标有 B6 义务教育县域内城乡比率、B17 生均公共财政预算教育事业费，达成度分别为 42.86%、58.50%。

与成都市各区（市）县 B 级指标达成度均值比较，2021 年新都区有 25 项 B 级指标达成度高于或等于成都市均值。在高于成都市均值的指标中，B16 实现教育经费“两个只增不减”达成度是成都市均值的 1.122 倍；在低于成都市均值的指标中，B6 义务教育县域内城乡比率为成都市均值的 57.8%。

与 2020 年相比，2021 年新都区 B 级指标达成度增长最多的为 B11 学生学业发展水平，达成度增长了 31.23 个百分点；B6 义务教育县域内城乡比率的达成度下降最多，下降了 21.43 个百分点（表 2.21）。

表 2.21 新都区 B 级指标目标达成度情况

二级指标	达成度/%			2021 年新都区达成度/成都市均值
	2020 年	2021 年	增长情况	
B1 3～5 岁幼儿毛入园率	100.00	100.00	0.00	1.010
B2 义务教育巩固率	98.77	100.00	1.23	1.000
B3 高中阶段毛入学率	100.00	100.00	0.00	1.002
B4 新增劳动力平均受教育年限	100.00	100.00	0.00	1.000
B5 义务教育县域内校际均衡指数	100.00	95.97	-4.03	1.031
B6 义务教育县域内城乡比率	64.29	42.86	-21.43	0.578
B7 残疾儿童、少年义务教育阶段入学率	100.00	100.00	0.00	1.001
B8 符合条件的随迁子女在公办学校和政府购买服务的民办学校就读的比例	87.92	88.37	0.45	0.947
B9 每年交流轮岗教师占符合交流条件教师总数的比例	100.00	100.00	0.00	1.000
B10 学生品德发展水平	99.80	91.76	-8.04	0.974
B11 学生学业发展水平	68.77	100.00	31.23	1.022
B12 学生身心发展水平	98.91	94.47	-4.44	0.978
B13 学生兴趣特长养成水平——潜能	100.00	100.00	0.00	1.016
B15 中职学校毕业生就业及升学比例	100.00	100.00	0.00	1.002
B16 实现教育经费“两个只增不减”	—	100.00	—	1.122
B17 生均公共财政预算教育事业费	—	58.50	—	0.895
B18 生均公共财政预算公用经费	—	71.28	—	1.049
B19 生均体育运动场（馆）面积	81.43	81.47	0.04	0.979
B20 生均教学及辅助用房面积	78.15	79.57	1.42	0.992
B21 班额达标比例	82.93	80.94	-1.99	0.948

续表

二级指标	达成度/%			2021 年新都区达成度/成都市均值
	2020 年	2021 年	增长情况	
B22 百名学生拥有网络多媒体教室数	96.56	99.84	3.28	1.037
B23 教师教育技术应用能力达标率	100.00	100.00	0.00	1.000
B24 师生比	100.00	100.00	0.00	1.006
B25 专任教师学历提高比例	97.25	98.43	1.18	1.057
B26 中等职业学校专业课教师达到“双师型”教师比例	88.42	96.49	8.07	1.042
B27 中小学专任教师培训进修达 72 学时比例	100.00	100.00	0.00	1.022
B28 教育国际化综合实现度	100.00	99.91	−0.09	1.113
B29 市民终身学习 O2O 平台注册人数占常住人口的比例	99.45	99.45	0.00	1.086
B30 从业人员继续教育年参与率	100.00	100.00	0.00	1.000
B31 重大公共教育政策决策的社会参与度	100.00	100.00	0.00	1.022
B32 重大公共教育政策实施风险评估的比例	100.00	100.00	0.00	1.022
B33 学校章程网络公布率	92.42	100.00	7.58	1.082
B34 社会及家长对教育满意度	100.00	100.00	0.00	1.000
达成度达到目标值的 B 级指标数量/项	18			
达成度高于或等于成都市均值的指标数量/项	25			
达成度低于 60%的指标数量/项	2			

注：由于指标口径及权重发生变化，2021 年 B16 实现教育经费“两个只增不减”、B17 生均公共财政预算教育事业费和 B18 生均公共财政预算公用经费 3 项指标不与 2020 年比较。

2. 对总体达成度的贡献情况

新都区 B 级指标中，由于指标口径及权重发生变化，2021 年 B16 实现教育经费“两个只增不减”、B17 生均公共财政预算教育事业费和 B18 生均公共财政预算公用经费 3 项指标不与 2020 年比较。其余指标对 2021 年新都区总体达成度有正贡献的指标有 8 项，零贡献 17 项，负贡献 5 项(表 2.22)。

表 2.22　新都区 B 级指标对总体达成度的贡献情况

二级指标	B 级指标加权达成度/%		对总体达成度的贡献情况
	2020 年	2021 年	
B1 3～5 岁幼儿毛入园率	5.00	5.00	0.00
B2 义务教育巩固率	4.94	5.00	0.06
B3 高中阶段毛入学率	5.00	5.00	0.00
B4 新增劳动力平均受教育年限	3.00	3.00	0.00
B5 义务教育县域内校际均衡指数	4.00	3.84	−0.16
B6 义务教育县域内城乡比率	1.29	0.86	−0.43
B7 残疾儿童、少年义务教育阶段入学率	2.00	2.00	0.00
B8 符合条件的随迁子女在公办学校和政府购买服务的民	1.76	1.77	0.01

续表

二级指标	B 级指标加权达成度/%		对总体达成度的贡献情况
	2020 年	2021 年	
办学校就读的比例			
B9 每年交流轮岗教师占符合交流条件教师总数的比例	2.00	2.00	0.00
B10 学生品德发展水平	2.00	1.84	-0.16
B11 学生学业发展水平	2.06	3.00	0.94
B12 学生身心发展水平	4.95	4.72	-0.23
B13 学生兴趣特长养成水平——潜能	2.00	2.00	0.00
B15 中职学校毕业生就业及升学比例	2.00	2.00	0.00
B16 实现教育经费“两个只增不减”	—	2.00	—
B17 生均公共财政预算教育事业费	—	2.93	—
B18 生均公共财政预算公用经费	—	3.56	—
B19 生均体育运动场(馆)面积	1.22	1.22	0.00
B20 生均教学及辅助用房面积	1.17	1.19	0.02
B21 班额达标比例	2.49	2.43	-0.06
B22 百名学生拥有网络多媒体教室数	2.90	3.00	0.10
B23 教师教育技术应用能力达标率	2.00	2.00	0.00
B24 师生比	3.00	3.00	0.00
B25 专任教师学历提高比例	5.84	5.91	0.07
B26 中等职业学校专业课教师达到“双师型”教师比例	1.77	1.93	0.16
B27 中小学专任教师培训进修达 72 学时比例	2.00	2.00	0.00
B28 教育国际化综合实现度	4.00	4.00	0.00
B29 市民终身学习 O2O 平台注册人数占常住人口的比例	1.99	1.99	0.00
B30 从业人员继续教育年参与率	2.00	2.00	0.00
B31 重大公共教育政策决策的社会参与度	2.00	2.00	0.00
B32 重大公共教育政策实施风险评估的比例	2.00	2.00	0.00
B33 学校章程网络公布率	1.85	2.00	0.15
B34 社会及家长对教育满意度	4.00	4.00	0.00

(三)工 作 建 议

完善保障区域教育高质量发展的、科学的教育经费投入机制，完善教育经费投入成效评估机制，制定问题改进路线图，落实以评促建；加大教育经费投入，提高生均公共财政预算教育事业费和公用经费；统筹规划，进一步改善生均体育运动场(馆)面积、生均教学及辅助用房面积、班额达标比例及符合条件的随迁子女在公办学校和政府购买服务的民办学校就读的比例；推进教育优质均衡发展，解决义务教育县域内城乡差异较大并持续增大的问题；完善区域教育质量管理，关注学生品德发展水平、学生身心发展水平下降的问题，提高教育教学效能，保障学生身心健康发展。

十二、2021 年度温江区教育现代化发展水平情况

2021 年温江区教育现代化发展水平的目标总达成度为 90.84%，完成了 2022 年成都市对温江区的政府考核目标。

（一）A 级指标目标达成情况

2021 年温江区教育现代化发展水平监测指标体系 A 级指标的平均达成度为 92.28%；达成度在 90%以上的指标有 7 个；另有 A2 教育公平程度、A4 教育投入水平 2 项 A 级指标的达成度低于 90%，分别为 83.55%、75.30%。

与成都市均值比较，2021 年温江区有 5 项 A 级指标达成度高于或等于成都市均值，其中 A8 学习型社会建设水平比成都市均值高 4.23 个百分点；另有 A2 教育公平程度、A3 教育质量水平、A5 教育信息化水平、A9 教育治理水平 4 项 A 级指标的达成度低于成都市均值，分别低于均值 8.69 个百分点、1.58 个百分点、4.57 个百分点、0.48 个百分点。

与 2020 年比较，2021 年温江区 A 级指标的平均达成度降低了 0.08 个百分点，有 5 项 A 级指标的达成度均实现增长或保持不变，其中 A9 教育治理水平增长最多，增加了 13.02 个百分点；另有 A3 教育质量水平、A4 教育投入水平、A5 教育信息化水平、A7 教育国际化水平 4 项 A 级指标的达成度降低，分别降低了 2.78 个百分点、8.69 个百分点、0.26 个百分点、6.54 个百分点（图 2.12）。

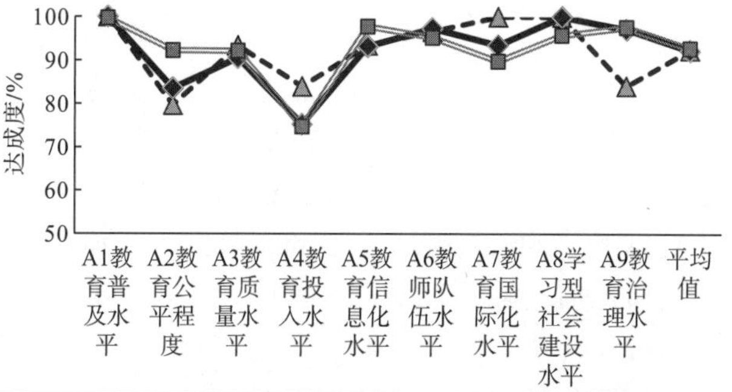

	A1教育普及水平	A2教育公平程度	A3教育质量水平	A4教育投入水平	A5教育信息化水平	A6教师队伍水平	A7教育国际化水平	A8学习型社会建设水平	A9教育治理水平	平均值
2020年/%	100.00	79.68	93.34	83.99	93.47	96.63	100.00	100.00	84.11	92.36
2021年/%	100.00	83.55	90.56	75.30	93.21	97.34	93.46	100.00	97.13	92.28
2021年成都市均值/%	99.67	92.24	92.14	74.79	97.78	95.23	89.79	95.77	97.61	92.78

图 2.12　温江区 A 级指标达成度与成都市均值比较

(二)B级指标目标达成情况

1. 总体情况

2021年，温江区有16项B级指标达到了目标值；在未达到目标值的17项B级指标中，达成度不足60%的指标有B16实现教育经费“两个只增不减”，达成度为50.00%。

与成都市各区(市)县B级指标达成度均值比较，2021年温江区有23项B级指标达成度高于或等于成都市均值。在高于成都市均值的指标中，B18生均公共财政预算公用经费1项指标的达成度为成都市均值的1.368倍；在低于成都市均值的指标中，B8符合条件的随迁子女在公办学校和政府购买服务的民办学校就读的比例和B16实现教育经费“两个只增不减”指标的达成度分别为成都市均值的69.1%、56.1%。

与2020年相比，2021年温江区B级指标达成度增长最多的为B32重大公共教育政策实施风险评估的比例，增长了33.33个百分点；B8符合条件的随迁子女在公办学校和政府购买服务的民办学校就读的比例的达成度下降最多，下降了17.56个百分点(表2.23)。

表2.23 温江区教育现代化B级指标目标达成度情况

二级指标	达成度/%			2021年温江区达成度/成都市均值
	2020年	2021年	增长情况	
B1 3～5岁幼儿毛入园率	100.00	100.00	0.00	1.010
B2 义务教育巩固率	100.00	100.00	0.00	1.000
B3 高中阶段毛入学率	100.00	100.00	0.00	1.002
B4 新增劳动力平均受教育年限	100.00	100.00	0.00	1.000
B5 义务教育县域内校际均衡指数	65.85	82.65	16.80	0.888
B6 义务教育县域内城乡比率	64.29	71.43	7.14	0.964
B7 残疾儿童、少年义务教育阶段入学率	100.00	100.00	0.00	1.001
B8 符合条件的随迁子女在公办学校和政府购买服务的民办学校就读的比例	82.10	64.54	-17.56	0.691
B9 每年交流轮岗教师占符合交流条件教师总数的比例	100.00	100.00	0.00	1.000
B10 学生品德发展水平	100.00	92.84	-7.16	0.985
B11 学生学业发展水平	87.80	100.00	12.20	1.022
B12 学生身心发展水平	99.31	96.79	-2.52	1.002
B13 学生兴趣特长养成水平——潜能	100.00	100.00	0.00	1.016
B15 中职学校毕业生就业及升学比例	100.00	100.00	0.00	1.002
B16 实现教育经费“两个只增不减”	—	50.00	—	0.561
B17 生均公共财政预算教育事业费	—	71.25	—	1.090
B18 生均公共财政预算公用经费	—	92.93	—	1.368
B19 生均体育运动场(馆)面积	73.07	70.69	-2.38	0.849
B20 生均教学及辅助用房面积	82.58	81.36	-1.22	1.014

二级指标	达成度/%			2021 年 温江区达成度 /成都市均值
	2020 年	2021 年	增长情况	
B21 班额达标比例	73.12	68.81	−4.31	0.806
B22 百名学生拥有网络多媒体教室数	89.11	88.69	−0.42	0.921
B23 教师教育技术应用能力达标率	100.00	100.00	0.00	1.000
B24 师生比	100.00	100.00	0.00	1.006
B25 专任教师学历提高比例	97.21	98.10	0.89	1.053
B26 中等职业学校专业课教师达到“双师型”教师比例	93.33	93.82	0.49	1.014
B27 中小学专任教师培训进修达 72 学时比例	93.16	94.59	1.43	0.967
B28 教育国际化综合实现度	100.00	93.46	−6.54	1.041
B29 市民终身学习 O2O 平台注册人数占常住人口的比例	100.00	100.00	0.00	1.092
B30 从业人员继续教育年参与率	100.00	100.00	0.00	1.000
B31 重大公共教育政策决策的社会参与度	83.33	100.00	16.67	1.022
B32 重大公共教育政策实施风险评估的比例	66.67	100.00	33.33	1.022
B33 学校章程网络公布率	70.56	85.65	15.09	0.927
B34 社会及家长对教育满意度	100.00	100.00	0.00	1.000
达成度达到目标值的 B 级指标数量/项	16			
达成度高于或等于成都市均值的指标数量/项	23			
达成度低于 60%的指标数量/项	1			

注：由于指标口径及权重发生变化，2021 年 B16 实现教育经费“两个只增不减”、B17 生均公共财政预算教育事业费和 B18 生均公共财政预算公用经费 3 项指标不与 2020 年比较。

2. 对总体达成度的贡献情况

温江区 B 级指标中，由于指标口径及权重发生变化，2021 年 B16 实现教育经费“两个只增不减”、B17 生均公共财政预算教育事业费和 B18 生均公共财政预算公用经费 3 项指标不与 2020 年比较。其余指标对 2021 年温江区总体达成度有正贡献的指标有 9 项，零贡献 13 项，负贡献 8 项(表 2.24)。

表 2.24　温江区 B 级指标对总体达成度的贡献情况

二级指标	B 级指标加权达成度/%		对总体达成度的贡献情况
	2020 年	2021 年	
B1 3～5 岁幼儿毛入园率	5.00	5.00	0.00
B2 义务教育巩固率	5.00	5.00	0.00
B3 高中阶段毛入学率	5.00	5.00	0.00
B4 新增劳动力平均受教育年限	3.00	3.00	0.00
B5 义务教育县域内校际均衡指数	2.63	3.31	0.68
B6 义务教育县域内城乡比率	1.29	1.43	0.14
B7 残疾儿童、少年义务教育阶段入学率	2.00	2.00	0.00

续表

二级指标	B级指标加权达成度/%		对总体达成度的贡献情况
	2020年	2021年	
B8 符合条件的随迁子女在公办学校和政府购买服务的民办学校就读的比例	1.64	1.29	-0.35
B9 每年交流轮岗教师占符合交流条件教师总数的比例	2.00	2.00	0.00
B10 学生品德发展水平	2.00	1.86	-0.14
B11 学生学业发展水平	2.63	3.00	0.37
B12 学生身心发展水平	4.97	4.84	-0.13
B13 学生兴趣特长养成水平——潜能	2.00	2.00	0.00
B15 中职学校毕业生就业及升学比例	2.00	2.00	0.00
B16 实现教育经费“两个只增不减”	—	1.00	—
B17 生均公共财政预算教育事业费	—	3.56	—
B18 生均公共财政预算公用经费	—	4.65	—
B19 生均体育运动场(馆)面积	1.10	1.06	-0.04
B20 生均教学及辅助用房面积	1.24	1.22	-0.02
B21 班额达标比例	2.19	2.06	-0.13
B22 百名学生拥有网络多媒体教室数	2.67	2.66	-0.01
B23 教师教育技术应用能力达标率	2.00	2.00	0.00
B24 师生比	3.00	3.00	0.00
B25 专任教师学历提高比例	5.83	5.89	0.06
B26 中等职业学校专业课教师达到“双师型”教师比例	1.87	1.88	0.01
B27 中小学专任教师培训进修达72学时比例	1.86	1.89	0.03
B28 教育国际化综合实现度	4.00	3.74	-0.26
B29 市民终身学习O2O平台注册人数占常住人口的比例	2.00	2.00	0.00
B30 从业人员继续教育年参与率	2.00	2.00	0.00
B31 重大公共教育政策决策的社会参与度	1.67	2.00	0.33
B32 重大公共教育政策实施风险评估的比例	1.33	2.00	0.67
B33 学校章程网络公布率	1.41	1.71	0.30
B34 社会及家长对教育满意度	4.00	4.00	0.00

(三)工作建议

完善保障区域教育高质量发展的、科学的教育经费投入机制，完善教育经费投入成效评估机制，制定问题改进路线图，落实以评促建；加大教育经费投入，着力解决教育经费“两个只增不减”不达标的问题，提高生均公共财政预算教育事业费和公用经费；统筹规划，切实改善生均体育运动场(馆)面积、生均教学及辅助用房面积、班额达标比例、百名学生拥有网络多媒体教室数，提高生均办学条件；推进教育优质均衡发展，进一步解决校际差异大和城乡差异大的问题，提升符合条件的随迁子女在公办学校和政府购买服务的民办学校就读的比例；持续完善教师培养机制，进一步提高中等职业学校专业课教师达到“双师型”教师比例和中小学专任教师培训进修达 72 学时比例；进一步改善区域教育治理水平，增加学校章程网络公布率。

十三、2021 年度双流区教育现代化发展水平情况

2021 年双流区教育现代化发展水平的目标总达成度为 91.28%，完成了 2022 年成都市对双流区的政府考核目标。

（一）A 级指标目标达成情况

2021 年双流区教育现代化发展水平监测指标体系 A 级指标的平均达成度为 89.09%；达成度在 90%以上的指标有 5 个，分别是 A1 教育普及水平、A3 教育质量水平、A5 教育信息化水平　、A6 教师队伍水平、A9 教育治理水平；另有 4 项 A 级指标的达成度低于 90%，达成度最低的指标是 A7 教育国际化水平，为 71.67%。

与成都市均值比较，2021 年双流区有 5 项 A 级指标达成度高于或等于成都市均值，分别是 A1 教育普及水平、A3 教育质量水平、A4 教育投入水平、A6 教师队伍水平、A9 教育治理水平，其中 A4 教育投入水平比成都市均值高 8.47 个百分点；另有 A2 教育公平程度、A5 教育信息化水平、A7 教育国际化水平、A8 学习型社会建设水平 4 项指标低于成都市均值，其中 A7 教育国际化水平、A8 学习型社会建设水平分别低于成都市均值 18.12 个百分点、17.98 个百分点。

与 2020 年比较，2021 年双流区 A 级指标的平均达成度减少了 1.57 个百分点，有 6 项 A 级指标的达成度实现增长或保持不变，其中 A8 学习型社会建设水平增长最多，增长了 10.06 个百分点；另有 A5 教育信息化水平、A6 教师队伍水平、A7 教育国际化水平 3 项 A 级指标的达成度有所降低，分别降低了 1.16 个百分点、2.49 个百分点、28.33 个百分点(图 2.13)。

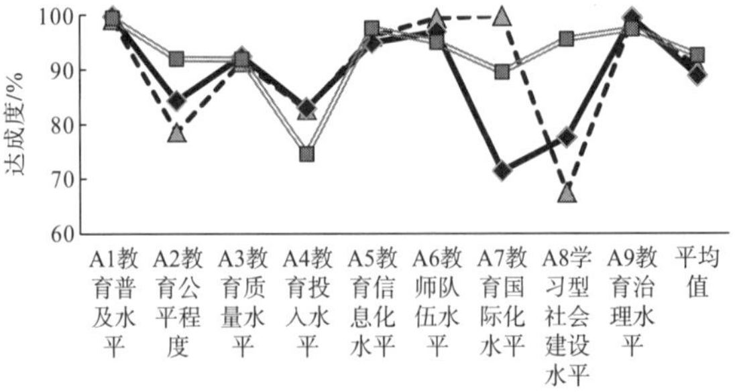

	A1教育普及水平	A2教育公平程度	A3教育质量水平	A4教育投入水平	A5教育信息化水平	A6教师队伍水平	A7教育国际化水平	A8学习型社会建设水平	A9教育治理水平	平均值
2020年/%	99.42	78.86	91.67	82.96	96.30	99.62	100.00	67.73	99.34	90.66
2021年/%	100.00	84.59	92.62	83.26	95.14	97.13	71.67	77.79	99.61	89.09
2021年成都市均值/%	99.67	92.24	92.14	74.79	97.78	95.23	89.79	95.77	97.61	92.78

图 2.13　双流区 A 级指标达成度与成都市均值比较

(二)B 级指标目标达成情况

1. 总体情况

2021 年，双流区有 18 项 B 级指标达到了目标值，在未达到目标值的 15 项 B 级指标中，达成度不足 60%的指标有 B29 市民终身学习 O2O 平台注册人数占常住人口的比例，达成度为 55.59%。

与成都市各区(市)县 B 级指标达成度均值比较，2021 年双流区有 26 项 B 级指标达成度高于或等于成都市均值。在高于成都市均值的指标中，B18 生均公共财政预算公用经费达成度为成都市均值的 1.143 倍，比值最高；在低于成都市均值的指标中，B29 市民终身学习 O2O 平台注册人数占常住人口的比例达成度为成都市均值的 60.7%，比值最低。

与 2020 年相比，2021 年双流区 B 级指标达成度增长最多的为 B29 市民终身学习 O2O 平台注册人数占常住人口的比例，达成度增长了 20.14 个百分点；另外下降最多的为 B28 教育国际化综合实现度，达成度下降了 28.33 个百分点(表 2.25)。

表 2.25　双流区教育现代化 B 级指标目标达成度情况

二级指标	达成度/%			2021 年双流区达成度/成都市均值
	2020 年	2021 年	增长情况	
B1 3～5 岁幼儿毛入园率	99.30	100.00	0.70	1.010
B2 义务教育巩固率	99.21	100.00	0.79	1.000
B3 高中阶段毛入学率	99.39	100.00	0.61	1.002
B4 新增劳动力平均受教育年限	100.00	100.00	0.00	1.000
B5 义务教育县域内校际均衡指数	58.70	75.14	16.44	0.808
B6 义务教育县域内城乡比率	78.57	71.43	−7.14	0.964
B7 残疾儿童、少年义务教育阶段入学率	100.00	100.00	0.00	1.001
B8 符合条件的随迁子女在公办学校和政府购买服务的民办学校就读的比例	77.18	85.85	8.67	0.920
B9 每年交流轮岗教师占符合交流条件教师总数的比例	100.00	100.00	0.00	1.000
B10 学生品德发展水平	100.00	95.60	−4.40	1.014
B11 学生学业发展水平	88.30	100.00	11.70	1.022
B12 学生身心发展水平	96.92	96.83	−0.09	1.003
B13 学生兴趣特长养成水平——潜能	100.00	100.00	0.00	1.016
B15 中职学校毕业生就业及升学比例	100.00	100.00	0.00	1.002
B16 实现教育经费“两个只增不减”	—	100.00	—	1.122
B17 生均公共财政预算教育事业费	—	72.86	—	1.115
B18 生均公共财政预算公用经费	—	77.70	—	1.143
B19 生均体育运动场(馆)面积	86.37	84.31	−2.06	1.013
B20 生均教学及辅助用房面积	85.00	85.26	0.26	1.063

续表

二级指标	达成度/%			2021 年双流区达成度/成都市均值
	2020 年	2021 年	增长情况	
B21 班额达标比例	96.70	97.20	0.50	1.138
B22 百名学生拥有网络多媒体教室数	93.84	91.91	−1.93	0.954
B23 教师教育技术应用能力达标率	100.00	100.00	0.00	1.000
B24 师生比	100.00	100.00	0.00	1.006
B25 专任教师学历提高比例	100.00	100.00	0.00	1.074
B26 中等职业学校专业课教师达到“双师型”教师比例	100.00	81.34	−18.66	0.879
B27 中小学专任教师培训进修达 72 学时比例	97.50	100.00	2.50	1.022
B28 教育国际化综合实现度	100.00	71.67	−28.33	0.798
B29 市民终身学习 O2O 平台注册人数占常住人口的比例	35.45	55.59	20.14	0.607
B30 从业人员继续教育年参与率	100.00	100.00	0.00	1.000
B31 重大公共教育政策决策的社会参与度	100.00	100.00	0.00	1.022
B32 重大公共教育政策实施风险评估的比例	100.00	100.00	0.00	1.022
B33 学校章程网络公布率	98.76	98.05	−0.71	1.061
B34 社会及家长对教育满意度	98.96	100.00	1.04	1.000
达成度达到目标值的 B 级指标数量/项	18			
达成度高于或等于成都市均值的指标数量/项	26			
达成度低于 60%的指标数量/项	0			

注：由于指标口径及权重发生变化，2021 年 B16 实现教育经费“两个只增不减”、B17 生均公共财政预算教育事业费和 B18 生均公共财政预算公用经费 3 项指标不与 2020 年比较。

2. 对总体达成度的贡献情况

双流区 B 级指标中，由于指标口径及权重发生变化，2021 年 B16 实现教育经费“两个只增不减”、B17 生均公共财政预算教育事业费和 B18 生均公共财政预算公用经费 3 项指标不与 2020 年比较。其余指标对 2021 年双流区总体达成度有正贡献的指标有 11 项，零贡献 11 项，负贡献 8 项(表 2.26)。

表 2.26　双流区 B 级指标对总体达成度的贡献情况

二级指标	B 级指标加权达成度/%		对总体达成度的贡献情况
	2020 年	2021 年	
B1 3～5 岁幼儿毛入园率	4.97	5.00	0.03
B2 义务教育巩固率	4.96	5.00	0.04
B3 高中阶段毛入学率	4.97	5.00	0.03
B4 新增劳动力平均受教育年限	3.00	3.00	0.00
B5 义务教育县域内校际均衡指数	2.35	3.01	0.66
B6 义务教育县域内城乡比率	1.57	1.43	−0.14

续表

二级指标	B 级指标加权达成度/%		对总体达成度的贡献情况
	2020 年	2021 年	
B7 残疾儿童、少年义务教育阶段入学率	2.00	2.00	0.00
B8 符合条件的随迁子女在公办学校和政府购买服务的民办学校就读的比例	1.54	1.72	0.18
B9 每年交流轮岗教师占符合交流条件教师总数的比例	2.00	2.00	0.00
B10 学生品德发展水平	2.00	1.91	−0.09
B11 学生学业发展水平	2.65	3.00	0.35
B12 学生身心发展水平	4.85	4.84	−0.01
B13 学生兴趣特长养成水平——潜能	2.00	2.00	0.00
B15 中职学校毕业生就业及升学比例	2.00	2.00	0.00
B16 实现教育经费“两个只增不减”	—	2.00	—
B17 生均公共财政预算教育事业费	—	3.64	—
B18 生均公共财政预算公用经费	—	3.88	—
B19 生均体育运动场(馆)面积	1.30	1.26	−0.04
B20 生均教学及辅助用房面积	1.27	1.28	0.01
B21 班额达标比例	2.90	2.92	0.02
B22 百名学生拥有网络多媒体教室数	2.82	2.76	−0.06
B23 教师教育技术应用能力达标率	2.00	2.00	0.00
B24 师生比	3.00	3.00	0.00
B25 专任教师学历提高比例	6.00	6.00	0.00
B26 中等职业学校专业课教师达到“双师型”教师比例	2.00	1.63	−0.37
B27 中小学专任教师培训进修达 72 学时比例	1.95	2.00	0.05
B28 教育国际化综合实现度	4.00	2.87	−1.13
B29 市民终身学习 O2O 平台注册人数占常住人口的比例	0.71	1.11	0.40
B30 从业人员继续教育年参与率	2.00	2.00	0.00
B31 重大公共教育政策决策的社会参与度	2.00	2.00	0.00
B32 重大公共教育政策实施风险评估的比例	2.00	2.00	0.00
B33 学校章程网络公布率	1.98	1.96	−0.02
B34 社会及家长对教育满意度	3.96	4.00	0.04

（三）工 作 建 议

完善保障区域教育高质量发展的、科学的教育经费投入机制，完善教育经费投入成效评估机制，制定问题改进路线图，落实以评促建；加大教育经费投入，提高生均公共财政预算教育事业费和公用经费；统筹规划，切实改善生均体育运动场(馆)面积、生均教学及辅助用房面积，提高生均办学条件；推进教育优质均衡发展，解决校际差异大和城乡差异大的问题；解决符合条件的随迁子女在公办学校和政府购买服务的民办学校就读的问题，提升区域教育公平水平；完善教师培养机制，提高中等职业学校专业课教师达到“双师型”教师比例；完善区域教育质量管理，关注学生品德发展水平、学生身心发展水平下降的问题，提高教育教学效能，保障学生身心健康发展；提高教育国际化水平；改善市民终身学习 O2O 平台注册人数占比较低的问题，推进学习型社会建设。

十四、2021 年度郫都区教育现代化发展水平情况

2021 年郫都区教育现代化发展水平的目标总达成度为 84.40%。

（一）A 级指标目标达成情况

2021 年郫都区教育现代化发展水平监测指标体系 A 级指标的平均达成度为 85.27%；达成度在 90%以上的指标有 5 个，分别是 A1 教育普及水平、A3 教育质量水平、A5 教育信息化水平、A6 教师队伍水平、A9 教育治理水平；另有 4 项 A 级指标的达成度低于 90%，其中达成度最低的指标是 A4 教育投入水平，为 54.31%。

与成都市均值比较，2021 年郫都区有 A1 教育普及水平、A9 教育治理水平 2 项 A 级指标达成度高于或等于成都市均值，分别高于成都市均值 0.33 和 1.18 个百分点；其余 7 项指标均低于成都市均值，其中 A2 教育公平程度、A4 教育投入水平、A7 教育国际化水平、A8 学习型社会建设水平均比成都市均值低 10 个百分点以上。

与 2020 年比较，2021 年郫都区 A 级指标的平均达成度降低了 3.63 个百分点，有 5 项 A 级指标的达成度实现增长或保持不变，其中 A8 学习型社会建设水平增加了 10.82 个百分点；另有 A2 教育公平程度、A4 教育投入水平、A7 教育国际化水平、A9 教育治理水平 4 项 A 级指标的达成度有所降低，分别降低了 3.14 个百分点、24.60 个百分点、20.45 个百分点、0.44 个百分点（图 2.14）。

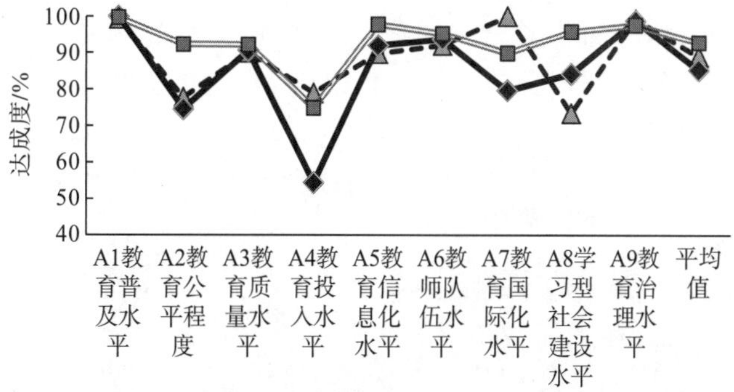

	A1教育普及水平	A2教育公平程度	A3教育质量水平	A4教育投入水平	A5教育信息化水平	A6教师队伍水平	A7教育国际化水平	A8学习型社会建设水平	A9教育治理水平	平均值
2020年/%	99.35	77.66	89.97	78.91	89.70	91.98	100.00	73.33	99.23	88.90
2021年/%	100.00	74.52	90.49	54.31	91.89	93.70	79.55	84.15	98.79	85.27
2021年成都市均值/%	99.67	92.24	92.14	74.79	97.78	95.23	89.79	95.77	97.61	92.78

图 2.14　郫都区 A 级指标达成度与成都市均值比较

(二)B级指标目标达成情况

1. 总体情况

2021年，郫都区有15项B级指标达到了目标值，在未达到目标值的18项B级指标中，达成度不足60%的指标有B6义务教育县域内城乡比率、B8符合条件的随迁子女在公办学校和政府购买服务的民办学校就读的比例、B16实现教育经费“两个只增不减”、B17生均公共财政预算教育事业费、B18生均公共财政预算公用经费，达成度分别为35.71%、45.52%、50.00%、47.78%、37.83%。

与成都市各区(市)县B级指标达成度均值比较，2021年郫都区有17项B级指标达成度高于或等于成都市均值。在高于成都市均值的指标中，B26中等职业学校专业课教师达到“双师型”教师比例达成度为成都市均值的1.080倍，比值最高；在低于成都市均值的指标中，B6义务教育县域内城乡比率、B8符合条件的随迁子女在公办学校和政府购买服务的民办学校就读的比例、B16实现教育经费“两个只增不减”、B18生均公共财政预算公用经费4项指标达成度仅分别为成都市均值的48.2%、48.8%、56.1%、55.7%。

与2020年相比，2021年郫都区B级指标达成度增长最多的为B11学生学业发展水平、B29市民终身学习O2O平台注册人数占常住人口的比例，达成度分别增长了25.67个百分点、21.64个百分点；下降最多的B级指标为B28教育国际化综合实现度，达成度下降了20.45个百分点(表2.27)。

表2.27 郫都区B级指标目标达成度情况

二级指标	达成度/%			2021年郫都区达成度/成都市均值
	2020年	2021年	增长情况	
B1 3～5岁幼儿毛入园率	100.00	100.00	0.00	1.010
B2 义务教育巩固率	97.67	100.00	2.33	1.000
B3 高中阶段毛入学率	100.00	100.00	0.00	1.002
B4 新增劳动力平均受教育年限	100.00	100.00	0.00	1.000
B5 义务教育县域内校际均衡指数	84.38	82.95	−1.43	0.892
B6 义务教育县域内城乡比率	42.86	35.71	−7.15	0.482
B7 残疾儿童、少年义务教育阶段入学率	100.00	100.00	0.00	1.001
B8 符合条件的随迁子女在公办学校和政府购买服务的民办学校就读的比例	54.38	45.52	−8.86	0.488
B9 每年交流轮岗教师占符合交流条件教师总数的比例	100.00	100.00	0.00	1.000
B10 学生品德发展水平	99.12	92.41	−6.71	0.981
B11 学生学业发展水平	74.33	100.00	25.67	1.022
B12 学生身心发展水平	98.36	95.44	−2.92	0.989
B13 学生兴趣特长养成水平——潜能	100.00	99.62	−0.38	1.012
B15 中职学校毕业生就业及升学比例	100.00	100.00	0.00	1.002

续表

二级指标	达成度/%			2021 年郫都区达成度/成都市均值
	2020 年	2021 年	增长情况	
B16 实现教育经费“两个只增不减”	—	50.00	—	0.561
B17 生均公共财政预算教育事业费	—	47.78	—	0.731
B18 生均公共财政预算公用经费	—	37.83	—	0.557
B19 生均体育运动场(馆)面积	78.46	81.10	2.64	0.974
B20 生均教学及辅助用房面积	77.59	77.70	0.11	0.969
B21 班额达标比例	66.82	70.46	3.64	0.825
B22 百名学生拥有网络多媒体教室数	82.84	86.49	3.65	0.898
B23 教师教育技术应用能力达标率	100.00	100.00	0.00	1.000
B24 师生比	99.08	100.00	0.92	1.006
B25 专任教师学历提高比例	88.44	91.29	2.85	0.980
B26 中等职业学校专业课教师达到“双师型”教师比例	100.00	100.00	0.00	1.080
B27 中小学专任教师培训进修达 72 学时比例	83.91	85.19	1.28	0.871
B28 教育国际化综合实现度	100.00	79.55	−20.45	0.886
B29 市民终身学习 O2O 平台注册人数占常住人口的比例	46.66	68.30	21.64	0.746
B30 从业人员继续教育年参与率	100.00	100.00	0.00	1.000
B31 重大公共教育政策决策的社会参与度	100.00	100.00	0.00	1.022
B32 重大公共教育政策实施风险评估的比例	100.00	100.00	0.00	1.022
B33 学校章程网络公布率	98.33	93.95	−4.38	1.016
B34 社会及家长对教育满意度	98.91	100.00	1.09	1.000
达成度达到目标值的 B 级指标数量/项	15			
达成度高于或等于成都市均值的指标数量/项	17			
达成度低于 60%的指标数量/项	5			

注：由于指标口径及权重发生变化，2021 年 B16 实现教育经费“两个只增不减”、B17 生均公共财政预算教育事业费和 B18 生均公共财政预算公用经费 3 项指标不与 2020 年比较。

2. 对总体达成度的贡献情况

郫都区 B 级指标中，由于指标口径及权重发生变化，2021 年 B16 实现教育经费“两个只增不减”、B17 生均公共财政预算教育事业费和 B18 生均公共财政预算公用经费 3 项指标不与 2020 年比较。其余指标对 2021 年郫都区总体达成度有正贡献的指标有 11 项，零贡献 11 项，负贡献 8 项(表 2.28)。

表 2.28　郫都区 B 级指标对总体达成度的贡献情况

二级指标	B 级指标加权达成度/%		对总体达成度的贡献情况
	2020 年	2021 年	
B1 3～5 岁幼儿毛入园率	5.00	5.00	0.00
B2 义务教育巩固率	4.88	5.00	0.12

续表

二级指标	B 级指标加权达成度/%		对总体达成度的贡献情况
	2020 年	2021 年	
B3 高中阶段毛入学率	5.00	5.00	0.00
B4 新增劳动力平均受教育年限	3.00	3.00	0.00
B5 义务教育县域内校际均衡指数	3.38	3.32	−0.06
B6 义务教育县域内城乡比率	0.86	0.71	−0.15
B7 残疾儿童、少年义务教育阶段入学率	2.00	2.00	0.00
B8 符合条件的随迁子女在公办学校和政府购买服务的民办学校就读的比例	1.09	0.91	−0.18
B9 每年交流轮岗教师占符合交流条件教师总数的比例	2.00	2.00	0.00
B10 学生品德发展水平	1.98	1.85	−0.13
B11 学生学业发展水平	2.23	3.00	0.77
B12 学生身心发展水平	4.92	4.77	−0.15
B13 学生兴趣特长养成水平——潜能	2.00	1.99	−0.01
B15 中职学校毕业生就业及升学比例	2.00	2.00	0.00
B16 实现教育经费“两个只增不减”	—	1.00	—
B17 生均公共财政预算教育事业费	—	2.39	—
B18 生均公共财政预算公用经费	—	1.89	—
B19 生均体育运动场(馆)面积	1.18	1.22	0.04
B20 生均教学及辅助用房面积	1.16	1.17	0.01
B21 班额达标比例	2.00	2.11	0.11
B22 百名学生拥有网络多媒体教室数	2.49	2.59	0.10
B23 教师教育技术应用能力达标率	2.00	2.00	0.00
B24 师生比	2.97	3.00	0.03
B25 专任教师学历提高比例	5.31	5.48	0.17
B26 中等职业学校专业课教师达到“双师型”教师比例	2.00	2.00	0.00
B27 中小学专任教师培训进修达 72 学时比例	1.68	1.70	0.02
B28 教育国际化综合实现度	4.00	3.18	−0.82
B29 市民终身学习 O2O 平台注册人数占常住人口的比例	0.93	1.37	0.44
B30 从业人员继续教育年参与率	2.00	2.00	0.00
B31 重大公共教育政策决策的社会参与度	2.00	2.00	0.00
B32 重大公共教育政策实施风险评估的比例	2.00	2.00	0.00
B33 学校章程网络公布率	1.97	1.88	−0.09
B34 社会及家长对教育满意度	3.96	4.00	0.04

(三)工 作 建 议

采取有效措施，完善保障区域教育高质量发展的、科学的教育经费投入机制，完善教育经费投入成效评估机制，制定问题改进路线图，落实以评促建；加大教育经费投入，着力解决教育经费“两个只增不减”不达标的问题，提高生均公共财政预算教育事业费和公用经费；统筹规划，切实改善生均体育运动场(馆)面积、生均教学及辅助用房面积、班额达标比例、百名学生拥有网络多媒体教室数，提高生均办学条件；推进教育优质均衡发展，解决校际差异大和城乡差异较大并持续增大的问题；解决符合条件的随迁子女在公办学校和政府购买服务的民办学校就读的问题，提升区域教育公平水平；完善区域教育质量管理，关注学生品德发展水平、学生身心发展水平下降的问题，提高教育教学效能，保障学生身心健康发展；完善教师培养机制，提高中小学专任教师培训进修达 72 学时比例；提高教育国际化水平；改善市民终身学习 O2O 平台注册人数占比较低的问题，推进学习型社会建设。

十五、2021 年度新津区教育现代化发展水平情况

2021 年新津区教育现代化发展水平的目标总达成度为 93.51%，较 2020 年增加了 0.03 个百分点，完成了 2022 年成都市对新津区的政府考核目标。

(一) A 级指标目标达成情况

2021 年新津区教育现代化发展水平监测指标体系 A 级指标的平均达成度为 93.53%；达成度在 90%以上的指标有 7 个；另有 A4 教育投入水平、A7 教育国际化水平 2 项 A 级指标的达成度低于 90%，分别为 81.24%、78.62%。

与成都市均值比较，2021 年新津区有 7 项 A 级指标达成度高于或等于成都市均值，其中 A4 教育投入水平比成都市均值高 6.45 个百分点；另有 A5 教育信息化水平、A7 教育国际化水平 2 项指标低于成都市均值，分别低于均值 1.18 个百分点、11.17 个百分点。

与 2020 年比较，2021 年新津区 A 级指标的平均达成度降低了 1.75 个百分点，有 5 项 A 级指标的达成度实现增长或保持不变，另有 A2 教育公平程度、A3 教育质量水平、A5 教育信息化水平、A7 教育国际化水平 4 项 A 级指标的达成度有所降低，其中 A7 教育国际化水平较 2020 年降低了 21.38 个百分点(图 2.15)。

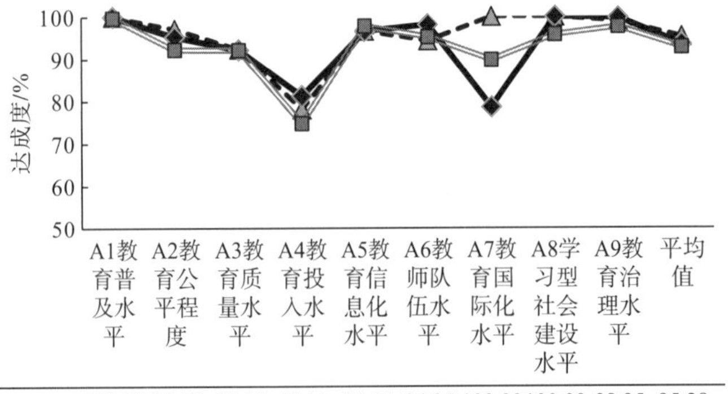

	A1教育普及水平	A2教育公平程度	A3教育质量水平	A4教育投入水平	A5教育信息化水平	A6教师队伍水平	A7教育国际化水平	A8学习型社会建设水平	A9教育治理水平	平均值
2020年/%	100.00	97.08	92.36	78.12	96.65	94.35	100.00	100.00	98.95	95.28
2021年/%	100.00	95.24	92.20	81.24	96.60	98.13	78.62	100.00	99.73	93.53
2021年成都市均值/%	99.67	92.24	92.14	74.79	97.78	95.23	89.79	95.77	97.61	92.78

图 2.15　新津区 A 级指标达成度与成都市均值比较

（二）B 级指标目标达成情况

1. 总体情况

2021 年，新津区有 21 项 B 级指标达到了目标值，在未达到目标值的 12 项 B 级指标中，B17 生均公共财政预算教育事业费指标的达成度较低，为 66.52%。

2021 年新津区有 29 项 B 级指标达成度高于或等于成都市均值。在高于成都市均值的指标中，B16 实现教育经费“两个只增不减”达成度为成都市均值的 1.122 倍，比值最高；在低于成都市均值的指标中，B28 教育国际化综合实现度达成度为成都市均值的 87.6%，比值最低。

与 2020 年相比，2021 年新津区 B 级指标达成度增长最多的为 B11 学生学业发展水平，达成度增长了 26.29 个百分点；另外下降最多的 B 级指标为 B28 教育国际化综合实现度，达成度下降了 21.38 个百分点(表 2.29)。

表 2.29 新津区 B 级指标目标达成度情况

二级指标	达成度/%			2021 年新津区达成度/成都市均值
	2020 年	2021 年	增长情况	
B1 3～5 岁幼儿毛入园率	100.00	100.00	0.00	1.010
B2 义务教育巩固率	100.00	100.00	0.00	1.000
B3 高中阶段毛入学率	100.00	100.00	0.00	1.002
B4 新增劳动力平均受教育年限	100.00	100.00	0.00	1.000
B5 义务教育县域内校际均衡指数	100.00	100.00	0.00	1.075
B6 义务教育县域内城乡比率	82.50	71.43	−11.07	0.964
B7 残疾儿童、少年义务教育阶段入学率	100.00	100.00	0.00	1.001
B8 符合条件的随迁子女在公办学校和政府购买服务的民办学校就读的比例	100.00	100.00	0.00	1.071
B9 每年交流轮岗教师占符合交流条件教师总数的比例	100.00	100.00	0.00	1.000
B10 学生品德发展水平	99.71	94.26	−5.45	1.000
B11 学生学业发展水平	73.71	100.00	26.29	1.022
B12 学生身心发展水平	99.23	96.09	−3.14	0.995
B13 学生兴趣特长养成水平——潜能	97.48	100.00	2.52	1.016
B15 中职学校毕业生就业及升学比例	100.00	100.00	0.00	1.002
B16 实现教育经费“两个只增不减”	—	100.00	—	1.122
B17 生均公共财政预算教育事业费	—	66.52	—	1.018
B18 生均公共财政预算公用经费	—	75.98	—	1.118
B19 生均体育运动场(馆)面积	90.18	91.94	1.76	1.104
B20 生均教学及辅助用房面积	85.79	86.30	0.51	1.076
B21 班额达标比例	96.78	94.17	−2.61	1.103
B22 百名学生拥有网络多媒体教室数	94.41	94.33	−0.08	0.980

续表

二级指标	达成度/%			2021 年新津区达成度/成都市均值
	2020 年	2021 年	增长情况	
B23 教师教育技术应用能力达标率	100.00	100.00	0.00	1.000
B24 师生比	100.00	100.00	0.00	1.006
B25 专任教师学历提高比例	91.49	95.96	4.47	1.030
B26 中等职业学校专业课教师达到“双师型”教师比例	88.79	100.00	11.21	1.080
B27 中小学专任教师培训进修达 72 学时比例	100.00	100.00	0.00	1.022
B28 教育国际化综合实现度	100.00	78.62	−21.38	0.876
B29 市民终身学习 O2O 平台注册人数占常住人口的比例	100.00	100.00	0.00	1.092
B30 从业人员继续教育年参与率	100.00	100.00	0.00	1.000
B31 重大公共教育政策决策的社会参与度	100.00	100.00	0.00	1.022
B32 重大公共教育政策实施风险评估的比例	100.00	100.00	0.00	1.022
B33 学校章程网络公布率	100.00	98.67	−1.33	1.068
B34 社会及家长对教育满意度	97.38	100.00	2.62	1.000
达成度达到目标值的 B 级指标数量/项	21			
达成度高于或等于成都市均值的指标数量/项	29			
达成度低于 60%的指标数量/项	0			

注：由于指标口径及权重发生变化，2021 年 B16 实现教育经费“两个只增不减”、B17 生均公共财政预算教育事业费和 B18 生均公共财政预算公用经费 3 项指标不与 2020 年比较。

2. 对总体达成度的贡献情况

新津区 B 级指标中，由于指标口径及权重发生变化，2021 年 B16 实现教育经费“两个只增不减”、B17 生均公共财政预算教育事业费和 B18 生均公共财政预算公用经费 3 项指标不与 2020 年比较。其余指标对 2021 年新津区总体达成度有正贡献的指标有 6 项，零贡献 18 项，负贡献 6 项(表 2.30)。

表 2.30　新津区 B 级指标对总体达成度的贡献情况

二级指标	B 级指标加权达成度/%		对总体达成度的贡献情况
	2020 年	2021 年	
B1 3～5 岁幼儿毛入园率	5.00	5.00	0.00
B2 义务教育巩固率	5.00	5.00	0.00
B3 高中阶段毛入学率	5.00	5.00	0.00
B4 新增劳动力平均受教育年限	3.00	3.00	0.00
B5 义务教育县域内校际均衡指数	4.00	4.00	0.00
B6 义务教育县域内城乡比率	1.65	1.43	−0.22
B7 残疾儿童、少年义务教育阶段入学率	2.00	2.00	0.00
B8 符合条件的随迁子女在公办学校和政府购买服务的民办学校就读的比例	2.00	2.00	0.00

续表

二级指标	B 级指标加权达成度/%		对总体达成度的贡献情况
	2020 年	2021 年	
B9 每年交流轮岗教师占符合交流条件教师总数的比例	2.00	2.00	0.00
B10 学生品德发展水平	1.99	1.89	−0.10
B11 学生学业发展水平	2.21	3.00	0.79
B12 学生身心发展水平	4.96	4.80	−0.16
B13 学生兴趣特长养成水平——潜能	1.95	2.00	0.05
B15 中职学校毕业生就业及升学比例	2.00	2.00	0.00
B16 实现教育经费“两个只增不减”	—	2.00	—
B17 生均公共财政预算教育事业费	—	3.33	—
B18 生均公共财政预算公用经费	—	3.80	—
B19 生均体育运动场（馆）面积	1.35	1.38	0.03
B20 生均教学及辅助用房面积	1.29	1.29	0.00
B21 班额达标比例	2.90	2.83	−0.07
B22 百名学生拥有网络多媒体教室数	2.83	2.83	0.00
B23 教师教育技术应用能力达标率	2.00	2.00	0.00
B24 师生比	3.00	3.00	0.00
B25 专任教师学历提高比例	5.49	5.76	0.27
B26 中等职业学校专业课教师达到“双师型”教师比例	1.78	2.00	0.22
B27 中小学专任教师培训进修达 72 学时比例	2.00	2.00	0.00
B28 教育国际化综合实现度	4.00	3.14	−0.86
B29 市民终身学习 O2O 平台注册人数占常住人口的比例	2.00	2.00	0.00
B30 从业人员继续教育年参与率	2.00	2.00	0.00
B31 重大公共教育政策决策的社会参与度	2.00	2.00	0.00
B32 重大公共教育政策实施风险评估的比例	2.00	2.00	0.00
B33 学校章程网络公布率	2.00	1.97	−0.03
B34 社会及家长对教育满意度	3.90	4.00	0.10

（三）工作建议

完善保障区域教育高质量发展的、科学的教育经费投入机制，完善教育经费投入成效评估机制，制定问题改进路线图，落实以评促建；加大教育经费投入，提高生均公共财政预算教育事业费和公用经费；统筹规划，继续改善生均体育运动场（馆）面积、生均教学及辅助用房面积、班额达标比例、百名学生拥有网络多媒体教室数，提高生均办学条件；推进教育优质均衡发展，解决义务教育县域内城乡差异较大并持续增大的问题；完善区域教育质量管理，关注学生品德发展水平、学生身心发展水平下降的问题，提高教育教学效能，保障学生身心健康发展；完善教师培养机制，鼓励教师提升学历；提高教育国际化水平；进一步改善区域教育治理水平，提高学校章程网络公布率。

十六、2021 年度简阳市教育现代化发展水平情况

2021 年简阳市教育现代化发展水平的目标总达成度为 86.10%，较 2020 年增加 2.54 个百分点，完成了 2022 年成都市对简阳市的政府考核目标。

（一）A 级指标目标达成情况

2021 年简阳市教育现代化发展水平监测指标体系 A 级指标的平均达成度为 86.35%；达成度在 90%以上的指标有 5 个；另有 A3 教育质量水平、A4 教育投入水平、A6 教师队伍水平、A7 教育国际化水平 4 项指标的达成度低于 90%，其中 A7 教育国际化水平达成度仅为 58.91%。

与成都市均值比较，2021 年简阳市仅有 A1 教育普及水平、A2 教育公平程度、A8 学习型社会建设水平、A9 教育治理水平 4 项指标达成度略高于或等于成都市均值，其中 A8 学习型社会建设水平比成都市均值高 4.23 个百分点；另外 5 项 A 级指标达成度均低于成都市均值，其中 A6 教师队伍水平、A7 教育国际化水平分别低于成都市均值 14.46、30.88 个百分点，与成都市平均水平差距较大。

与 2020 年比较，2021 年简阳市 A 级指标的平均达成度增加了 3.03 个百分点，有 6 项 A 级指标的达成度实现增长或保持不变；另有 A4 教育投入水平、A6 教师队伍水平、A7 教育国际化水平 3 项 A 级指标的达成度降低，分别降低了 0.12 个百分点、4.47 个百分点、41.09 个百分点（图 2.16）。

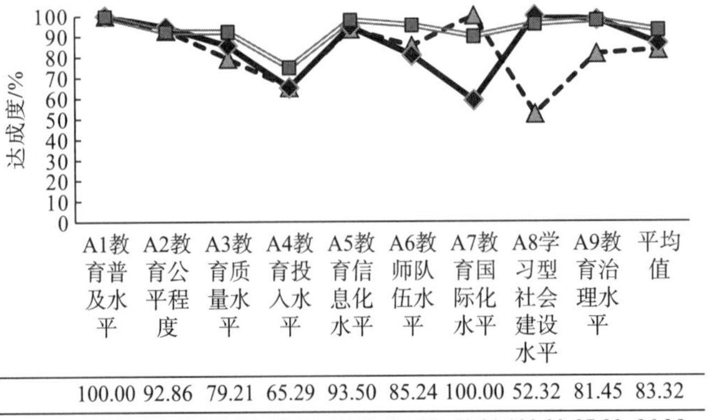

	A1	A2	A3	A4	A5	A6	A7	A8	A9	平均值
2020年/%	100.00	92.86	79.21	65.29	93.50	85.24	100.00	52.32	81.45	83.32
2021年/%	100.00	94.43	85.37	65.17	94.53	80.77	58.91	100.00	97.99	86.35
2021年成都市均值/%	99.67	92.24	92.14	74.79	97.78	95.23	89.79	95.77	97.61	92.78

图 2.16　简阳市 A 级指标达成度与成都市均值比较

（二）B 级指标目标达成情况

1. 总体情况

2021 年，简阳市有 13 项 B 级指标达到了目标值，在未达到目标值的 20 项 B 级指标中，达成度不足 60%的指标有 B17 生均公共财政预算教育事业费、B18 生均公共财政预算公用经费、B26 中等职业学校专业课教师达到“双师型”教师比例、B28 教育国际化综合实现度，达成度分别为 47.08%、59.53%、33.18%、58.91%。

与成都市各区(市)县 B 级指标达成度均值比较，2021 年简阳市有 16 项 B 级指标达成度高于或等于成都市均值。在高于成都市均值的指标中，B16 实现教育经费“两个只增不减”达成度为成都市均值的 1.122 倍，比值最高；在低于成都市均值的指标中，B26 中等职业学校专业课教师达到“双师型”教师比例、B28 教育国际化综合实现度 2 项指标的达成度仅分别为成都市均值的 35.8%、65.6%。

与 2020 年相比，2021 年简阳市 B 级指标达成度增长较多的为 B11 学生学业发展水平、B29 市民终身学习 O2O 平台注册人数占常住人口的比例、B32 重大公共教育政策实施风险评估的比例，达成度分别增长了 41.50 个百分点、95.36 个百分点和 66.67 个百分点；下降最多的 B 级指标为 B26 中等职业学校专业课教师达到“双师型”教师比例、B28 教育国际化综合实现度，达成度分别下降了 63.83 个百分点、41.09 个百分点(表 2.31)。

表 2.31　简阳市 B 级指标目标达成度情况

二级指标	达成度/%			2021 年 简阳市达成度 /成都市均值
	2020 年	2021 年	增长情况	
B1 3～5 岁幼儿毛入园率	100.00	100.00	0.00	1.010
B2 义务教育巩固率	100.00	100.00	0.00	1.000
B3 高中阶段毛入学率	100.00	100.00	0.00	1.002
B4 新增劳动力平均受教育年限	100.00	100.00	0.00	1.000
B5 义务教育县域内校际均衡指数	96.43	94.40	−2.03	1.015
B6 义务教育县域内城乡比率	64.29	78.57	14.28	1.060
B7 残疾儿童、少年义务教育阶段入学率	100.00	99.21	−0.79	0.993
B8 符合条件的随迁子女在公办学校和政府购买服务的民办学校就读的比例	100.00	100.00	0.00	1.071
B9 每年交流轮岗教师占符合交流条件教师总数的比例	100.00	100.00	0.00	1.000
B10 学生品德发展水平	94.27	88.70	−5.57	0.941
B11 学生学业发展水平	41.77	83.27	41.50	0.851
B12 学生身心发展水平	95.69	93.04	−2.65	0.964
B13 学生兴趣特长养成水平——潜能	91.33	91.43	0.10	0.929
B15 中职学校毕业生就业及升学比例	100.00	100.00	0.00	1.002
B16 实现教育经费“两个只增不减”	—	100.00	—	1.122

续表

二级指标	达成度/%			2021 年简阳市达成度/成都市均值
	2020 年	2021 年	增长情况	
B17 生均公共财政预算教育事业费	—	47.08	—	0.720
B18 生均公共财政预算公用经费	—	59.53	—	0.876
B19 生均体育运动场(馆)面积	78.98	77.57	-1.41	0.932
B20 生均教学及辅助用房面积	78.77	80.34	1.57	1.002
B21 班额达标比例	62.55	67.73	5.18	0.793
B22 百名学生拥有网络多媒体教室数	89.17	90.88	1.71	0.944
B23 教师教育技术应用能力达标率	100.00	100.00	0.00	1.000
B24 师生比	95.86	96.67	0.81	0.973
B25 专任教师学历提高比例	77.94	83.21	5.27	0.893
B26 中等职业学校专业课教师达到“双师型”教师比例	97.01	33.18	-63.83	0.358
B27 中小学专任教师培训进修达 72 学时比例	79.45	97.18	17.73	0.993
B28 教育国际化综合实现度	100.00	58.91	-41.09	0.656
B29 市民终身学习 O2O 平台注册人数占常住人口的比例	4.64	100.00	95.36	1.092
B30 从业人员继续教育年参与率	100.00	100.00	0.00	1.000
B31 重大公共教育政策决策的社会参与度	83.33	100.00	16.67	1.022
B32 重大公共教育政策实施风险评估的比例	33.33	100.00	66.67	1.022
B33 学校章程网络公布率	90.57	90.95	0.38	0.984
B34 社会及家长对教育满意度	100.00	99.50	-0.50	0.995
达成度达到目标值的 B 级指标数量/项		13		
达成度高于或等于成都市均值的指标数量/项		16		
达成度低于 60%的指标数量/项		4		

注：由于指标口径及权重发生变化，2021 年 B16 实现教育经费“两个只增不减”、B17 生均公共财政预算教育事业费和 B18 生均公共财政预算公用经费 3 项指标不与 2020 年比较。

2. 对总体达成度的贡献情况

简阳市 B 级指标中，由于指标口径及权重发生变化，2021 年 B16 实现教育经费“两个只增不减”、B17 生均公共财政预算教育事业费和 B18 生均公共财政预算公用经费 3 项指标不与 2020 年比较。其余指标对 2021 年简阳市总体达成度有正贡献的指标有 12 项，零贡献 10 项，负贡献 8 项(表 2.32)。

表 2.32　简阳市 B 级指标对总体达成度的贡献情况

二级指标	B 级指标加权达成度/%		对总体达成度的贡献情况
	2020 年	2021 年	
B1 3～5 岁幼儿毛入园率	5.00	5.00	0.00
B2 义务教育巩固率	5.00	5.00	0.00

续表

二级指标	B 级指标加权达成度/%		对总体达成度的贡献情况
	2020 年	2021 年	
B3 高中阶段毛入学率	5.00	5.00	0.00
B4 新增劳动力平均受教育年限	3.00	3.00	0.00
B5 义务教育县域内校际均衡指数	3.86	3.78	−0.08
B6 义务教育县域内城乡比率	1.29	1.57	0.28
B7 残疾儿童、少年义务教育阶段入学率	2.00	1.98	−0.02
B8 符合条件的随迁子女在公办学校和政府购买服务的民办学校就读的比例	2.00	2.00	0.00
B9 每年交流轮岗教师占符合交流条件教师总数的比例	2.00	2.00	0.00
B10 学生品德发展水平	1.89	1.77	−0.12
B11 学生学业发展水平	1.25	2.50	1.25
B12 学生身心发展水平	4.78	4.65	−0.13
B13 学生兴趣特长养成水平——潜能	1.83	1.83	0.00
B15 中职学校毕业生就业及升学比例	2.00	2.00	0.00
B16 实现教育经费“两个只增不减”	—	2.00	—
B17 生均公共财政预算教育事业费	—	2.35	—
B18 生均公共财政预算公用经费	—	2.98	—
B19 生均体育运动场(馆)面积	1.18	1.16	−0.02
B20 生均教学及辅助用房面积	1.18	1.21	0.03
B21 班额达标比例	1.88	2.03	0.15
B22 百名学生拥有网络多媒体教室数	2.68	2.73	0.05
B23 教师教育技术应用能力达标率	2.00	2.00	0.00
B24 师生比	2.88	2.90	0.02
B25 专任教师学历提高比例	4.68	4.99	0.31
B26 中等职业学校专业课教师达到“双师型”教师比例	1.94	0.66	−1.28
B27 中小学专任教师培训进修达 72 学时比例	1.59	1.94	0.35
B28 教育国际化综合实现度	4.00	2.36	−1.64
B29 市民终身学习 O2O 平台注册人数占常住人口的比例	0.09	2.00	1.91
B30 从业人员继续教育年参与率	2.00	2.00	0.00
B31 重大公共教育政策决策的社会参与度	1.67	2.00	0.33
B32 重大公共教育政策实施风险评估的比例	0.67	2.00	1.33
B33 学校章程网络公布率	1.81	1.82	0.01
B34 社会及家长对教育满意度	4.00	3.98	−0.02

（三）工作建议

切实采取措施，完善保障区域教育高质量发展的、科学的教育经费投入机制，完善教育经费投入成效评估机制，制定问题改进路线图，落实以评促建；加大教育经费投入，提高生均公共财政预算教育事业费和公用经费；统筹规划，切实改善生均体育运动场(馆)面积、生均教学及辅助用房面积、班额达标比例、百名学生拥有网络多媒体教室数，提高生均办学条件；推进教育优质均衡发展，解决义务教育县域内城乡差异较大的问题；完善教师队伍建设机制，提高中等职业学校专业课教师达到“双师型”教师比例；提高教育国际化水平；进一步改善区域教育治理水平，提高学校章程网络公布率。

十七、2021 年度都江堰市教育现代化发展水平情况

2021 年都江堰市教育现代化发展水平的目标总达成度为 89.07%，较 2020 年增加 0.12 个百分点，完成了 2022 年成都市对都江堰市的政府考核目标。

（一）A 级指标目标达成情况

2021 年都江堰市教育现代化发展水平监测指标体系 A 级指标的平均达成度为 90.92%；达成度在 90%以上的指标有 5 个；另有 A4 教育投入水平、A6 教师队伍水平、A7 教育国际化水平、A9 教育治理水平 4 项指标达成度低于 90%，达成度分别为 66.15%、89.85%、85.93%、89.30%。

与成都市均值比较，2021 年都江堰市有 A1 教育普及水平、A2 教育公平程度、A5 教育信息化水平、A8 学习型社会建设水平 4 项 A 级指标达成度高于或等于成都市均值，其中 A8 学习型社会建设水平比成都市均值高 4.23 个百分点；另有 5 项指标低于成都市均值，其中 A4 教育投入水平、A9 教育治理水平分别低于成都市均值 8.64 个百分点、8.31 个百分点。

与 2020 年比较，2021 年都江堰市 A 级指标的平均达成度降低了 0.45 个百分点，有 5 项 A 级指标的达成度均实现增长或保持不变，其中 A9 教育治理水平的增长最多，增加了 14.66 个百分点；另有 A2 教育公平程度、A4 教育投入水平、A6 教师队伍水平、A7 教育国际化水平 4 项 A 级指标的达成度有所降低，分别降低了 2.38 个百分点、7.18 个百分点、0.71 个百分点、14.07 个百分点(图 2.17)。

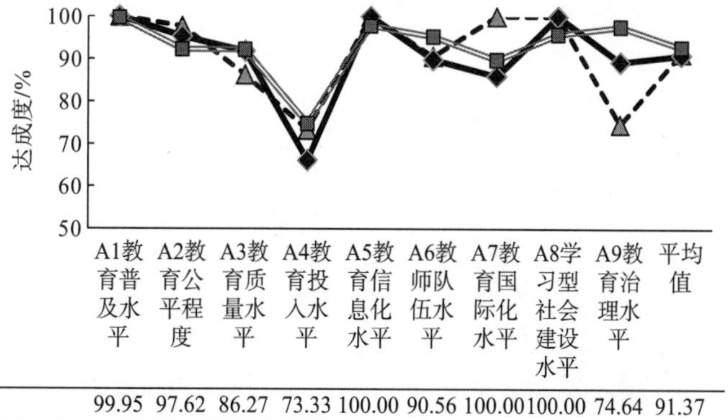

	A1教育普及水平	A2教育公平程度	A3教育质量水平	A4教育投入水平	A5教育信息化水平	A6教师队伍水平	A7教育国际化水平	A8学习型社会建设水平	A9教育治理水平	平均值
2020年/%	99.95	97.62	86.27	73.33	100.00	90.56	100.00	100.00	74.64	91.37
2021年/%	99.99	95.24	91.81	66.15	100.00	89.85	85.93	100.00	89.30	90.92
2021年成都市均值/%	99.67	92.24	92.14	74.79	97.78	95.23	89.79	95.77	97.61	92.78

图 2.17　都江堰市 A 级指标达成度与成都市均值比较

(二)B级指标目标达成情况

1. 总体情况

2021年，都江堰市有18项B级指标达到了目标值，在未达到目标值的15项B级指标中，达成度不足60%的指标有B17生均公共财政预算教育事业费、B18生均公共财政预算公用经费、B33学校章程网络公布率，达成度分别为50.88%、41.59%、46.51%。

与成都市各区(市)县B级指标达成度均值比较，2021年都江堰市有22项B级指标达成度高于或等于成都市均值。在高于成都市均值的指标中，B16实现教育经费“两个只增不减”、B20生均教学及辅助用房面积达成度均为成都市均值的1.122倍；在低于成都市均值的指标中，B18生均公共财政预算公用经费、B26中等职业学校专业课教师达到“双师型”教师比例、B33学校章程网络公布率3项指标分别为成都市均值的61.2%、65.6%、50.3%。

与2020年相比，2021年都江堰市B级指标达成度增长最多的为B31重大公共教育政策决策的社会参与度、B32重大公共教育政策实施风险评估的比例，达成度均增长了60.00个百分点；下降最多的B级指标为B33学校章程网络公布率，达成度下降了46.67个百分点(表2.33)。

表2.33　都江堰市B级指标目标达成度情况

二级指标	达成度/%			2021年都江堰市达成度/成都市均值
	2020年	2021年	增长情况	
B1 3～5岁幼儿毛入园率	100.00	100.00	0.00	1.010
B2 义务教育巩固率	100.00	100.00	0.00	1.000
B3 高中阶段毛入学率	99.83	99.97	0.14	1.002
B4 新增劳动力平均受教育年限	100.00	100.00	0.00	1.000
B5 义务教育县域内校际均衡指数	100.00	100.00	0.00	1.075
B6 义务教育县域内城乡比率	85.71	71.43	−14.28	0.964
B7 残疾儿童、少年义务教育阶段入学率	100.00	100.00	0.00	1.001
B8 符合条件的随迁子女在公办学校和政府购买服务的民办学校就读的比例	100.00	100.00	0.00	1.071
B9 每年交流轮岗教师占符合交流条件教师总数的比例	100.00	100.00	0.00	1.000
B10 学生品德发展水平	96.67	93.51	−3.16	0.992
B11 学生学业发展水平	73.36	100.00	26.64	1.022
B12 学生身心发展水平	97.06	96.40	−0.66	0.998
B13 学生兴趣特长养成水平——潜能	100.00	98.43	−1.57	1.000
B15 中职学校毕业生就业及升学比例	100.00	100.00	0.00	1.002
B16 实现教育经费“两个只增不减”	—	100.00	—	1.122
B17 生均公共财政预算教育事业费	—	50.88	—	0.778

续表

二级指标	达成度/%			2021 年 都江堰市达成度 /成都市均值
	2020 年	2021 年	增长情况	
B18 生均公共财政预算公用经费	—	41.59	—	0.612
B19 生均体育运动场(馆)面积	82.79	82.19	−0.60	0.987
B20 生均教学及辅助用房面积	89.56	90.01	0.45	1.122
B21 班额达标比例	85.55	90.00	4.45	1.054
B22 百名学生拥有网络多媒体教室数	100.00	100.00	0.00	1.038
B23 教师教育技术应用能力达标率	100.00	100.00	0.00	1.000
B24 师生比	100.00	100.00	0.00	1.006
B25 专任教师学历提高比例	91.92	92.49	0.57	0.993
B26 中等职业学校专业课教师达到“双师型”教师比例	64.76	60.75	−4.01	0.656
B27 中小学专任教师培训进修达 72 学时比例	98.11	95.82	−2.29	0.979
B28 教育国际化综合实现度	100.00	85.93	−14.07	0.957
B29 市民终身学习 O2O 平台注册人数占常住人口的比例	100.00	100.00	0.00	1.092
B30 从业人员继续教育年参与率	100.00	100.00	0.00	1.000
B31 重大公共教育政策决策的社会参与度	40.00	100.00	60.00	1.022
B32 重大公共教育政策实施风险评估的比例	40.00	100.00	60.00	1.022
B33 学校章程网络公布率	93.18	46.51	−46.67	0.503
B34 社会及家长对教育满意度	100.00	100.00	0.00	1.000
达成度达到目标值的 B 级指标数量/项		18		
达成度高于或等于成都市均值的指标数量/项		22		
达成度低于 60%的指标数量/项		3		

注：由于指标口径及权重发生变化，2021 年 B16 实现教育经费“两个只增不减”、B17 生均公共财政预算教育事业费和 B18 生均公共财政预算公用经费 3 项指标不与 2020 年比较。

2. 对总体达成度的贡献情况

都江堰市 B 级指标中，由于指标口径及权重发生变化，2021 年 B16 实现教育经费“两个只增不减”、B17 生均公共财政预算教育事业费和 B18 生均公共财政预算公用经费 3 项指标不与 2020 年比较。其余指标对 2021 年都江堰市总体达成度有正贡献的指标有 7 项，零贡献 14 项，负贡献 9 项(表 2.34)。

表 2.34　都江堰市 B 级指标对总体达成度的贡献情况

二级指标	B 级指标加权达成度/%		对总体达成度的贡献情况
	2020 年	2021 年	
B1 3～5 岁幼儿毛入园率	5.00	5.00	0.00
B2 义务教育巩固率	5.00	5.00	0.00
B3 高中阶段毛入学率	4.99	5.00	0.01

续表

二级指标	B 级指标加权达成度/%		对总体达成度的贡献情况
	2020 年	2021 年	
B4 新增劳动力平均受教育年限	3.00	3.00	0.00
B5 义务教育县域内校际均衡指数	4.00	4.00	0.00
B6 义务教育县域内城乡比率	1.71	1.43	−0.28
B7 残疾儿童、少年义务教育阶段入学率	2.00	2.00	0.00
B8 符合条件的随迁子女在公办学校和政府购买服务的民办学校就读的比例	2.00	2.00	0.00
B9 每年交流轮岗教师占符合交流条件教师总数的比例	2.00	2.00	0.00
B10 学生品德发展水平	1.93	1.87	−0.06
B11 学生学业发展水平	2.20	3.00	0.80
B12 学生身心发展水平	4.85	4.82	−0.03
B13 学生兴趣特长养成水平——潜能	2.00	1.97	−0.03
B15 中职学校毕业生就业及升学比例	2.00	2.00	0.00
B16 实现教育经费“两个只增不减”	—	2.00	—
B17 生均公共财政预算教育事业费	—	2.54	—
B18 生均公共财政预算公用经费	—	2.08	—
B19 生均体育运动场（馆）面积	1.24	1.23	−0.01
B20 生均教学及辅助用房面积	1.34	1.35	0.01
B21 班额达标比例	2.57	2.70	0.13
B22 百名学生拥有网络多媒体教室数	3.00	3.00	0.00
B23 教师教育技术应用能力达标率	2.00	2.00	0.00
B24 师生比	3.00	3.00	0.00
B25 专任教师学历提高比例	5.52	5.55	0.03
B26 中等职业学校专业课教师达到“双师型”教师比例	1.30	1.22	−0.08
B27 中小学专任教师培训进修达 72 学时比例	1.96	1.92	−0.04
B28 教育国际化综合实现度	4.00	3.44	−0.56
B29 市民终身学习 O2O 平台注册人数占常住人口的比例	2.00	2.00	0.00
B30 从业人员继续教育年参与率	2.00	2.00	0.00
B31 重大公共教育政策决策的社会参与度	0.80	2.00	1.20
B32 重大公共教育政策实施风险评估的比例	0.80	2.00	1.20
B33 学校章程网络公布率	1.86	0.93	−0.93
B34 社会及家长对教育满意度	4.00	4.00	0.00

（三）工作建议

切实采取有效措施，完善保障区域教育高质量发展的、科学的教育经费投入机制，完善教育经费投入成效评估机制，制定问题改进路线图，落实以评促建；加大教育经费投入，提高生均公共财政预算教育事业费和公用经费；统筹规划，切实改善生均体育运动场(馆)面积，提高生均办学条件；推进教育优质均衡发展，解决义务教育县域内城乡差异较大并持续增大的问题；完善教师培养机制，鼓励教师提升学历，提高中等职业学校专业课教师达到“双师型”教师比例；完善区域教育质量管理，关注学生品德发展水平、学生身心发展水平、学生兴趣特长养成水平下降的问题，提高教育教学效能，保障学生身心健康发展；提高教育国际化水平；进一步改善区域教育治理水平，提高学校章程网络公布率。

十八、2021 年度彭州市教育现代化发展水平情况

2021 年彭州市教育现代化发展水平的目标总达成度为 92.73%，完成了 2022 年成都市对彭州市的政府考核目标。

（一）A 级指标目标达成情况

2021 年彭州市教育现代化发展水平监测指标体系 A 级指标的平均达成度为 95.20%；达成度在 90%以上的指标有 8 个；达成度最低的指标是 A4 教育投入水平，仅为 71.05%。

与成都市均值比较，2021 年彭州市有 7 项 A 级指标达成度高于或等于成都市均值，其中 A7 教育国际化水平比成都市均值高 10.21 个百分点；另有 A3 教育质量水平、A4 教育投入水平 2 项指标低于成都市均值，分别低 0.39 个百分点、3.74 个百分点。

与 2020 年比较，2021 年彭州市 A 级指标的平均达成度增加了 0.16 个百分点，有 7 项 A 级指标的达成度实现增长或保持不变，其中 A3 教育质量水平的增长最多，增加了 6.81 个百分点；A2 教育公平程度、A4 教育投入水平 2 项 A 级指标的达成度有所降低，分别降低了 2.41 个百分点、7.04 个百分点(图 2.18)。

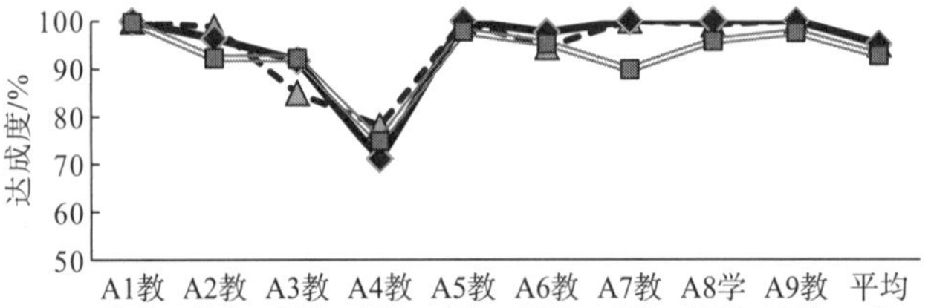

	A1教育普及水平	A2教育公平程度	A3教育质量水平	A4教育投入水平	A5教育信息化水平	A6教师队伍水平	A7教育国际化水平	A8学习型社会建设水平	A9教育治理水平	平均值
2020年/%	100.00	98.81	84.94	78.09	99.80	94.51	100.00	99.20	100.00	95.04
2021年/%	100.00	96.40	91.75	71.05	100.00	97.62	100.00	100.00	100.00	95.20
2021年成都市均值/%	99.67	92.24	92.14	74.79	97.78	95.23	89.79	95.77	97.61	92.78

图 2.18　彭州市 A 级指标达成度与成都市均值比较

(二)B 级指标目标达成情况

1. 总体情况

2021 年，彭州市有 21 项 B 级指标达到了目标值，在未达到目标值的 12 项 B 级指标中，达成度不足 60%的指标有 B16 实现教育经费“两个只增不减”，达成度为 50.00%。

与成都市各区(市)县 B 级指标达成度均值比较，2021 年彭州市有 28 项 B 级指标达成度高于或等于成都市均值。在高于成都市均值的指标中，B6 义务教育县域内城乡比率达成度为成都市均值的 1.157 倍，比值最高；在低于成都市均值的指标中，B16 实现教育经费“两个只增不减”达成度仅为成都市均值的 56.1%，比值最低。

与 2020 年相比，2021 年彭州市 B 级指标达成度增长最多的为 B11 学生学业发展水平，达成度增长了 41.07 百分点；下降最多的 B 级指标为 B6 义务教育县域内城乡比率、B8 符合条件的随迁子女在公办学校和政府购买服务的民办学校就读的比例，达成度分别下降了 7.15 个百分点、7.29 个百分点(表 2.35)。

表 2.35　彭州市 B 级指标目标达成度情况

二级指标	达成度/%			2021 年彭州市达成度/成都市均值
	2020 年	2021 年	增长情况	
B1 3～5 岁幼儿毛入园率	100.00	100.00	0.00	1.010
B2 义务教育巩固率	100.00	100.00	0.00	1.000
B3 高中阶段毛入学率	100.00	100.00	0.00	1.002
B4 新增劳动力平均受教育年限	100.00	100.00	0.00	1.000
B5 义务教育县域内校际均衡指数	100.00	100.00	0.00	1.075
B6 义务教育县域内城乡比率	92.86	85.71	−7.15	1.157
B7 残疾儿童、少年义务教育阶段入学率	100.00	100.00	0.00	1.001
B8 符合条件的随迁子女在公办学校和政府购买服务的民办学校就读的比例	100.00	92.71	−7.29	0.993
B9 每年交流轮岗教师占符合交流条件教师总数的比例	100.00	100.00	0.00	1.000
B10 学生品德发展水平	97.76	94.26	−3.50	1.000
B11 学生学业发展水平	58.93	100.00	41.07	1.022
B12 学生身心发展水平	97.71	96.12	−1.59	0.996
B13 学生兴趣特长养成水平——潜能	99.48	97.64	−1.84	0.992
B15 中职学校毕业生就业及升学比例	100.00	100.00	0.00	1.002
B16 实现教育经费“两个只增不减”	—	50.00	—	0.561
B17 生均公共财政预算教育事业费	—	66.80	—	1.022
B18 生均公共财政预算公用经费	—	67.98	—	1.000
B19 生均体育运动场(馆)面积	96.37	95.80	−0.57	1.151
B20 生均教学及辅助用房面积	83.27	84.79	1.52	1.057
B21 班额达标比例	76.31	78.05	1.74	0.914

续表

二级指标	达成度/%			2021 年彭州市达成度/成都市均值
	2020 年	2021 年	增长情况	
B22 百名学生拥有网络多媒体教室数	99.66	100.00	0.34	1.038
B23 教师教育技术应用能力达标率	100.00	100.00	0.00	1.000
B24 师生比	100.00	100.00	0.00	1.006
B25 专任教师学历提高比例	88.10	94.84	6.74	1.018
B26 中等职业学校专业课教师达到“双师型”教师比例	100.00	100.00	0.00	1.080
B27 中小学专任教师培训进修达 72 学时比例	100.00	100.00	0.00	1.022
B28 教育国际化综合实现度	100.00	100.00	0.00	1.114
B29 市民终身学习 O2O 平台注册人数占常住人口的比例	98.40	100.00	1.60	1.092
B30 从业人员继续教育年参与率	100.00	100.00	0.00	1.000
B31 重大公共教育政策决策的社会参与度	100.00	100.00	0.00	1.022
B32 重大公共教育政策实施风险评估的比例	100.00	100.00	0.00	1.022
B33 学校章程网络公布率	100.00	100.00	0.00	1.082
B34 社会及家长对教育满意度	100.00	100.00	0.00	1.000
达成度达到目标值的 B 级指标数量/项	21			
达成度高于或等于成都市均值的指标数量/项	28			
达成度低于 60%的指标数量/项	1			

注：由于指标口径及权重发生变化，2021 年 B16 实现教育经费“两个只增不减”、B17 生均公共财政预算教育事业费和 B18 生均公共财政预算公用经费 3 项指标不与 2020 年比较。

2. 对总体达成度的贡献情况

彭州市 B 级指标中，由于指标口径及权重发生变化，2021 年 B16 实现教育经费“两个只增不减”、B17 生均公共财政预算教育事业费和 B18 生均公共财政预算公用经费 3 项指标不与 2020 年比较。其余指标对 2021 年彭州市总体达成度有正贡献的指标有 6 项，零贡献 18 项，负贡献 6 项(表 2.36)。

表 2.36　彭州市 B 级指标对总体达成度的贡献情况

二级指标	B 级指标加权达成度/%		对总体达成度的贡献情况
	2020 年	2021 年	
B1 3～5 岁幼儿毛入园率	5.00	5.00	0.00
B2 义务教育巩固率	5.00	5.00	0.00
B3 高中阶段毛入学率	5.00	5.00	0.00
B4 新增劳动力平均受教育年限	3.00	3.00	0.00
B5 义务教育县域内校际均衡指数	4.00	4.00	0.00
B6 义务教育县域内城乡比率	1.86	1.71	−0.15
B7 残疾儿童、少年义务教育阶段入学率	2.00	2.00	0.00
B8 符合条件的随迁子女在公办学校和政府购买服务的民	2.00	1.85	−0.15

续表

二级指标	B 级指标加权达成度/%		对总体达成度的贡献情况
	2020 年	2021 年	
办学校就读的比例			
B9 每年交流轮岗教师占符合交流条件教师总数的比例	2.00	2.00	0.00
B10 学生品德发展水平	1.96	1.89	−0.07
B11 学生学业发展水平	1.77	3.00	1.23
B12 学生身心发展水平	4.89	4.81	−0.08
B13 学生兴趣特长养成水平——潜能	1.99	1.95	−0.04
B15 中职学校毕业生就业及升学比例	2.00	2.00	0.00
B16 实现教育经费“两个只增不减”	—	1.00	—
B17 生均公共财政预算教育事业费	—	3.34	—
B18 生均公共财政预算公用经费	—	3.40	—
B19 生均体育运动场(馆)面积	1.45	1.44	−0.01
B20 生均教学及辅助用房面积	1.25	1.27	0.02
B21 班额达标比例	2.29	2.34	0.05
B22 百名学生拥有网络多媒体教室数	2.99	3.00	0.01
B23 教师教育技术应用能力达标率	2.00	2.00	0.00
B24 师生比	3.00	3.00	0.00
B25 专任教师学历提高比例	5.29	5.69	0.40
B26 中等职业学校专业课教师达到“双师型”教师比例	2.00	2.00	0.00
B27 中小学专任教师培训进修达 72 学时比例	2.00	2.00	0.00
B28 教育国际化综合实现度	4.00	4.00	0.00
B29 市民终身学习 O2O 平台注册人数占常住人口的比例	1.97	2.00	0.03
B30 从业人员继续教育年参与率	2.00	2.00	0.00
B31 重大公共教育政策决策的社会参与度	2.00	2.00	0.00
B32 重大公共教育政策实施风险评估的比例	2.00	2.00	0.00
B33 学校章程网络公布率	2.00	2.00	0.00
B34 社会及家长对教育满意度	4.00	4.00	0.00

（三）工 作 建 议

完善保障区域教育高质量发展的、科学的教育经费投入机制，完善教育经费投入成效评估机制，制定问题改进路线图，落实以评促建；加大教育经费投入，着力解决教育经费“两个只增不减”不达标的问题，提高生均公共财政预算教育事业费和公用经费；统筹规划，切实改善生均教学及辅助用房面积、班额达标比例，提高生均办学条件；完善区域教育质量管理，关注学生品德发展水平、学生身心发展水平、学生兴趣特长养成水平下降的问题，提高教育教学效能，保障学生身心健康发展。

十九、2021年度邛崃市教育现代化发展水平情况

2021年邛崃市教育现代化发展水平的目标总达成度为90.62%，较2020年增加0.69个百分点，完成了2022年成都市对邛崃市的政府考核目标。

（一）A级指标目标达成情况

2021年邛崃市教育现代化发展水平监测指标体系A级指标的平均达成度为91.83%；达成度在90%及以上的指标有7个；A4教育投入水平、A7教育国际化水平2项指标的达成度低于90%，达成度分别为69.72%、82.37%。

与成都市均值比较，2021年邛崃市有6项A级指标达成度高于或等于成都市均值，其中A2教育公平程度、A8学习型社会建设水平均比成都市均值高4个百分点以上；另有A4教育投入水平、A7教育国际化水平、A9教育治理水平3项指标低于成都市均值，分别低于成都市均值5.07个百分点、7.42个百分点、7.61个百分点。

与2020年比较，2021年邛崃市A级指标的平均达成度下降了1.22个百分点，6项A级指标的达成度均实现增长或保持不变，其中A3教育质量水平增长最多，增加了7.32个百分点；另有A2教育公平程度、A7教育国际化水平、A9教育治理水平3项A级指标的达成度有所降低，分别降低了1.19个百分点、17.63个百分点、10.00个百分点（图2.19）。

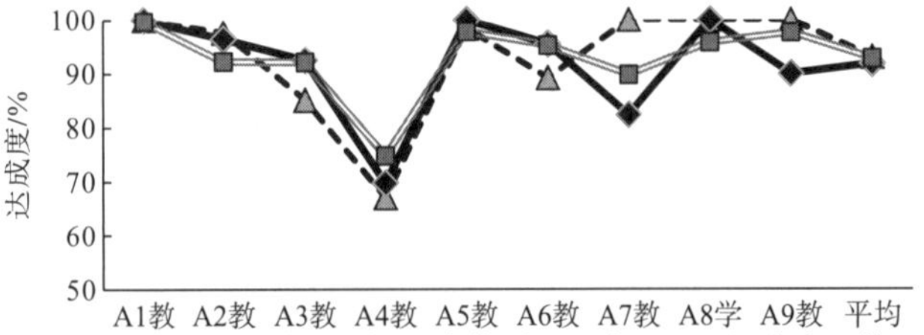

	A1教育普及水平	A2教育公平程度	A3教育质量水平	A4教育投入水平	A5教育信息化水平	A6师队伍水平	A7教育国际化水平	A8学习型社会建设水平	A9教育治理水平	平均值
2020年/%	100.00	97.62	85.15	67.08	98.41	89.21	100.00	100.00	100.00	93.05
2021年/%	100.00	96.43	92.47	69.72	100.00	95.47	82.37	100.00	90.00	91.83
2021年成都市均值/%	99.67	92.24	92.14	74.79	97.78	95.23	89.79	95.77	97.61	92.78

图2.19　邛崃市A级指标达成度与成都市均值比较

（二）B 级指标目标达成情况

1. 总体情况

2021 年，邛崃市有 19 项 B 级指标达到了目标值，在未达到目标值的 14 项 B 级指标中，达成度不足 60%的指标有 2 项，分别是 B17 生均公共财政预算教育事业费、B18 生均公共财政预算公用经费，达成度分别为 52.96%、53.55%。

与成都市各区(市)县 B 级指标达成度均值比较，2021 年邛崃市有 23 项 B 级指标达成度高于或等于成都市均值。在高于成都市均值的指标中，B16 实现教育经费“两个只增不减”达成度为成都市均值的 1.122 倍，比值最高；在低于成都市均值的指标中，B31 重大公共教育政策决策的社会参与度、B32 重大公共教育政策实施风险评估的比例达成度均为成都市均值的 76.7%，比值最低。

与 2020 年相比，2021 年邛崃市 B 级指标达成度增长最多的为 B11 学生学业发展水平，达成度增长了 38.24 个百分点；另外下降最多的 B 级指标为 B28 教育国际化综合实现度、B31 重大公共教育政策决策的社会参与度、B32 重大公共教育政策实施风险评估的比例，达成度分别下降了 17.63 个百分点、25.00 个百分点、25.00 个百分点(表 2.37)。

表 2.37　邛崃市 B 级指标目标达成度情况

二级指标	达成度/%			2021 年邛崃市达成度/成都市均值
	2020 年	2021 年	增长情况	
B1 3～5 岁幼儿毛入园率	100.00	100.00	0.00	1.010
B2 义务教育巩固率	100.00	100.00	0.00	1.000
B3 高中阶段毛入学率	100.00	100.00	0.00	1.002
B4 新增劳动力平均受教育年限	100.00	100.00	0.00	1.000
B5 义务教育县域内校际均衡指数	100.00	100.00	0.00	1.075
B6 义务教育县域内城乡比率	85.71	78.57	−7.14	1.060
B7 残疾儿童、少年义务教育阶段入学率	100.00	100.00	0.00	1.001
B8 符合条件的随迁子女在公办学校和政府购买服务的民办学校就读的比例	100.00	100.00	0.00	1.071
B9 每年交流轮岗教师占符合交流条件教师总数的比例	100.00	100.00	0.00	1.000
B10 学生品德发展水平	97.58	92.10	−5.48	0.977
B11 学生学业发展水平	61.76	100.00	38.24	1.022
B12 学生身心发展水平	97.48	95.63	−1.85	0.990
B13 学生兴趣特长养成水平——潜能	95.63	98.00	2.37	0.995
B15 中职学校毕业生就业及升学比例	100.00	100.00	0.00	1.002
B16 实现教育经费“两个只增不减”	—	100.00	—	1.122
B17 生均公共财政预算教育事业费	—	52.96	—	0.810
B18 生均公共财政预算公用经费	—	53.55	—	0.788

续表

二级指标	达成度/%			2021年邛崃市达成度/成都市均值
	2020年	2021年	增长情况	
B19 生均体育运动场(馆)面积	79.61	85.33	5.72	1.025
B20 生均教学及辅助用房面积	78.51	79.31	0.80	0.989
B21 班额达标比例	91.81	91.79	−0.02	1.075
B22 百名学生拥有网络多媒体教室数	97.35	100.00	2.65	1.038
B23 教师教育技术应用能力达标率	100.00	100.00	0.00	1.000
B24 师生比	100.00	100.00	0.00	1.006
B25 专任教师学历提高比例	81.39	90.34	8.95	0.970
B26 中等职业学校专业课教师达到“双师型”教师比例	85.69	99.55	13.86	1.075
B27 中小学专任教师培训进修达72学时比例	100.00	100.00	0.00	1.022
B28 教育国际化综合实现度	100.00	82.37	−17.63	0.917
B29 市民终身学习O2O平台注册人数占常住人口的比例	100.00	100.00	0.00	1.092
B30 从业人员继续教育年参与率	100.00	100.00	0.00	1.000
B31 重大公共教育政策决策的社会参与度	100.00	75.00	−25.00	0.767
B32 重大公共教育政策实施风险评估的比例	100.00	75.00	−25.00	0.767
B33 学校章程网络公布率	100.00	100.00	0.00	1.082
B34 社会及家长对教育满意度	100.00	100.00	0.00	1.000
达成度达到目标值的B级指标数量/项	19			
达成度高于或等于成都市均值的指标数量/项	23			
达成度低于60%的指标数量/项	2			

注：由于指标口径及权重发生变化，2021年B16实现教育经费“两个只增不减”、B17生均公共财政预算教育事业费和B18生均公共财政预算公用经费3项指标不与2020年比较。

2. 对总体达成度的贡献情况

邛崃市B级指标中，由于指标口径及权重发生变化，2021年B16实现教育经费“两个只增不减”、B17生均公共财政预算教育事业费和B18生均公共财政预算公用经费3项指标不与2020年比较。其余指标对2021年邛崃市总体达成度有正贡献的指标有7项，零贡献17项，负贡献6项(表2.38)。

表2.38 邛崃市B级指标对总体达成度的贡献情况

二级指标	B级指标加权达成度/%		对总体达成度的贡献情况
	2020年	2021年	
B1 3～5岁幼儿毛入园率	5.00	5.00	0.00
B2 义务教育巩固率	5.00	5.00	0.00
B3 高中阶段毛入学率	5.00	5.00	0.00
B4 新增劳动力平均受教育年限	3.00	3.00	0.00

续表

二级指标	B 级指标加权达成度/%		对总体达成度的贡献情况
	2020 年	2021 年	
B5 义务教育县域内校际均衡指数	4.00	4.00	0.00
B6 义务教育县域内城乡比率	1.71	1.57	−0.14
B7 残疾儿童、少年义务教育阶段入学率	2.00	2.00	0.00
B8 符合条件的随迁子女在公办学校和政府购买服务的民办学校就读的比例	2.00	2.00	0.00
B9 每年交流轮岗教师占符合交流条件教师总数的比例	2.00	2.00	0.00
B10 学生品德发展水平	1.95	1.84	−0.11
B11 学生学业发展水平	1.85	3.00	1.15
B12 学生身心发展水平	4.87	4.78	−0.09
B13 学生兴趣特长养成水平——潜能	1.91	1.96	0.05
B15 中职学校毕业生就业及升学比例	2.00	2.00	0.00
B16 实现教育经费“两个只增不减”	—	2.00	—
B17 生均公共财政预算教育事业费	—	2.65	—
B18 生均公共财政预算公用经费	—	2.68	—
B19 生均体育运动场(馆)面积	1.19	1.28	0.09
B20 生均教学及辅助用房面积	1.18	1.19	0.01
B21 班额达标比例	2.75	2.75	0.00
B22 百名学生拥有网络多媒体教室数	2.92	3.00	0.08
B23 教师教育技术应用能力达标率	2.00	2.00	0.00
B24 师生比	3.00	3.00	0.00
B25 专任教师学历提高比例	4.88	5.42	0.54
B26 中等职业学校专业课教师达到“双师型”教师比例	1.71	1.99	0.28
B27 中小学专任教师培训进修达 72 学时比例	2.00	2.00	0.00
B28 教育国际化综合实现度	4.00	3.29	−0.71
B29 市民终身学习 O2O 平台注册人数占常住人口的比例	2.00	2.00	0.00
B30 从业人员继续教育年参与率	2.00	2.00	0.00
B31 重大公共教育政策决策的社会参与度	2.00	1.50	−0.50
B32 重大公共教育政策实施风险评估的比例	2.00	1.50	−0.50
B33 学校章程网络公布率	2.00	2.00	0.00
B34 社会及家长对教育满意度	4.00	4.00	0.00

(三)工 作 建 议

完善保障区域教育高质量发展的、科学的教育经费投入机制，完善教育经费投入成效评估机制，制定问题改进路线图，落实以评促建；加大教育经费投入，提高生均公共财政预算教育事业费和公用经费；统筹规划，持续改善生均体育运动场(馆)面积、生均教学及辅助用房面积、班额达标比例，提高生均办学条件；推进教育优质均衡发展，解决义务教育县域内城乡差异较大并持续增大的问题；落实教师培养机制，鼓励教师提升学历；完善区域教育质量管理，关注学生品德发展水平、学生身心发展水平下降的问题，提高教育教学效能，保障学生身心健康发展；提高教育国际化水平；进一步改善区域教育治理水平，增加重大公共教育政策决策的社会参与度，提高教育管理过程中风险防控的水平。

二十、2021年度崇州市教育现代化发展水平情况

2021年崇州市教育现代化发展水平的目标总达成度为91.69%，完成了2022年成都市对崇州市的政府考核目标。

（一）A级指标目标达成情况

2021年崇州市教育现代化发展水平监测指标体系A级指标的平均达成度为94.07%；达成度在90%以上的指标有7个；A4教育投入水平、A6教师队伍水平2项指标的达成度低于90%，分别为75.26%、89.10%。

与成都市均值比较，2021年崇州市有6项A级指标达成度高于或等于成都市均值，其中A7教育国际化水平比成都市均值高10.21个百分点；另有A2教育公平程度、A3教育质量水平、A6教师队伍水平3项指标低于成都市均值，分别低于成都市均值1.01个百分点、0.46个百分点、6.13个百分点。

与2020年比较，2021年崇州市A级指标的平均达成度降低了0.52个百分点，6项A级指标的达成度实现增长或保持不变；A2教育公平程度、A4教育投入水平、A9教育治理水平3项A级指标的达成度有所降低，分别降低了7.58个百分点、6.74个百分点、0.60个百分点（图2.20）。

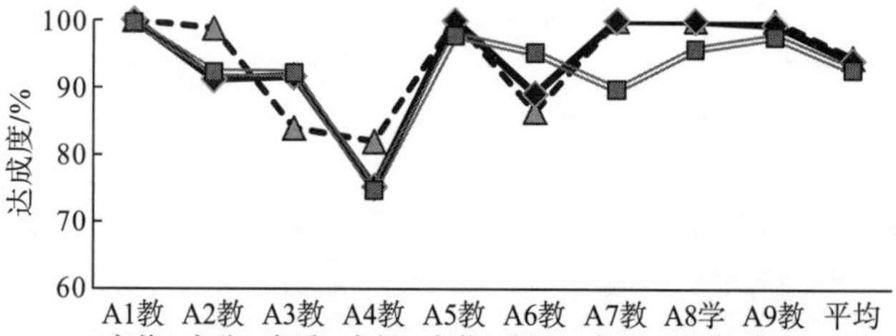

	A1教育普及水平	A2教育公平程度	A3教育质量水平	A4教育投入水平	A5教育信息化水平	A6教师队伍水平	A7教育国际化水平	A8学习型社会建设水平	A9教育治理水平	平均值
2020年/%	100.00	98.81	83.99	82.00	100.00	86.47	100.00	100.00	100.00	94.59
2021年/%	100.00	91.23	91.68	75.26	100.00	89.10	100.00	100.00	99.40	94.07
2021年成都市均值/%	99.67	92.24	92.14	74.79	97.78	95.23	89.79	95.77	97.61	92.78

图2.20 崇州市A级指标达成度与成都市均值比较

（二）B级指标目标达成情况

1. 总体情况

2021年，崇州市有17项B级指标达到了目标值，在未达到目标值的16项B级指标中，达成度不足60%的指标有1项，为B18生均公共财政预算公用经费，达成度为57.56%。

与成都市各区（市）县B级指标达成度均值比较，2021年崇州市有20项B级指标达成度高于或等于成都市均值。在高于成都市均值的指标中，B21班额达标比例达成度为成都市均值的1.160倍，比值最高；在低于成都市均值的指标中，B26中等职业学校专业课教师达到“双师型”教师比例达成度为成都市均值的80.9%，比值最低。

与2020年相比，2021年崇州市B级指标达成度增长最多的为B11学生学业发展水平，达成度增长了39.30个百分点；下降最多的B级指标为B6义务教育县域内城乡比率，达成度下降了28.57个百分点（表2.39）。

表2.39　崇州市B级指标目标达成度情况

二级指标	达成度/%			2021年崇州市达成度/成都市均值
	2020年	2021年	增长情况	
B1 3～5岁幼儿毛入园率	100.00	100.00	0.00	1.010
B2 义务教育巩固率	100.00	100.00	0.00	1.000
B3 高中阶段毛入学率	100.00	100.00	0.00	1.002
B4 新增劳动力平均受教育年限	100.00	100.00	0.00	1.000
B5 义务教育县域内校际均衡指数	100.00	91.55	−8.45	0.984
B6 义务教育县域内城乡比率	92.86	64.29	−28.57	0.867
B7 残疾儿童、少年义务教育阶段入学率	100.00	100.00	0.00	1.001
B8 符合条件的随迁子女在公办学校和政府购买服务的民办学校就读的比例	100.00	100.00	0.00	1.071
B9 每年交流轮岗教师占符合交流条件教师总数的比例	100.00	100.00	0.00	1.000
B10 学生品德发展水平	97.84	90.70	−7.14	0.962
B11 学生学业发展水平	57.73	97.03	39.30	0.992
B12 学生身心发展水平	97.05	95.32	−1.73	0.987
B13 学生兴趣特长养成水平——潜能	96.45	98.25	1.80	0.998
B15 中职学校毕业生就业及升学比例	100.00	96.02	−3.98	0.962
B16 实现教育经费“两个只增不减”	—	100.00	—	1.122
B17 生均公共财政预算教育事业费	—	62.54	—	0.957
B18 生均公共财政预算公用经费	—	57.56	—	0.847
B19 生均体育运动场（馆）面积	95.67	96.07	0.40	1.154
B20 生均教学及辅助用房面积	73.71	75.23	1.52	0.938
B21 班额达标比例	95.59	99.05	3.46	1.160
B22 百名学生拥有网络多媒体教室数	100.00	100.00	0.00	1.038

续表

二级指标	达成度/%			2021 年崇州市达成度/成都市均值
	2020 年	2021 年	增长情况	
B23 教师教育技术应用能力达标率	100.00	100.00	0.00	1.000
B24 师生比	98.72	96.96	−1.76	0.976
B25 专任教师学历提高比例	78.65	86.29	7.64	0.926
B26 中等职业学校专业课教师达到“双师型”教师比例	78.05	74.87	−3.18	0.809
B27 中小学专任教师培训进修达 72 学时比例	100.00	100.00	0.00	1.022
B28 教育国际化综合实现度	100.00	100.00	0.00	1.114
B29 市民终身学习 O2O 平台注册人数占常住人口的比例	100.00	100.00	0.00	1.092
B30 从业人员继续教育年参与率	100.00	100.00	0.00	1.000
B31 重大公共教育政策决策的社会参与度	100.00	100.00	0.00	1.022
B32 重大公共教育政策实施风险评估的比例	100.00	100.00	0.00	1.022
B33 学校章程网络公布率	100.00	97.02	−2.98	1.050
B34 社会及家长对教育满意度	100.00	100.00	0.00	1.000
达成度达到目标值的 B 级指标数量/项		17		
达成度高于或等于成都市均值的指标数量/项		20		
达成度低于 60%的指标数量/项		1		

注：由于指标口径及权重发生变化，2021 年 B16 实现教育经费“两个只增不减”、B17 生均公共财政预算教育事业费和 B18 生均公共财政预算公用经费 3 项指标不与 2020 年比较。

2. 对总体达成度的贡献情况

崇州市 B 级指标中，由于指标口径及权重发生变化，2021 年 B16 实现教育经费“两个只增不减”、B17 生均公共财政预算教育事业费和 B18 生均公共财政预算公用经费 3 项指标不与 2020 年比较。其余指标对 2021 年崇州市总体达成度有正贡献的指标有 5 项，零贡献 17 项，负贡献 8 项(表 2.40)。

表 2.40　崇州市 B 级指标对总体达成度的贡献情况

二级指标	B 级指标加权达成度/%		对总体达成度的贡献情况
	2020 年	2021 年	
B1 3～5 岁幼儿毛入园率	5.00	5.00	0.00
B2 义务教育巩固率	5.00	5.00	0.00
B3 高中阶段毛入学率	5.00	5.00	0.00
B4 新增劳动力平均受教育年限	3.00	3.00	0.00
B5 义务教育县域内校际均衡指数	4.00	3.66	−0.34
B6 义务教育县域内城乡比率	1.86	1.29	−0.57
B7 残疾儿童、少年义务教育阶段入学率	2.00	2.00	0.00
B8 符合条件的随迁子女在公办学校和政府购买服务的民办学校就读的比例	2.00	2.00	0.00

续表

二级指标	B 级指标加权达成度/%		对总体达成度的贡献情况
	2020 年	2021 年	
B9 每年交流轮岗教师占符合交流条件教师总数的比例	2.00	2.00	0.00
B10 学生品德发展水平	1.96	1.81	-0.15
B11 学生学业发展水平	1.73	2.91	1.18
B12 学生身心发展水平	4.85	4.77	-0.08
B13 学生兴趣特长养成水平——潜能	1.93	1.96	0.03
B15 中职学校毕业生就业及升学比例	2.00	1.92	-0.08
B16 实现教育经费“两个只增不减”	—	2.00	—
B17 生均公共财政预算教育事业费	—	3.13	—
B18 生均公共财政预算公用经费	—	2.88	—
B19 生均体育运动场(馆)面积	1.44	1.44	0.00
B20 生均教学及辅助用房面积	1.11	1.13	0.02
B21 班额达标比例	2.87	2.97	0.10
B22 百名学生拥有网络多媒体教室数	3.00	3.00	0.00
B23 教师教育技术应用能力达标率	2.00	2.00	0.00
B24 师生比	2.96	2.91	-0.05
B25 专任教师学历提高比例	4.72	5.18	0.46
B26 中等职业学校专业课教师达到“双师型”教师比例	1.56	1.50	-0.06
B27 中小学专任教师培训进修达 72 学时比例	2.00	2.00	0.00
B28 教育国际化综合实现度	4.00	4.00	0.00
B29 市民终身学习 O2O 平台注册人数占常住人口的比例	2.00	2.00	0.00
B30 从业人员继续教育年参与率	2.00	2.00	0.00
B31 重大公共教育政策决策的社会参与度	2.00	2.00	0.00
B32 重大公共教育政策实施风险评估的比例	2.00	2.00	0.00
B33 学校章程网络公布率	2.00	1.94	-0.06
B34 社会及家长对教育满意度	4.00	4.00	0.00

(三)工 作 建 议

完善保障区域教育高质量发展的、科学的教育经费投入机制，完善教育经费投入成效评估机制，制定问题改进路线图，落实以评促建；加大教育经费投入，提高生均公共财政预算教育事业费和公用经费；统筹规划，切实改善生均教学及辅助用房面积，提高生均办学条件；推进教育优质均衡发展，切实解决校际差异、城乡差异较大且持续增加的问题；完善区域教育质量管理，关注学生品德发展水平、学生身心发展水平、中职学校毕业生就业及升学比例下降的问题，提高教育教学效能，保障学生身心健康发展；完善教师队伍建设机制，按需增加教师数量，鼓励教师提高学历，提高中等职业学校专业课教师达到“双师型”教师比例；进一步改善区域教育治理水平，提高学校章程网络公布率。

二十一、2021年度金堂县教育现代化发展水平情况

2021年金堂县教育现代化发展水平的目标总达成度为90.28%，较2020年增长2.38个百分点，完成了2022年成都市对金堂县的政府考核目标。

（一）A级指标目标达成情况

2021年金堂县教育现代化发展水平监测指标体系A级指标的平均达成度为91.64%；达成度在90%以上的指标有7个；A4教育投入水平、A7教育国际化水平2项指标的达成度低于90%，达成度分别为65.66%、77.30%。

与成都市均值比较，2021年金堂县有5项A级指标达成度高于或等于成都市均值，其中A2教育公平程度、A8学习型社会建设水平比成都市均值高4个百分点以上；另有A3教育质量水平、A4教育投入水平、A6教师队伍水平、A7教育国际化水平4项指标低于成都市均值，分别低于成都市均值1.36个百分点、9.13个百分点、1.51个百分点、12.49个百分点。

与2020年比较，2021年金堂县A级指标的平均达成度增长了1.44个百分点，7项A级指标的达成度均实现增长或保持不变；A4教育投入水平、A7教育国际化水平2项A级指标的达成度有所降低，分别降低1.61个百分点、22.70个百分点（图2.21）。

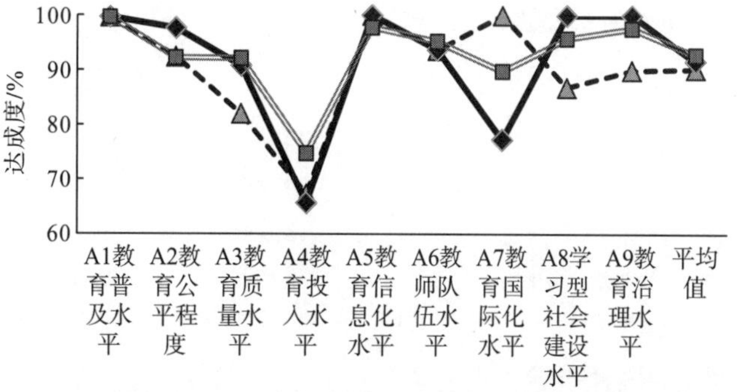

	A1	A2	A3	A4	A5	A6	A7	A8	A9	平均值
2020年/%	99.69	92.41	82.01	67.27	100.00	93.63	100.00	86.82	89.96	90.20
2021年/%	99.69	97.62	90.78	65.66	100.00	93.72	77.30	100.00	100.00	91.64
2021年成都市均值/%	99.67	92.24	92.14	74.79	97.78	95.23	89.79	95.77	97.61	92.78

图2.21　金堂县A级指标达成度与成都市均值比较

(二)B 级指标目标达成情况

1. 总体情况

2021 年，金堂县有 18 项 B 级指标达到了目标值，在未达到目标值的 15 项 B 级指标中，达成度不足 60%的指标有 2 项，分别是 B17 生均公共财政预算教育事业费、B18 生均公共财政预算公用经费，达成度分别为 54.92%、59.15%。

与成都市各区(市)县 B 级指标达成度均值比较，2021 年金堂县有 19 项 B 级指标达成度高于或等于成都市均值。在高于成都市均值的指标中，B6 义务教育县域内城乡比率达成度为成都市均值的 1.157 倍，比值最高；在低于成都市均值的指标中，B21 班额达标比例达成度为成都市均值的 80.8%，比值最低。

与 2020 年相比，2021 年金堂县 B 级指标达成度增长最多的为 B11 学生学业发展水平，达成度增长了 49.77 个百分点；下降最多的 B 级指标为 B28 教育国际化综合实现度，达成度下降了 22.70 个百分点(表 2.41)。

表 2.41　金堂县 B 级指标目标达成度情况

二级指标	达成度/%			2021 年 金堂县达成度 /成都市均值
	2020 年	2021 年	增长情况	
B1 3～5 岁幼儿毛入园率	98.89	98.89	0.00	0.999
B2 义务教育巩固率	100.00	100.00	0.00	1.000
B3 高中阶段毛入学率	100.00	100.00	0.00	1.002
B4 新增劳动力平均受教育年限	100.00	100.00	0.00	1.000
B5 义务教育县域内校际均衡指数	84.38	100.00	15.62	1.075
B6 义务教育县域内城乡比率	85.71	85.71	0.00	1.157
B7 残疾儿童、少年义务教育阶段入学率	100.00	100.00	0.00	1.001
B8 符合条件的随迁子女在公办学校和政府购买服务的民办学校就读的比例	100.00	100.00	0.00	1.071
B9 每年交流轮岗教师占符合交流条件教师总数的比例	100.00	100.00	0.00	1.000
B10 学生品德发展水平	97.13	91.20	-5.93	0.968
B11 学生学业发展水平	44.56	94.33	49.77	0.964
B12 学生身心发展水平	97.68	95.00	-2.68	0.984
B13 学生兴趣特长养成水平——潜能	97.28	95.82	-1.46	0.973
B15 中职学校毕业生就业及升学比例	100.00	100.00	0.00	1.002
B16 实现教育经费“两个只增不减”	—	100.00	—	1.122
B17 生均公共财政预算教育事业费	—	54.92	—	0.840
B18 生均公共财政预算公用经费	—	59.15	—	0.870
B19 生均体育运动场(馆)面积	82.61	70.46	-12.15	0.846
B20 生均教学及辅助用房面积	75.46	65.89	-9.57	0.822
B21 班额达标比例	61.32	69.01	7.69	0.808

续表

二级指标	达成度/%			2021 年金堂县达成度/成都市均值
	2020 年	2021 年	增长情况	
B22 百名学生拥有网络多媒体教室数	100.00	100.00	0.00	1.038
B23 教师教育技术应用能力达标率	100.00	100.00	0.00	1.000
B24 师生比	95.33	95.19	−0.14	0.958
B25 专任教师学历提高比例	88.68	92.73	4.05	0.995
B26 中等职业学校专业课教师达到“双师型”教师比例	99.55	100.00	0.45	1.080
B27 中小学专任教师培训进修达 72 学时比例	100.00	88.21	−11.79	0.901
B28 教育国际化综合实现度	100.00	77.30	−22.70	0.861
B29 市民终身学习 O2O 平台注册人数占常住人口的比例	73.64	100.00	26.36	1.092
B30 从业人员继续教育年参与率	100.00	100.00	0.00	1.000
B31 重大公共教育政策决策的社会参与度	75.00	100.00	25.00	1.022
B32 重大公共教育政策实施风险评估的比例	75.00	100.00	25.00	1.022
B33 学校章程网络公布率	100.00	100.00	0.00	1.082
B34 社会及家长对教育满意度	99.90	100.00	0.10	1.000
达成度达到目标值的 B 级指标数量/项		18		
达成度高于或等于成都市均值的指标数量/项		19		
达成度低于 60%的指标数量/项		2		

注：由于指标口径及权重发生变化，2021 年 B16 实现教育经费“两个只增不减”、B17 生均公共财政预算教育事业费和 B18 生均公共财政预算公用经费 3 项指标不与 2020 年比较。

2. 对总体达成度的贡献情况

金堂县 B 级指标中，由于指标口径及权重发生变化，2021 年 B16 实现教育经费“两个只增不减”、B17 生均公共财政预算教育事业费和 B18 生均公共财政预算公用经费 3 项指标不与 2020 年比较。其余指标对 2021 年金堂县总体达成度有正贡献的指标有 8 项，零贡献 15 项，负贡献 7 项(表 2.42)。

表 2.42 金堂县 B 级指标对总体达成度的贡献情况

二级指标	B 级指标加权达成度/%		对总体达成度的贡献情况
	2020 年	2021 年	
B1 3～5 岁幼儿毛入园率	4.94	4.94	0.00
B2 义务教育巩固率	5.00	5.00	0.00
B3 高中阶段毛入学率	5.00	5.00	0.00
B4 新增劳动力平均受教育年限	3.00	3.00	0.00
B5 义务教育县域内校际均衡指数	3.38	4.00	0.62
B6 义务教育县域内城乡比率	1.71	1.71	0.00
B7 残疾儿童、少年义务教育阶段入学率	2.00	2.00	0.00
B8 符合条件的随迁子女在公办学校和政府购买服务的民	2.00	2.00	0.00

续表

二级指标	B级指标加权达成度/%		对总体达成度的贡献情况
	2020年	2021年	
办学校就读的比例			
B9 每年交流轮岗教师占符合交流条件教师总数的比例	2.00	2.00	0.00
B10 学生品德发展水平	1.94	1.82	−0.12
B11 学生学业发展水平	1.34	2.83	1.49
B12 学生身心发展水平	4.88	4.75	−0.13
B13 学生兴趣特长养成水平——潜能	1.95	1.92	−0.03
B15 中职学校毕业生就业及升学比例	2.00	2.00	0.00
B16 实现教育经费“两个只增不减”	—	2.00	—
B17 生均公共财政预算教育事业费	—	2.75	—
B18 生均公共财政预算公用经费	—	2.96	—
B19 生均体育运动场(馆)面积	1.24	1.06	−0.18
B20 生均教学及辅助用房面积	1.13	0.99	−0.14
B21 班额达标比例	1.84	2.07	0.23
B22 百名学生拥有网络多媒体教室数	3.00	3.00	0.00
B23 教师教育技术应用能力达标率	2.00	2.00	0.00
B24 师生比	2.86	2.86	0.00
B25 专任教师学历提高比例	5.32	5.56	0.24
B26 中等职业学校专业课教师达到“双师型”教师比例	1.99	2.00	0.01
B27 中小学专任教师培训进修达72学时比例	2.00	1.76	−0.24
B28 教育国际化综合实现度	4.00	3.09	−0.91
B29 市民终身学习O2O平台注册人数占常住人口的比例	1.47	2.00	0.53
B30 从业人员继续教育年参与率	2.00	2.00	0.00
B31 重大公共教育政策决策的社会参与度	1.50	2.00	0.50
B32 重大公共教育政策实施风险评估的比例	1.50	2.00	0.50
B33 学校章程网络公布率	2.00	2.00	0.00
B34 社会及家长对教育满意度	4.00	4.00	0.00

(三)工作建议

完善保障区域教育高质量发展的、科学的教育经费投入机制，完善教育经费投入成效评估机制，制定问题改进路线图，落实以评促建；加大教育经费投入，提高生均公共财政预算教育事业费和公用经费；统筹规划，切实改善生均体育运动场(馆)面积、生均教学及辅助用房面积、班额达标比例，提高生均办学条件；完善区域教育质量管理，关注学生品德发展水平、学生身心发展水平、学生兴趣特长养成水平下降的问题，提高教育教学效能，保障学生身心健康发展；完善教师队伍建设机制，按需增加教师数量，鼓励教师提高学历。完善教师培养机制，提高中小学专任教师培训进修达72学时比例；提高教育国际化水平。

二十二、2021 年度大邑县教育现代化发展水平情况

2021 年大邑县教育现代化发展水平的目标总达成度为 90.66%，较 2020 年增长 1.14 个百分点，完成了 2022 年成都市对大邑县的政府考核目标。

（一）A 级指标目标达成情况

2021 年大邑县教育现代化发展水平监测指标体系 A 级指标的平均达成度为 92.60%；达成度在 90%以上的指标有 6 个；A4 教育投入水平、A6 教师队伍水平、A7 教育国际化水平 3 项指标的达成度低于 90%，达成度分别为 65.47%、89.92%、89.62%。

与成都市均值比较，2021 年大邑县有 5 项 A 级指标达成度高于或等于成都市均值，其中 A8 学习型社会建设水平比成都市均值高 4.23 个百分点；另有 A4 教育投入水平、A5 教育信息化水平、A6 教师队伍水平、A7 教育国际化水平 4 项指标低于成都市均值，分别低于成都市均值 9.32 个百分点、0.31 个百分点、5.31 个百分点、0.17 个百分点。

与 2020 年比较，2021 年大邑县 A 级指标的平均达成度降低了 0.04 个百分点，有 6 项 A 级指标的达成度实现增长或保持不变，其中 A3 教育质量水平的增长最多，为 7.75 个百分点；另有 A4 教育投入水平、A5 教育信息化水平、A7 教育国际化水平 3 项 A 级指标的达成度有所降低，分别降低 0.43 个百分点、0.83 个百分点、10.38 个百分点（图 2.22）。

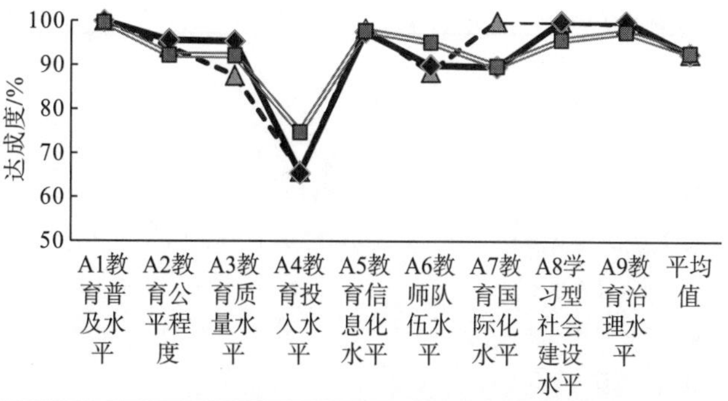

	A1教育普及水平	A2教育公平程度	A3教育质量水平	A4教育投入水平	A5教育信息化水平	A6教师队伍水平	A7教育国际化水平	A8学习型社会建设水平	A9教育治理水平	平均值
2020年/%	100.00	94.02	87.61	65.90	98.30	88.46	100.00	100.00	99.48	92.64
2021年/%	100.00	95.60	95.36	65.47	97.47	89.92	89.62	100.00	100.00	92.60
2021年成都市均值/%	99.67	92.24	92.14	74.79	97.78	95.23	89.79	95.77	97.61	92.78

图 2.22　大邑县 A 级指标达成度与成都市均值比较

（二）B级指标目标达成情况

1. 总体情况

2021年，大邑县有20项B级指标达到了目标值，在未达到目标值的13项B级指标中，达成度不足60%的指标有2项，分别是B17生均公共财政预算教育事业费、B18生均公共财政预算公用经费，达成度分别为45.07%、38.63%。

与成都市各区（市）县B级指标达成度均值比较，2021年大邑县有25项B级指标达成度高于或等于成都市均值。在高于成都市均值的指标中，B6义务教育县域内城乡比率达成度为成都市均值的1.253倍；在低于成都市均值的指标中，B17生均公共财政预算教育事业费、B18生均公共财政预算公用经费达成度分别为成都市均值的68.9%、56.9%。

与2020年相比，2021年大邑县B级指标达成度增长最多的为B11学生学业发展水平，达成度增长了50.66个百分点；下降最多的B级指标为B28教育国际化综合实现度，达成度下降了10.38个百分点（表2.43）。

表2.43 大邑县B级指标目标达成度情况

二级指标	达成度/%			2021年大邑县达成度/成都市均值
	2020年	2021年	增长情况	
B1 3～5岁幼儿毛入园率	100.00	100.00	0.00	1.010
B2 义务教育巩固率	100.00	100.00	0.00	1.000
B3 高中阶段毛入学率	100.00	100.00	0.00	1.002
B4 新增劳动力平均受教育年限	100.00	100.00	0.00	1.000
B5 义务教育县域内校际均衡指数	84.38	90.38	6.00	0.971
B6 义务教育县域内城乡比率	95.36	92.86	−2.50	1.253
B7 残疾儿童、少年义务教育阶段入学率	100.00	100.00	0.00	1.001
B8 符合条件的随迁子女在公办学校和政府购买服务的民办学校就读的比例	100.00	100.00	0.00	1.071
B9 每年交流轮岗教师占符合交流条件教师总数的比例	100.00	100.00	0.00	1.000
B10 学生品德发展水平	99.76	97.05	−2.71	1.030
B11 学生学业发展水平	49.34	100.00	50.66	1.022
B12 学生身心发展水平	99.00	97.72	−1.28	1.012
B13 学生兴趣特长养成水平——潜能	99.11	97.92	−1.19	0.994
B15 中职学校毕业生就业及升学比例	100.00	100.00	0.00	1.002
B16 实现教育经费“两个只增不减”	—	100.00	—	1.122
B17 生均公共财政预算教育事业费	—	45.07	—	0.689
B18 生均公共财政预算公用经费	—	38.63	—	0.569
B19 生均体育运动场（馆）面积	89.40	89.04	−0.36	1.070
B20 生均教学及辅助用房面积	85.44	84.33	−1.11	1.051
B21 班额达标比例	81.16	100.00	18.84	1.171

续表

二级指标	达成度/%			2021 年大邑县达成度/成都市均值
	2020 年	2021 年	增长情况	
B22 百名学生拥有网络多媒体教室数	97.17	95.79	−1.38	0.995
B23 教师教育技术应用能力达标率	100.00	100.00	0.00	1.000
B24 师生比	100.00	98.44	−1.56	0.990
B25 专任教师学历提高比例	75.00	78.93	3.93	0.847
B26 中等职业学校专业课教师达到“双师型”教师比例	100.00	100.00	0.00	1.080
B27 中小学专任教师培训进修达 72 学时比例	100.00	100.00	0.00	1.022
B28 教育国际化综合实现度	100.00	89.62	−10.38	0.998
B29 市民终身学习 O2O 平台注册人数占常住人口的比例	100.00	100.00	0.00	1.092
B30 从业人员继续教育年参与率	100.00	100.00	0.00	1.000
B31 重大公共教育政策决策的社会参与度	100.00	100.00	0.00	1.022
B32 重大公共教育政策实施风险评估的比例	100.00	100.00	0.00	1.022
B33 学校章程网络公布率	100.00	100.00	0.00	1.082
B34 社会及家长对教育满意度	98.69	100.00	1.31	1.000
达成度达到目标值的 B 级指标数量/项		20		
达成度高于或等于成都市均值的指标数量/项		25		
达成度低于 60%的指标数量/项		2		

注：由于指标口径及权重发生变化，2021 年 B16 实现教育经费“两个只增不减”、B17 生均公共财政预算教育事业费和 B18 生均公共财政预算公用经费 3 项指标不与 2020 年比较。

2. 对总体达成度的贡献情况

大邑县 B 级指标中，由于指标口径及权重发生变化，2021 年 B16 实现教育经费“两个只增不减”、B17 生均公共财政预算教育事业费和 B18 生均公共财政预算公用经费 3 项指标不与 2020 年比较。其余指标对 2021 年大邑县总体达成度有正贡献的指标有 5 项，零贡献 17 项，负贡献 8 项(表 2.44)。

表 2.44　大邑县 B 级指标对总体达成度的贡献情况

二级指标	B 级指标加权达成度/%		对总体达成度的贡献情况
	2020 年	2021 年	
B1 3～5 岁幼儿毛入园率	5.00	5.00	0.00
B2 义务教育巩固率	5.00	5.00	0.00
B3 高中阶段毛入学率	5.00	5.00	0.00
B4 新增劳动力平均受教育年限	3.00	3.00	0.00
B5 义务教育县域内校际均衡指数	3.38	3.62	0.24
B6 义务教育县域内城乡比率	1.91	1.86	−0.05
B7 残疾儿童、少年义务教育阶段入学率	2.00	2.00	0.00
B8 符合条件的随迁子女在公办学校和政府购买服务的民	2.00	2.00	0.00

续表

二级指标	B 级指标加权达成度/%		对总体达成度的贡献情况
	2020 年	2021 年	
办学校就读的比例			
B9 每年交流轮岗教师占符合交流条件教师总数的比例	2.00	2.00	0.00
B10 学生品德发展水平	2.00	1.94	−0.06
B11 学生学业发展水平	1.48	3.00	1.52
B12 学生身心发展水平	4.95	4.89	−0.06
B13 学生兴趣特长养成水平——潜能	1.98	1.96	−0.02
B15 中职学校毕业生就业及升学比例	2.00	2.00	0.00
B16 实现教育经费“两个只增不减”	—	2.00	—
B17 生均公共财政预算教育事业费	—	2.25	—
B18 生均公共财政预算公用经费	—	1.93	—
B19 生均体育运动场(馆)面积	1.34	1.34	0.00
B20 生均教学及辅助用房面积	1.28	1.26	−0.02
B21 班额达标比例	2.43	3.00	0.57
B22 百名学生拥有网络多媒体教室数	2.92	2.87	−0.05
B23 教师教育技术应用能力达标率	2.00	2.00	0.00
B24 师生比	3.00	2.95	−0.05
B25 专任教师学历提高比例	4.50	4.74	0.24
B26 中等职业学校专业课教师达到“双师型”教师比例	2.00	2.00	0.00
B27 中小学专任教师培训进修达 72 学时比例	2.00	2.00	0.00
B28 教育国际化综合实现度	4.00	3.58	−0.42
B29 市民终身学习 O2O 平台注册人数占常住人口的比例	2.00	2.00	0.00
B30 从业人员继续教育年参与率	2.00	2.00	0.00
B31 重大公共教育政策决策的社会参与度	2.00	2.00	0.00
B32 重大公共教育政策实施风险评估的比例	2.00	2.00	0.00
B33 学校章程网络公布率	2.00	2.00	0.00
B34 社会及家长对教育满意度	3.95	4.00	0.05

(三)工 作 建 议

完善保障区域教育高质量发展的、科学的教育经费投入机制，完善教育经费投入成效评估机制，制定问题改进路线图，落实以评促建；加大教育经费投入，提高生均公共财政预算教育事业费和公用经费；统筹规划，切实改善生均体育运动场(馆)面积、生均教学及辅助用房面积、百名学生拥有网络多媒体教室数，提高生均办学条件；推进教育优质均衡发展，进一步减小校际差异和城乡差异；完善区域教育质量管理，关注学生品德发展水平、学生身心发展水平、学生兴趣特长养成水平下降的问题，提高教育教学效能，保障学生身心健康发展；完善教师队伍建设机制，按需增加教师数量，鼓励教师提高学历；提高教育国际化水平。

二十三、2021 年度蒲江县教育现代化发展水平情况

2021 年蒲江县教育现代化发展水平的目标总达成度为 91.72%，较 2020 年增加 0.47 个百分点，完成了 2022 年成都市对蒲江县的政府考核目标。

（一）A 级指标目标达成情况

2021 年蒲江县教育现代化发展水平监测指标体系 A 级指标的平均达成度为 92.95%；达成度在 90%以上的指标有 6 个；A4 教育投入水平、A6 教师队伍水平、A7 教育国际化水平 3 项指标的达成度低于 90%，达成度分别为 75.42%、87.54%、89.29%。

与成都市均值比较，2021 年蒲江县有 A2 教育公平程度、A3 教育质量水平、A4 教育投入水平、A8 学习型社会建设水平 4 项 A 级指标达成度高于或等于成都市均值，其中 A2 教育公平程度比成都市均值高 6.57 个百分点；其余 5 项指标均低于成都市均值，其中 A6 教师队伍水平低于成都市均值 7.69 个百分点。

与 2020 年比较，2021 年蒲江县 A 级指标的平均达成度降低了 0.49 个百分点，有 5 项 A 级指标的达成度实现增长或保持不变，其中 A6 教师队伍水平的增长最多，增加了 10.21 个百分点；另有 A1 教育普及水平、A4 教育投入水平、A5 教育信息化水平、A7 教育国际化水平 4 项 A 级指标的达成度有所降低，分别降低 1.03 个百分点、3.93 个百分点、2.71 个百分点、10.71 个百分点(图 2.23)。

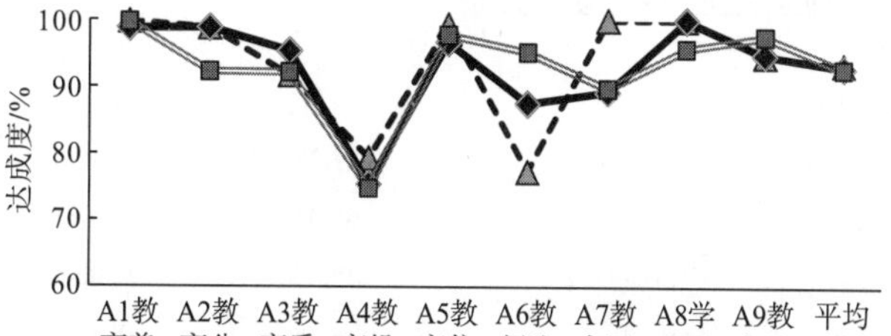

	A1教育普及水平	A2教育公平程度	A3教育质量水平	A4教育投入水平	A5教育信息化水平	A6教师队伍水平	A7教育国际化水平	A8学习型社会建设水平	A9教育治理水平	平均值
2020年/%	99.74	98.81	91.72	79.35	99.34	77.33	100.00	100.00	94.64	93.44
2021年/%	98.71	98.81	95.35	75.42	96.63	87.54	89.29	100.00	94.83	92.95
2021年成都市均值/%	99.67	92.24	92.14	74.79	97.78	95.23	89.79	95.77	97.61	92.78

图 2.23　蒲江县 A 级指标达成度与成都市均值比较

(二)B级指标目标达成情况

1. 总体情况

2021年，蒲江县有19项B级指标达到了目标值，B17生均公共财政预算教育事业费、B18生均公共财政预算公用经费、B19生均体育运动场(馆)面积3项指标达成度较低，分别为60.89%、67.28%和68.64%。

与成都市各区(市)县B级指标达成度均值比较，2021年蒲江县有23项B级指标达成度高于或等于成都市均值。在高于成都市均值的指标中，B6义务教育县域内城乡比率的达成度为成都市均值的1.253倍；在低于成都市均值的指标中，B25专任教师学历提高比例达成度为成都市均值的79.6%。

与2020年相比，2021年蒲江县B级指标达成度增长最多的为B26中等职业学校专业课教师达到“双师型”教师比例，达成度增长了59.38个百分点；另外下降最多的B级指标为B28教育国际化综合实现度，达成度下降了10.71百分点(表2.45)。

表2.45　蒲江县B级指标目标达成度情况

二级指标	达成度/%			2021年蒲江县达成度/成都市均值
	2020年	2021年	增长情况	
B1 3～5岁幼儿毛入园率	100.00	95.36	−4.64	0.963
B2 义务教育巩固率	100.00	100.00	0.00	1.000
B3 高中阶段毛入学率	99.06	100.00	0.94	1.002
B4 新增劳动力平均受教育年限	100.00	100.00	0.00	1.000
B5 义务教育县域内校际均衡指数	100.00	100.00	0.00	1.075
B6 义务教育县域内城乡比率	92.86	92.86	0.00	1.253
B7 残疾儿童、少年义务教育阶段入学率	100.00	100.00	0.00	1.001
B8 符合条件的随迁子女在公办学校和政府购买服务的民办学校就读的比例	100.00	100.00	0.00	1.071
B9 每年交流轮岗教师占符合交流条件教师总数的比例	100.00	100.00	0.00	1.000
B10 学生品德发展水平	99.26	96.33	−2.93	1.022
B11 学生学业发展水平	77.34	100.00	22.66	1.022
B12 学生身心发展水平	98.04	97.67	−0.37	1.012
B13 学生兴趣特长养成水平——潜能	100.00	98.00	−2.00	0.995
B15 中职学校毕业生就业及升学比例	100.00	100.00	0.00	1.002
B16 实现教育经费“两个只增不减”	—	100.00	—	1.122
B17 生均公共财政预算教育事业费	—	60.89	—	0.931
B18 生均公共财政预算公用经费	—	67.28	—	0.990
B19 生均体育运动场(馆)面积	70.58	68.64	−1.94	0.825
B20 生均教学及辅助用房面积	80.90	75.88	−5.02	0.946
B21 班额达标比例	100.00	100.00	0.00	1.171

续表

二级指标	达成度/%			2021 年蒲江县达成度/成都市均值
	2020 年	2021 年	增长情况	
B22 百名学生拥有网络多媒体教室数	98.91	94.39	−4.52	0.980
B23 教师教育技术应用能力达标率	100.00	100.00	0.00	1.000
B24 师生比	100.00	100.00	0.00	1.006
B25 专任教师学历提高比例	71.82	74.17	2.35	0.796
B26 中等职业学校专业课教师达到“双师型”教师比例	37.15	96.53	59.38	1.043
B27 中小学专任教师培训进修达 72 学时比例	100.00	100.00	0.00	1.022
B28 教育国际化综合实现度	100.00	89.29	−10.71	0.994
B29 市民终身学习 O2O 平台注册人数占常住人口的比例	100.00	100.00	0.00	1.092
B30 从业人员继续教育年参与率	100.00	100.00	0.00	1.000
B31 重大公共教育政策决策的社会参与度	100.00	100.00	0.00	1.022
B32 重大公共教育政策实施风险评估的比例	100.00	100.00	0.00	1.022
B33 学校章程网络公布率	73.21	74.14	0.93	0.802
B34 社会及家长对教育满意度	100.00	100.00	0.00	1.000
达成度达到目标值的 B 级指标数量/项		19		
达成度高于或等于成都市均值的指标数量/项		23		
达成度低于 60%的指标数量/项		0		

注：由于指标口径及权重发生变化，2021 年 B16 实现教育经费“两个只增不减”、B17 生均公共财政预算教育事业费和 B18 生均公共财政预算公用经费 3 项指标不与 2020 年比较。

2. 对总体达成度的贡献情况

蒲江县 B 级指标中，由于指标口径及权重发生变化，2021 年 B16 实现教育经费“两个只增不减”、B17 生均公共财政预算教育事业费和 B18 生均公共财政预算公用经费 3 项指标不与 2020 年比较。其余指标对 2021 年蒲江县总体达成度有正贡献的指标有 5 项，零贡献 17 项，负贡献 8 项(表 2.46)。

表 2.46　蒲江县 B 级指标对总体达成度的贡献情况

二级指标	B 级指标加权达成度/%		对总体达成度的贡献情况
	2020 年	2021 年	
B1 3～5 岁幼儿毛入园率	5.00	4.77	−0.23
B2 义务教育巩固率	5.00	5.00	0.00
B3 高中阶段毛入学率	4.95	5.00	0.05
B4 新增劳动力平均受教育年限	3.00	3.00	0.00
B5 义务教育县域内校际均衡指数	4.00	4.00	0.00
B6 义务教育县域内城乡比率	1.86	1.86	0.00
B7 残疾儿童、少年义务教育阶段入学率	2.00	2.00	0.00
B8 符合条件的随迁子女在公办学校和政府购买服务的民	2.00	2.00	0.00

续表

二级指标	B 级指标加权达成度/%		对总体达成度的贡献情况
	2020 年	2021 年	
办学校就读的比例			
B9 每年交流轮岗教师占符合交流条件教师总数的比例	2.00	2.00	0.00
B10 学生品德发展水平	1.99	1.93	-0.06
B11 学生学业发展水平	2.32	3.00	0.68
B12 学生身心发展水平	4.90	4.88	-0.02
B13 学生兴趣特长养成水平——潜能	2.00	1.96	-0.04
B15 中职学校毕业生就业及升学比例	2.00	2.00	0.00
B16 实现教育经费“两个只增不减”	—	2.00	—
B17 生均公共财政预算教育事业费	—	3.04	—
B18 生均公共财政预算公用经费	—	3.36	—
B19 生均体育运动场(馆)面积	1.06	1.03	-0.03
B20 生均教学及辅助用房面积	1.21	1.14	-0.07
B21 班额达标比例	3.00	3.00	0.00
B22 百名学生拥有网络多媒体教室数	2.97	2.83	-0.14
B23 教师教育技术应用能力达标率	2.00	2.00	0.00
B24 师生比	3.00	3.00	0.00
B25 专任教师学历提高比例	4.31	4.45	0.14
B26 中等职业学校专业课教师达到“双师型”教师比例	0.74	1.93	1.19
B27 中小学专任教师培训进修达 72 学时比例	2.00	2.00	0.00
B28 教育国际化综合实现度	4.00	3.57	-0.43
B29 市民终身学习 O2O 平台注册人数占常住人口的比例	2.00	2.00	0.00
B30 从业人员继续教育年参与率	2.00	2.00	0.00
B31 重大公共教育政策决策的社会参与度	2.00	2.00	0.00
B32 重大公共教育政策实施风险评估的比例	2.00	2.00	0.00
B33 学校章程网络公布率	1.46	1.48	0.02
B34 社会及家长对教育满意度	4.00	4.00	0.00

(三)工作建议

完善保障区域教育高质量发展的、科学的教育经费投入机制，完善教育经费投入成效评估机制，制定问题改进路线图，落实以评促建；加大教育经费投入，提高生均公共财政预算教育事业费和公用经费；统筹规划，切实改善生均体育运动场(馆)面积、生均教学及辅助用房面积、百名学生拥有网络多媒体教室数，提高生均办学条件；推进教育优质均衡发展，增加 3～5 岁幼儿毛入园率，减小义务教育城乡差异；完善区域教育质量管理，关注学生品德发展水平、学生身心发展水平、学生兴趣特长养成水平下降的问题，提高教育教学效能，保障学生身心健康发展；完善教师培养机制，鼓励教师提高学历；提高国际化水平；进一步改善区域教育治理水平，提高学校章程网络公布率。

第三部分

2021年度成都市各区（市）县教育现代化发展水平B级指标具体情况

一、2021 年度成都市各区(市)县教育普及水平

教育普及水平是教育现代化的核心指标。该指标根据各级各类教育的普及程度，以及教育资源转化为人力资源的有效程度，来判断一个地区的教育竞争力和各级各类教育满足人民群众需要的程度。该指标包括 3～5 岁幼儿毛入园率、义务教育巩固率、高中阶段毛入学率、新增劳动力平均受教育年限 4 项指标。

(一)3～5 岁幼儿毛入园率

3～5 岁幼儿毛入园率指标主要反映学前教育的发展水平。学前教育是现代公共服务的重要领域，作为终身教育的起点，对促进人的成长和发展具有重要的奠基作用。《成都市区(市)县教育现代化发展水平监测指标体系(2020)》规定，3～5 岁幼儿毛入园率要达到 99%以上。

1. 目标达成情况

2021 年，成都市有 18 个区(市)县的 3～5 岁幼儿毛入园率已达到目标值，较 2020 年减少了 2 个，有 5 个区(市)县未达到目标值。

2021 年，成都市各区(市)县 3～5 岁幼儿毛入园率的达成度均值达到 99.03%，高于或等于成都市均值的区(市)县有 18 个；低于成都市均值的区(市)县有 5 个，最低的是成华区，达成度为 87.06%。

与 2020 年相比，2021 年各区(市)县 3～5 岁幼儿毛入园率达成度增长幅度最大的是双流区，增加了 0.7 个百分点(图 3.1)。

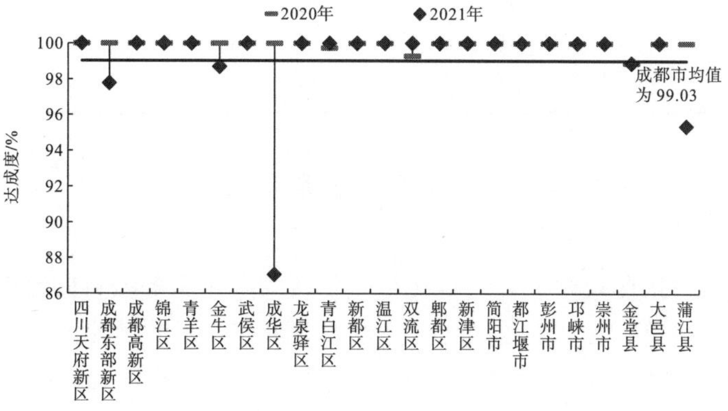

图 3.1　2021 年成都市各区(市)县 3～5 岁幼儿毛入园率达成度

2. 对总达成度的贡献情况

《成都市区(市)县教育现代化发展水平监测指标体系(2020)》规定，3～5 岁幼儿毛入园率的权重为5%。2021年，该指标对2个区(市)县的总达成度有正贡献，对17个区(市)县的总达成度有零贡献，对4个区(市)县的总达成度有负贡献(表3.1)。

表3.1 2021年成都市各区(市)县3～5岁幼儿毛入园率对总达成度的贡献情况

二级指标	加权达成度/%		对总达成度的贡献
	2020年加权达成度	2021年加权达成度	
成都市	5.00	4.95	−0.05
四川天府新区	5.00	5.00	0.00
成都东部新区	5.00	4.89	−0.11
成都高新区	5.00	5.00	0.00
锦江区	5.00	5.00	0.00
青羊区	5.00	5.00	0.00
金牛区	5.00	4.93	−0.07
武侯区	5.00	5.00	0.00
成华区	5.00	4.35	−0.65
龙泉驿区	5.00	5.00	0.00
青白江区	4.99	5.00	0.01
新都区	5.00	5.00	0.00
温江区	5.00	5.00	0.00
双流区	4.97	5.00	0.03
郫都区	5.00	5.00	0.00
新津区	5.00	5.00	0.00
简阳市	5.00	5.00	0.00
都江堰市	5.00	5.00	0.00
彭州市	5.00	5.00	0.00
邛崃市	5.00	5.00	0.00
崇州市	5.00	5.00	0.00
金堂县	4.94	4.94	0.00
大邑县	5.00	5.00	0.00
蒲江县	5.00	4.77	−0.23

(二)义务教育巩固率

义务教育巩固率指标反映成都适龄儿童完整接受九年义务教育的比例，是衡量一个地区义务教育质量的重要标志，也是巩固义务教育成果与水平的具体体现。《成都市区(市)县教育现代化发展水平监测指标体系(2020)》规定，义务教育巩固率应保持在99.05%以上。

1. 目标达成情况

2021年，成都市有23个区(市)县的义务教育巩固率达到目标值。2021年，成都市各区(市)县义务教育巩固率的达成度均值达到100.00%，高于或等于成都市均值的区(市)县有23个。

与2020年相比，2021年各区(市)县义务教育巩固率达成度实现增长的有6个区(市)县，增长幅度最大的是郫都区，增加了2.33个百分点(图3. 2)。

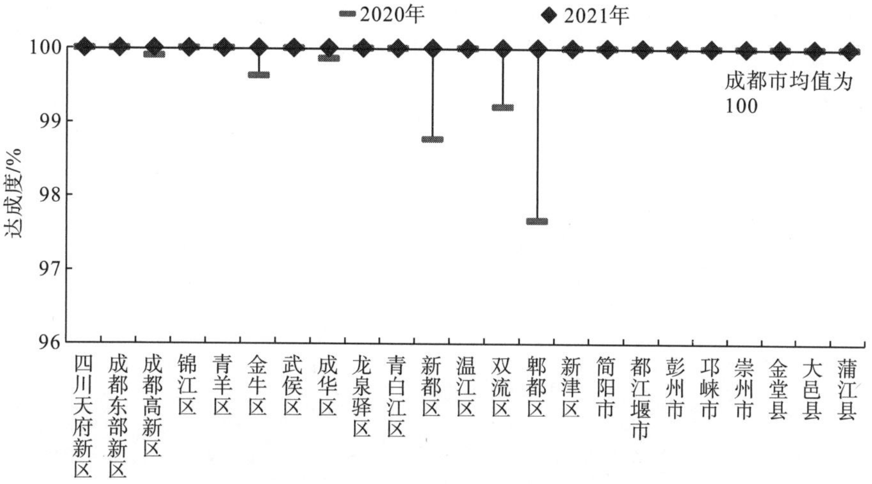

图3.2 2021年成都市各区(市)县义务教育巩固率达成度

2. 对总达成度的贡献情况

《成都市区(市)县教育现代化发展水平监测指标体系(2020)》规定，义务教育巩固率的权重为5%。2021年，该指标对6个区(市)县的总达成度有正贡献，对17个区(市)县的总达成度有零贡献(表3.2)。

表3.2 2021年成都市各区(市)县义务教育巩固率对总达成度的贡献情况

二级指标	加权达成度/%		对总达成度的贡献
	2020年加权达成度	2021年加权达成度	
成都市	4.99	5.00	0.01
四川天府新区	5.00	5.00	0.00
成都东部新区	5.00	5.00	0.00
成都高新区	4.99	5.00	0.01
锦江区	5.00	5.00	0.00
青羊区	5.00	5.00	0.00
金牛区	4.98	5.00	0.02
武侯区	5.00	5.00	0.00

续表

二级指标	加权达成度/%		对总达成度的贡献
	2020 年加权达成度	2021 年加权达成度	
成华区	4.99	5.00	0.01
龙泉驿区	5.00	5.00	0.00
青白江区	5.00	5.00	0.00
新都区	4.94	5.00	0.06
温江区	5.00	5.00	0.00
双流区	4.96	5.00	0.04
郫都区	4.88	5.00	0.12
新津区	5.00	5.00	0.00
简阳市	5.00	5.00	0.00
都江堰市	5.00	5.00	0.00
彭州市	5.00	5.00	0.00
邛崃市	5.00	5.00	0.00
崇州市	5.00	5.00	0.00
金堂县	5.00	5.00	0.00
大邑县	5.00	5.00	0.00
蒲江县	5.00	5.00	0.00

（三）高中阶段毛入学率

高中阶段毛入学率指标主要反映高中阶段教育的普及程度。高中阶段教育包括普通高中教育和中等职业教育，是基础教育的最高阶段，具有连接九年义务教育和高等教育的桥梁作用。高中阶段教育普及程度，对实现教育现代化具有非常关键的作用。《成都市区（市）县教育现代化发展水平监测指标体系（2020）》规定，成都市高中阶段毛入学率要达到 98% 以上。

1. 目标达成情况

2021 年，成都市有 21 个区（市）县的高中阶段毛入学率已达到目标值，较 2020 年增加 2 个，另外有 2 个区（市）县未达到目标值。

2021 年，成都市各区（市）县高中阶段毛入学率的达成度均值达到 99.79%，高于或等于成都市均值的区（市）县有 22 个；低于成都市均值的区（市）县有 1 个，为成都东部新区，达成度为 95.17%。

与 2020 年相比，2021 年各区（市）县高中阶段毛入学率达成度增长幅度最大的是蒲江县，增加了 0.94 个百分点（图 3.3）。

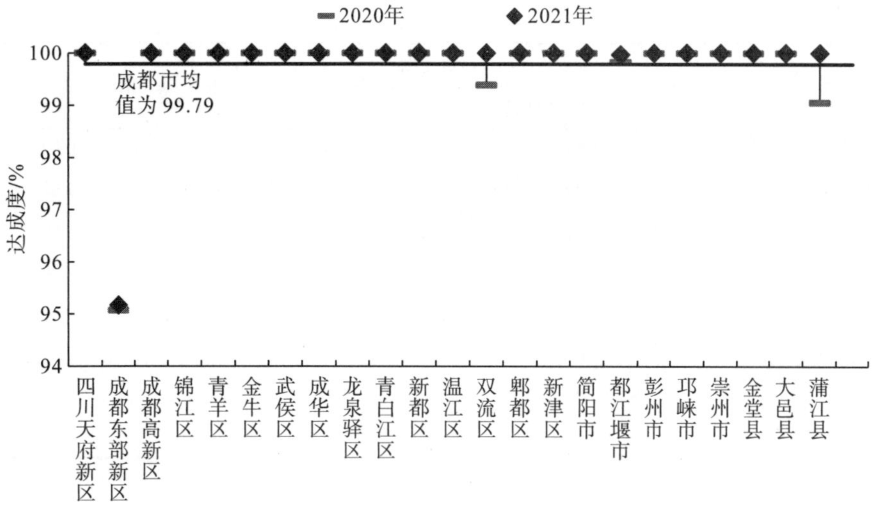

图 3.3　2021 年成都市各区(市)县高中阶段毛入学率达成度

2. 对总达成度的贡献情况

《成都市区(市)县教育现代化发展水平监测指标体系(2020)》中规定，高中阶段毛入学率的权重为 5%。2021 年，该指标对 4 个区(市)县的总达成度有正贡献，对 19 个区(市)县的总达成度有零贡献(表 3.3)。

表 3.3　2021 年成都市各区(市)县高中阶段毛入学率对总达成度的贡献情况

二级指标	加权达成度/%		对总达成度的贡献
	2020 年加权达成度	2021 年加权达成度	
成都市	4.99	4.99	0.00
四川天府新区	5.00	5.00	0.00
成都东部新区	4.75	4.76	0.01
成都高新区	5.00	5.00	0.00
锦江区	5.00	5.00	0.00
青羊区	5.00	5.00	0.00
金牛区	5.00	5.00	0.00
武侯区	5.00	5.00	0.00
成华区	5.00	5.00	0.00
龙泉驿区	5.00	5.00	0.00
青白江区	5.00	5.00	0.00
新都区	5.00	5.00	0.00
温江区	5.00	5.00	0.00
双流区	4.97	5.00	0.03
郫都区	5.00	5.00	0.00
新津区	5.00	5.00	0.00

续表

二级指标	加权达成度/%		对总达成度的贡献
	2020 年加权达成度	2021 年加权达成度	
简阳市	5.00	5.00	0.00
都江堰市	4.99	5.00	0.01
彭州市	5.00	5.00	0.00
邛崃市	5.00	5.00	0.00
崇州市	5.00	5.00	0.00
金堂县	5.00	5.00	0.00
大邑县	5.00	5.00	0.00
蒲江县	4.95	5.00	0.05

（四）新增劳动力平均受教育年限

1. 目标达成情况

2021 年，成都市的 23 个区（市）县的新增劳动力平均受教育年限达成度均达到目标值（图 3.4）。

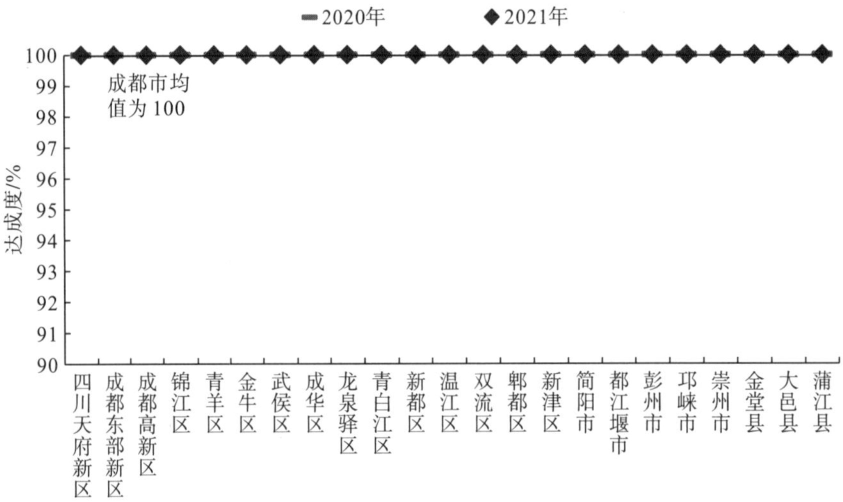

图 3.4　2021 年成都市各区（市）县新增劳动力平均受教育年限达成度

2. 对总达成度的贡献情况

《成都市区（市）县教育现代化发展水平监测指标体系（2020）》规定，新增劳动力平均受教育年限的权重为 3%。2021 年，该指标对 23 个区（市）县的总达成度有零贡献（表 3.4）。

表 3.4　2021 年成都市各区(市)县新增劳动力平均受教育年限对总达成度的贡献情况

二级指标	加权达成度/%		对总达成度的贡献
	2020 年加权达成度	2021 年加权达成度	
成都市	3.00	3.00	0.00
四川天府新区	3.00	3.00	0.00
成都东部新区	3.00	3.00	0.00
成都高新区	3.00	3.00	0.00
锦江区	3.00	3.00	0.00
青羊区	3.00	3.00	0.00
金牛区	3.00	3.00	0.00
武侯区	3.00	3.00	0.00
成华区	3.00	3.00	0.00
龙泉驿区	3.00	3.00	0.00
青白江区	3.00	3.00	0.00
新都区	3.00	3.00	0.00
温江区	3.00	3.00	0.00
双流区	3.00	3.00	0.00
郫都区	3.00	3.00	0.00
新津区	3.00	3.00	0.00
简阳市	3.00	3.00	0.00
都江堰市	3.00	3.00	0.00
彭州市	3.00	3.00	0.00
邛崃市	3.00	3.00	0.00
崇州市	3.00	3.00	0.00
金堂县	3.00	3.00	0.00
大邑县	3.00	3.00	0.00
蒲江县	3.00	3.00	0.00

二、2021 年度成都市各区(市)县教育公平程度

促进公平是国家的基本教育政策，教育公平是保障社会公平的基石。本节指标包括义务教育县域内校际均衡指数(校际均衡)，义务教育县域内城乡比(城乡均衡)，残疾儿童、少年义务教育阶段入学率，符合条件的随迁子女在公办学校和政府购买服务的民办学校就读的比例、每年交流轮岗教师占符合交流条件教师总数的比例 5 项指标。

(一) 义务教育县域内校际均衡指数

义务教育县域内校际均衡指数指标主要反映县域内义务教育校际均衡程度。义务教育县域内校际均衡指数由教育经费投入、办学条件、师资配置和教育质量等指数综合构成，并由成都市人民政府教育督导委员会办公室发布。《成都市区(市)县教育现代化发展水平监测指标体系(2020)》规定，义务教育县域内校际均衡指数不应超过 0.27。

1. 目标达成情况

2021 年，成都市有 13 个区(市)县的县域内义务教育校际均衡指数已达到目标值，较 2020 年减少 1 个，另有 10 个区(市)县未达到目标值。

2021 年，成都市各区(市)县县域内义务教育校际均衡指数的达成度均值达到 93.04%，高于或等于成都市均值的区(市)县有 16 个；低于成都市均值的区(市)县有 7 个，最低的是成都东部新区，达成度为 53.07%。

与 2020 年相比，2021 年各区(市)县县域内义务教育校际均衡指数达成度增长幅度较大的是温江区和双流区，分别增加了 16.80 个百分点和 16.44 个百分点(图 3.5)。

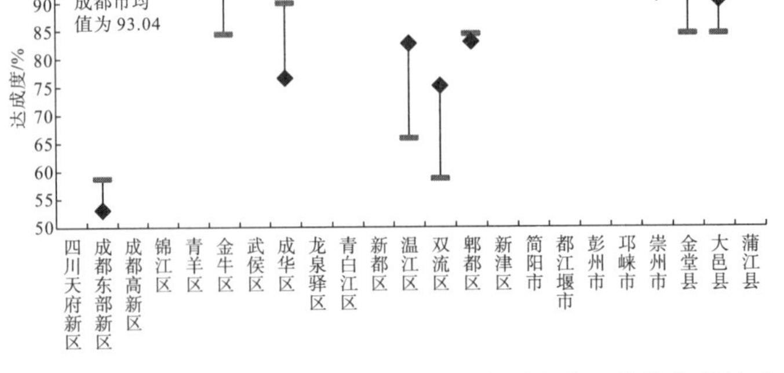

图 3.5　2021 年成都市各区(市)县县域内义务教育校际均衡指数达成度

2. 对总达成度的贡献情况

《成都市区(市)县教育现代化发展水平监测指标体系(2020)》规定，县域内义务教育校际均衡指数的权重为 4%。2021 年，该指标对 5 个区(市)县的总达成度有正贡献，对 12 个区(市)县的总达成度有零贡献，对 6 个区(市)县的总达成度有负贡献(表 3.5)。

表 3.5　2021 年成都市各区(市)县县域内义务教育校际均衡指数对总达成度的贡献情况

二级指标	加权达成度/%		对总达成度的贡献
	2020 年加权达成度	2021 年加权达成度	
成都市	3.66	3.72	0.06
四川天府新区	4.00	4.00	0.00
成都东部新区	2.35	2.12	−0.23
成都高新区	4.00	4.00	0.00
锦江区	4.00	4.00	0.00
青羊区	4.00	4.00	0.00
金牛区	3.38	3.89	0.51
武侯区	4.00	4.00	0.00
成华区	3.60	3.06	−0.54
龙泉驿区	4.00	4.00	0.00
青白江区	4.00	4.00	0.00
新都区	4.00	3.84	−0.16
温江区	2.63	3.31	0.68
双流区	2.35	3.01	0.66
郫都区	3.38	3.32	−0.06
新津区	4.00	4.00	0.00
简阳市	3.86	3.78	−0.08
都江堰市	4.00	4.00	0.00
彭州市	4.00	4.00	0.00
邛崃市	4.00	4.00	0.00
崇州市	4.00	3.66	−0.34
金堂县	3.38	4.00	0.62
大邑县	3.38	3.62	0.24
蒲江县	4.00	4.00	0.00

(二)义务教育县域内城乡比

义务教育县域内城乡比指标主要反映县域内义务教育城乡均衡程度。该指标由成都市人民政府教育督导委员会办公室发布。《成都市区(市)县教育现代化发展水平监测指标体系(2020)》规定，义务教育县域内城乡比应为 1∶1。

1. 目标达成情况

2021年，成都市有16个有农村学校的区(市)县的义务教育县域内城乡比均未达到目标值，与2020年一致。

2021年，成都市各区(市)县义务教育县域内城乡比的达成度均值达到74.11%，高于或等于成都市均值的区(市)县有15个；低于成都市均值的区(市)县有8个，最低的是郫都区，达成度为35.71%。

与2020年相比，2021年各区(市)县义务教育县域内城乡比达成度增长幅度最大的是青白江区和简阳市，分别增加了21.43个百分点和14.28个百分点(图3.6)。

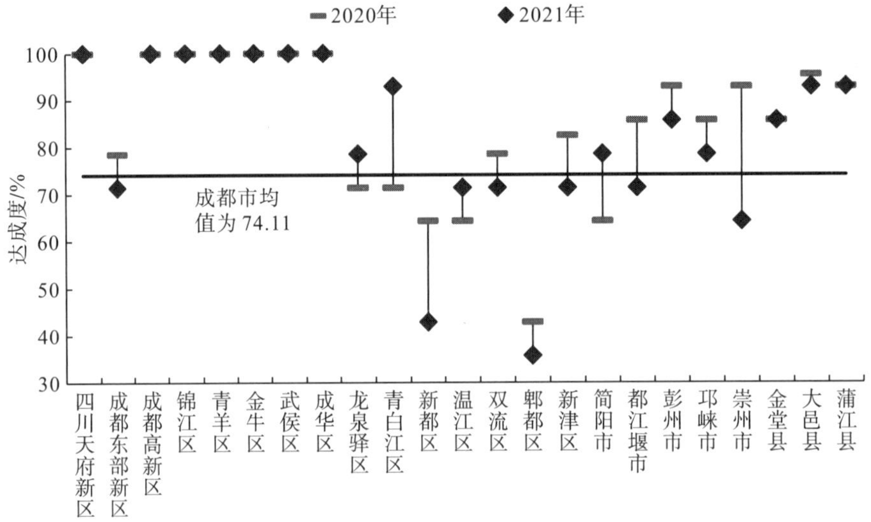

图3.6　2021年成都市各区(市)县义务教育县域内城乡比达成度

注：由于四川天府新区、成都高新区、锦江区、青羊区、金牛区、武侯区和成华区7个中心城区无农村学校，故B6义务教育县域内城乡比的达成度自动赋值为100%。

2. 对总达成度的贡献情况

《成都市区(市)县教育现代化发展水平监测指标体系(2020)》规定，义务教育县域内城乡比的权重为2%。2021年，该指标对4个区(市)县的总达成度有正贡献，对9个区(市)县的总达成度有零贡献，对10个区(市)县的总达成度有负贡献(表3.6)。

表3.6　2021年成都市各区(市)县义务教育县域内城乡比对总达成度的贡献情况

二级指标	加权达成度/%		对总达成度的贡献
	2020年加权达成度	2021年加权达成度	
成都市	1.56	1.48	−0.08
四川天府新区	2.00	2.00	0.00
成都东部新区	1.57	1.43	−0.14
成都高新区	2.00	2.00	0.00
锦江区	2.00	2.00	0.00

续表

二级指标	加权达成度/%		对总达成度的贡献
	2020 年加权达成度	2021 年加权达成度	
青羊区	2.00	2.00	0.00
金牛区	2.00	2.00	0.00
武侯区	2.00	2.00	0.00
成华区	2.00	2.00	0.00
龙泉驿区	1.43	1.57	0.14
青白江区	1.43	1.86	0.43
新都区	1.29	0.86	−0.43
温江区	1.29	1.43	0.14
双流区	1.57	1.43	−0.14
郫都区	0.86	0.71	−0.15
新津区	1.65	1.43	−0.22
简阳市	1.29	1.57	0.28
都江堰市	1.71	1.43	−0.28
彭州市	1.86	1.71	−0.15
邛崃市	1.71	1.57	−0.14
崇州市	1.86	1.29	−0.57
金堂县	1.71	1.71	0.00
大邑县	1.91	1.86	−0.05
蒲江县	1.86	1.86	0.00

注：由于四川天府新区、成都高新区、锦江区、青羊区、金牛区、武侯区和成华区 7 个中心城区无农村学校，故 B6 义务教育县域内城乡比对总达成度的贡献视为 0.00。

（三）残疾儿童、少年义务教育阶段入学率

残疾儿童、少年义务教育阶段入学率指标主要反映适龄残障儿童在义务教育阶段的入学情况。坚持国际全纳教育的理念，让每一名残障儿童少年拥有接受公共教育的机会，是维护社会公平正义的基本政策，也是反映教育机会公平的重要指标。《成都市区（市）县教育现代化发展水平监测指标体系（2020）》规定，残疾儿童、少年义务教育阶段入学率要达到 99%以上。

1. 目标达成情况

2021 年，成都市 20 个区（市）县的残疾儿童、少年义务教育阶段入学率已达到目标值，较 2020 年减少了 3 个。

与 2020 年相比，2021 年各区（市）县残疾儿童、少年义务教育阶段入学率达成度降低的分别是成都东部新区、龙泉驿区、简阳市，分别降低了 0.9 个百分点、0.80 个百分点、0.79 个百分点（图 3.7）。

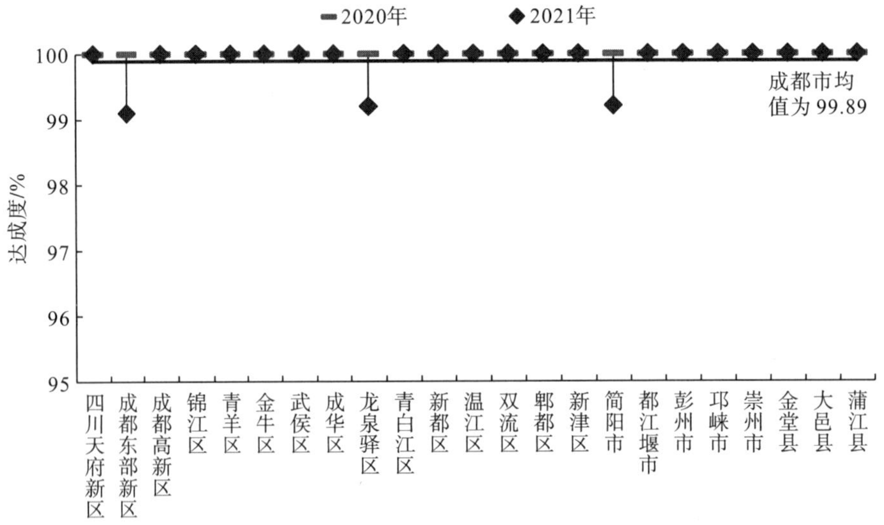

图 3.7　2021 年成都市各区(市)县残疾儿童、少年义务教育阶段入学率达成度

2. 对总达成度的贡献情况

《成都市区(市)县教育现代化发展水平监测指标体系(2020)》规定，残疾儿童、少年义务教育阶段入学率的权重为 2%。2021 年，该指标对 20 个区(市)县的总达成度有零贡献，对 3 个区(市)县的总达成度有负贡献(表 3.7)。

表 3.7　2021 年成都市各区(市)县残疾儿童、少年义务教育阶段入学率对总达成度的贡献情况

二级指标	加权达成度/%		对总达成度的贡献
	2020 年加权达成度	2021 年加权达成度	
成都市	2.00	2.00	0.00
四川天府新区	2.00	2.00	0.00
成都东部新区	2.00	1.98	−0.02
成都高新区	2.00	2.00	0.00
锦江区	2.00	2.00	0.00
青羊区	2.00	2.00	0.00
金牛区	2.00	2.00	0.00
武侯区	2.00	2.00	0.00
成华区	2.00	2.00	0.00
龙泉驿区	2.00	1.98	−0.02
青白江区	2.00	2.00	0.00
新都区	2.00	2.00	0.00
温江区	2.00	2.00	0.00
双流区	2.00	2.00	0.00
郫都区	2.00	2.00	0.00
新津区	2.00	2.00	0.00
简阳市	2.00	1.98	−0.02

续表

二级指标	加权达成度/%		对总达成度的贡献
	2020 年加权达成度	2021 年加权达成度	
都江堰市	2.00	2.00	0.00
彭州市	2.00	2.00	0.00
邛崃市	2.00	2.00	0.00
崇州市	2.00	2.00	0.00
金堂县	2.00	2.00	0.00
大邑县	2.00	2.00	0.00
蒲江县	2.00	2.00	0.00

（四）符合条件的随迁子女在公办学校和政府购买服务的民办学校就读的比例

符合条件的随迁子女在公办学校和政府购买服务的民办学校就读的比例指标主要反映县级政府依法落实“两为主”原则的情况。《成都市区（市）县教育现代化发展水平监测指标体系（2020）》规定，符合条件的随迁子女在公办学校和政府购买服务的民办学校就读的比例不应低于 85%。

1. 目标达成情况

2021 年，成都市有 15 个区（市）县的符合条件的随迁子女在公办学校和政府购买服务的民办学校就读的比例已达到目标值，与 2020 年相比，增加 1 个，另有 8 个区（市）县未达到目标值。

2021 年，成都市各区（市）县符合条件的随迁子女在公办学校和政府购买服务的民办学校就读的比例的达成度均值达到 93.35%，高于或等于成都市均值的区（市）县有 16 个；低于成都市均值的区（市）县有 7 个，最低的是郫都区，达成度为 45.52%（图 3.8）。

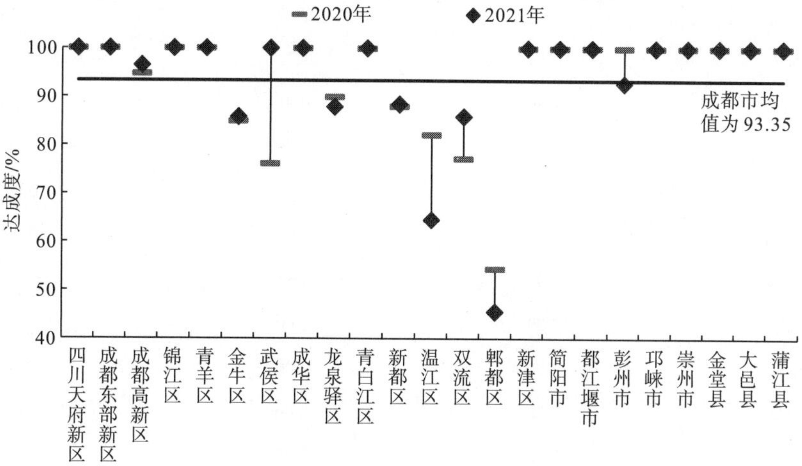

图 3.8　2021 年成都市各区（市）县符合条件的随迁子女在公办学校和政府购买服务的民办学校就读的比例达成度

与 2020 年相比，2021 年各区(市)县符合条件的随迁子女在公办学校和政府购买服务的民办学校就读的比例达成度增长幅度较大的是武侯区，增加了 23.87 个百分点。

2. 对总达成度的贡献情况

《成都市区(市)县教育现代化发展水平监测指标体系(2020)》规定，符合条件的随迁子女在公办学校和政府购买服务的民办学校就读的比例的权重为 2%。2021 年，该指标对 5 个区(市)县的总达成度有正贡献，对 14 个区(市)县的总达成度有零贡献，对 4 个区(市)县的总达成度有负贡献(表 3.8)。

表 3.8 2021 年成都市各区(市)县符合条件的随迁子女在公办学校和政府购买服务的民办学校就读的比例对总达成度的贡献情况

二级指标	加权达成度/%		对总达成度的贡献
	2020 年加权达成度	2021 年加权达成度	
成都市	1.87	1.87	0.00
四川天府新区	2.00	2.00	0.00
成都东部新区	2.00	2.00	0.00
成都高新区	1.90	1.93	0.03
锦江区	2.00	2.00	0.00
青羊区	2.00	2.00	0.00
金牛区	1.70	1.72	0.02
武侯区	1.52	2.00	0.48
成华区	2.00	2.00	0.00
龙泉驿区	1.80	1.76	−0.04
青白江区	2.00	2.00	0.00
新都区	1.76	1.77	0.01
温江区	1.64	1.29	−0.35
双流区	1.54	1.72	0.18
郫都区	1.09	0.91	−0.18
新津区	2.00	2.00	0.00
简阳市	2.00	2.00	0.00
都江堰市	2.00	2.00	0.00
彭州市	2.00	1.85	−0.15
邛崃市	2.00	2.00	0.00
崇州市	2.00	2.00	0.00
金堂县	2.00	2.00	0.00
大邑县	2.00	2.00	0.00
蒲江县	2.00	2.00	0.00

（五）每年交流轮岗教师占符合交流条件教师总数的比例

每年交流轮岗教师占符合交流条件教师总数的比例指标主要反映县域政府和教育行政部门为中小学教师干部资源均衡配置所进行的制度建设和政策措施落实的情况。为了实现教师干部的合理流动，需要在县域范围内使一定比例的骨干教师和校长能合理流动，并形成机制。《成都市区(市)县教育现代化发展水平监测指标体系(2020)》规定，每年交流轮岗教师占符合交流条件教师总数的比例应不低于 10%。

1. 目标达成情况

2021 年，成都市 23 个区(市)县的每年交流轮岗教师占符合交流条件教师总数的比例均已达到目标值(图 3.9)。

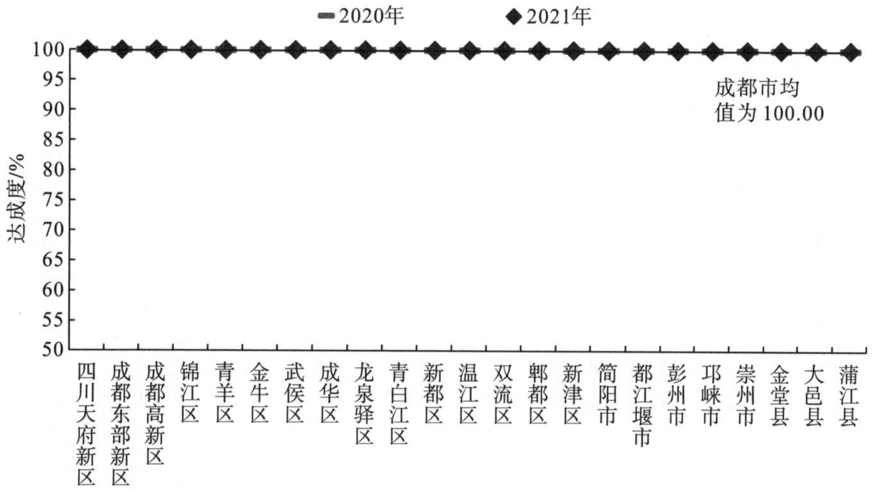

图 3.9　2021 年成都市各区(市)县每年交流轮岗教师占符合交流条件教师总数的比例达成度

2. 对总达成度的贡献情况

《成都市区(市)县教育现代化发展水平监测指标体系(2020)》规定，每年交流轮岗教师占符合交流条件教师总数比例的权重为 2%。2021 年，该指标对 23 个区(市)县的总达成度有零贡献(表 3.9)。

表 3.9　2021 年成都市各区(市)县每年交流轮岗教师占符合交流条件教师总数的比例对总达成度的贡献情况

二级指标	加权达成度/%		对总达成度的贡献
	2020 年加权达成度	2021 年加权达成度	
成都市	2.00	2.00	0.00
四川天府新区	2.00	2.00	0.00
成都东部新区	2.00	2.00	0.00

续表

二级指标	加权达成度/%		对总达成度的贡献
	2020 年加权达成度	2021 年加权达成度	
成都高新区	2.00	2.00	0.00
锦江区	2.00	2.00	0.00
青羊区	2.00	2.00	0.00
金牛区	2.00	2.00	0.00
武侯区	2.00	2.00	0.00
成华区	2.00	2.00	0.00
龙泉驿区	2.00	2.00	0.00
青白江区	2.00	2.00	0.00
新都区	2.00	2.00	0.00
温江区	2.00	2.00	0.00
双流区	2.00	2.00	0.00
郫都区	2.00	2.00	0.00
新津区	2.00	2.00	0.00
简阳市	2.00	2.00	0.00
都江堰市	2.00	2.00	0.00
彭州市	2.00	2.00	0.00
邛崃市	2.00	2.00	0.00
崇州市	2.00	2.00	0.00
金堂县	2.00	2.00	0.00
大邑县	2.00	2.00	0.00
蒲江县	2.00	2.00	0.00

三、2021年度成都市各区(市)县教育质量水平

提高质量是教育改革和发展的核心任务，公平和质量是国家教育现代化的战略目标。教育质量水平反映的是县域教育的内涵丰富程度。

在成都市人民政府教育督导委员会办公室颁布的《成都市区(市)县教育现代化发展水平监测指标体系(2020)》中，把教育部《关于推进中小学教育质量综合评价改革的意见》和《中小学教育质量综合评价指标框架(试行)》所规定的学生品德发展水平(行为习惯、公民素养等)、学生学业发展水平(学业水平监测、初中毕业考试一次性全科及格率)、学生身心发展水平(情绪行为调控能力、师生关系、体质健康合格率等)和学生兴趣特长养成水平(发展潜能等)及中职学校毕业生就业及升学比例等指标纳入监测体系。一方面，使成都教育质量的内涵得以丰富；另一方面，也使成都市成为全国第一个把全面的教育质量作为对区(市)县政府进行考核的城市，彻底转变了“唯考试分数”进行考核的历史，对学生核心素养的培养具有极其重大的意义。

(一)学生品德发展水平

学生品德发展水平指标反映县域内学生品德发展水平，包括行为习惯、公民素养等内容。《成都市区(市)县教育现代化发展水平监测指标体系(2020)》规定，学生品德发展水平的优良等级标准应不低于85%。

1. 目标达成情况

2021年，成都市23个区(市)县的学生品德发展水平达成度均没有达到目标值，较2020年减少10个。

2021年，成都市各区(市)县学生品德发展水平的达成度均值达到94.24%，高于或等于成都市均值的区(市)县有13个；低于成都市均值的区(市)县有10个，最低的是成都东部新区，达成度为85.96%。

与2020年相比，2021年各区(市)县学生品德发展水平达成度降低幅度最大的是成都东部新区，降低了10.16个百分点(图3.10)。

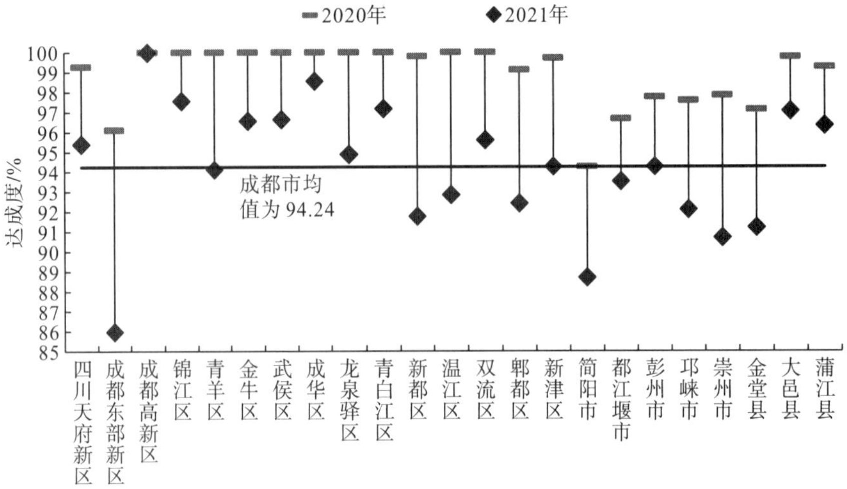

图3.10　2021年成都市各区(市)县学生品德发展水平达成度

2. 对总达成度的贡献情况

《成都市区(市)县教育现代化发展水平监测指标体系(2020)》规定，学生品德发展水平的权重为2%。2021年，该指标对1个区(市)县的总达成度有零贡献，对22个区(市)县的总达成度有负贡献(表3.10)。

表3.10　2021年成都市各区(市)县学生品德发展水平对总达成度的贡献情况

二级指标	加权达成度/%		对总达成度的贡献
	2020年加权达成度	2021年加权达成度	
成都市	1.98	1.88	-0.10
四川天府新区	1.99	1.91	-0.08
成都东部新区	1.92	1.72	-0.20
成都高新区	2.00	2.00	0.00
锦江区	2.00	1.95	-0.05
青羊区	2.00	1.88	-0.12
金牛区	2.00	1.93	-0.07
武侯区	2.00	1.93	-0.07
成华区	2.00	1.97	-0.03
龙泉驿区	2.00	1.90	-0.10
青白江区	2.00	1.94	-0.06
新都区	2.00	1.84	-0.16
温江区	2.00	1.86	-0.14
双流区	2.00	1.91	-0.09
郫都区	1.98	1.85	-0.13
新津区	1.99	1.89	-0.10
简阳市	1.89	1.77	-0.12

续表

二级指标	加权达成度/%		对总达成度的贡献
	2020 年加权达成度	2021 年加权达成度	
都江堰市	1.93	1.87	−0.06
彭州市	1.96	1.89	−0.07
邛崃市	1.95	1.84	−0.11
崇州市	1.96	1.81	−0.15
金堂县	1.94	1.82	−0.12
大邑县	2.00	1.94	−0.06
蒲江县	1.99	1.93	−0.06

（二）学生学业发展水平

学生学业发展水平指标反映学生学业发展水平，包括学业质量监测情况、初中毕业考试一次性全科及格率等内容。《成都市区（市）县教育现代化发展水平监测指标体系（2020）》规定，学业质量监测标准为阅读、数学、科学等达到Ⅲ级以上，初中毕业考试一次性全科及格率达到 70%。

1. 目标达成情况

2021 年，成都市有 19 个区（市）县的学生学业发展水平（如学业质量监测、初中毕业考试一次性全科及格率等）已达到目标值，较 2020 年增加 17 个，有 4 个区（市）县未达到目标值。

2021 年，成都市各区（市）县学生学业发展水平（如学业质量监测、初中毕业考试一次性全科及格率等）的达成度均值为 97.86%，高于或等于成都市均值的区（市）县有 19 个；低于成都市均值的区（市）县有 4 个，最低的是成都东部新区，达成度为 76.16%（图 3.11）。

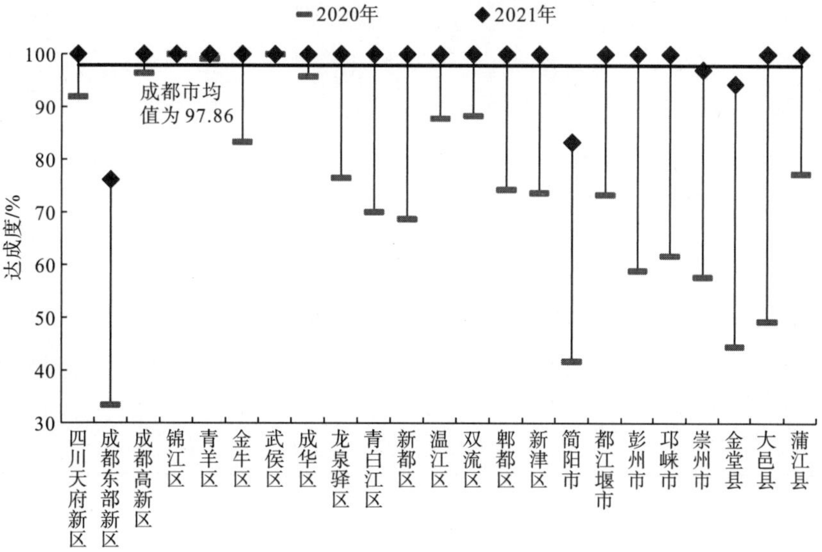

图 3.11　2021 年成都市各区（市）县学生学业发展水平达成度

与 2020 年相比，2021 年各区(市)县学生学业发展水平(如学业质量监测、初中毕业考试一次性全科及格率等)达成度增长幅度最大的是大邑县，增加了 50.66 个百分点。

2. 对总达成度的贡献情况

《成都市区(市)县教育现代化发展水平监测指标体系(2020)》规定，学生学业发展水平(如学业质量监测、初中毕业考试一次性全科及格率等)的权重为 3%。2021 年，该指标对 21 个区(市)县的总达成度有正贡献，对 2 个区(市)县的总达成度有零贡献(表 3.11)。

表 3.11　2021 年成都市各区(市)县学生学业发展水平对总达成度的贡献情况

二级指标	加权达成度/%		对总达成度的贡献
	2020 年加权达成度	2021 年加权达成度	
成都市	2.22	2.94	0.72
四川天府新区	2.76	3.00	0.24
成都东部新区	1.00	2.28	1.28
成都高新区	2.89	3.00	0.11
锦江区	3.00	3.00	0.00
青羊区	2.97	3.00	0.03
金牛区	2.50	3.00	0.50
武侯区	3.00	3.00	0.00
成华区	2.87	3.00	0.13
龙泉驿区	2.30	3.00	0.70
青白江区	2.10	3.00	0.90
新都区	2.06	3.00	0.94
温江区	2.63	3.00	0.37
双流区	2.65	3.00	0.35
郫都区	2.23	3.00	0.77
新津区	2.21	3.00	0.79
简阳市	1.25	2.50	1.25
都江堰市	2.20	3.00	0.80
彭州市	1.77	3.00	1.23
邛崃市	1.85	3.00	1.15
崇州市	1.73	2.91	1.18
金堂县	1.34	2.83	1.49
大邑县	1.48	3.00	1.52
蒲江县	2.32	3.00	0.68

（三）学生身心发展水平

学生身心发展水平指标反映学生身心发展水平，包括学生体质健康达标合格率、社会情感发展(如情绪行为调控能力)、师生关系的影响等内容。《成都市区(市)县教育现代化发展水平监测指标体系(2020)》规定，体质健康达标合格率应不低于 93%，学生情绪行为调控的优良等级标准、师生关系融洽的比例都不应低于 85%。

1. 目标达成情况

2021 年，成都市 23 个区(市)县的学生身心发展水平达成度均没有达到目标值，较 2020 年减少 3 个。

2021 年，成都市各区(市)县学生身心发展水平的达成度均值为 96.55%，高于或等于成都市均值的区(市)县有 13 个；低于成都市均值的区(市)县有 10 个，最低的是成都东部新区，达成度为 90.69%。

与 2020 年相比，2021 年各区(市)县学生身心发展水平达成度降低幅度最大的是成都东部新区，降低了 6.18 个百分点(图 3.12)。

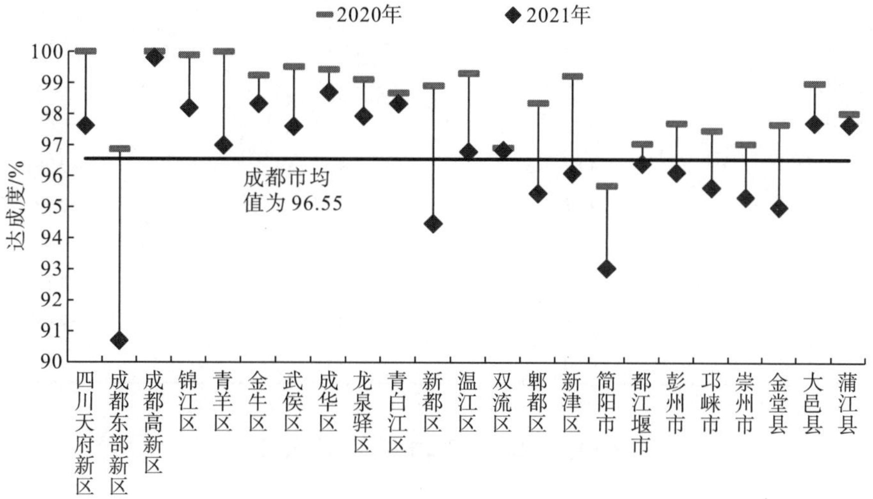

图 3.12　2021 年成都市各区(市)县学生身心发展水平达成度

2. 对总达成度的贡献情况

《成都市区(市)县教育现代化发展水平监测指标体系(2020)》规定，学生身心发展水平的权重为 5%。2021 年，该指标对 23 个区(市)县的总达成度有负贡献(表 3.12)。

表 3.12　2021 年成都市各区（市）县学生身心发展水平对总达成度的贡献情况

二级指标	加权达成度/%		对总达成度的贡献
	2020 年加权达成度	2021 年加权达成度	
成都市	4.92	4.83	-0.09
四川天府新区	5.00	4.88	-0.12
成都东部新区	4.84	4.53	-0.31
成都高新区	5.00	4.99	-0.01
锦江区	4.99	4.91	-0.08
青羊区	5.00	4.85	-0.15
金牛区	4.96	4.92	-0.04
武侯区	4.98	4.88	-0.10
成华区	4.97	4.94	-0.03
龙泉驿区	4.96	4.90	-0.06
青白江区	4.93	4.92	-0.01
新都区	4.95	4.72	-0.23
温江区	4.97	4.84	-0.13
双流区	4.85	4.84	-0.01
郫都区	4.92	4.77	-0.15
新津区	4.96	4.80	-0.16
简阳市	4.78	4.65	-0.13
都江堰市	4.85	4.82	-0.03
彭州市	4.89	4.81	-0.08
邛崃市	4.87	4.78	-0.09
崇州市	4.85	4.77	-0.08
金堂县	4.88	4.75	-0.13
大邑县	4.95	4.89	-0.06
蒲江县	4.90	4.88	-0.02

（四）学生兴趣特长养成水平

学生兴趣特长养成水平指标反映学生兴趣特长养成情况，包括德育艺术创新实践课程开设情况、潜能发展、学生兴趣特长发展状况等内容。学生兴趣特长养成水平的参照标准为成都市各区（市）县的均值。

1. 目标达成情况

2021 年，成都市有 12 个区（市）县的学生兴趣特长养成水平的达成度已达到目标值，较 2020 年减少 3 个，另有 11 个区（市）县未达到目标值。

2021 年，成都市各区（市）县学生兴趣特长养成水平的达成度均值达到 98.47%，高于或等于成都市均值的区（市）县有 14 个；低于成都市均值的区（市）县有 9 个，最低的是成都东部新区，达成度为 90.47%。

与 2020 年相比，2021 年各区(市)县学生兴趣特长养成水平达成度增长幅度最大的是新津区，增加了 2.52 个百分点(图 3.13)。

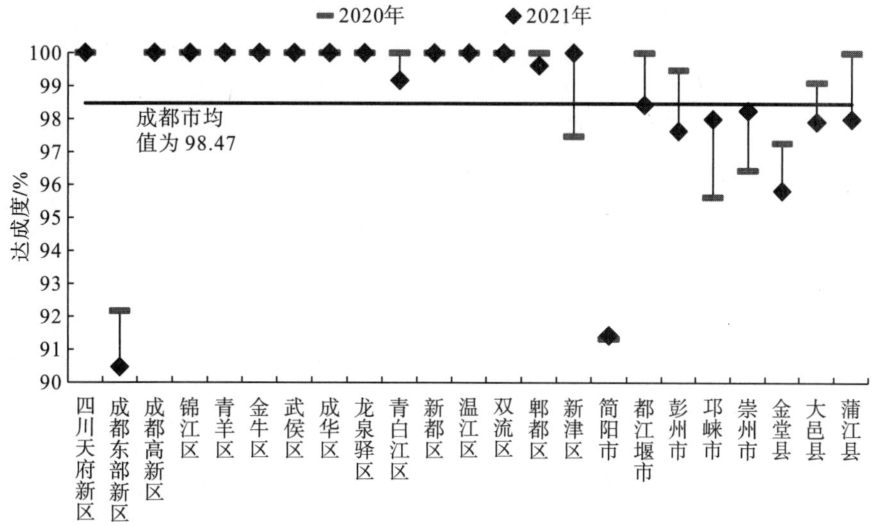

图 3.13 2021 年成都市各区(市)县学生兴趣特长养成水平达成度

2. 对总达成度的贡献情况

《成都市区(市)县教育现代化发展水平监测指标体系(2020)》规定，学生兴趣特长养成水平的权重为 2%。2021 年，该指标对 3 个区(市)县的总达成度有正贡献，对 12 个区(市)县的总达成度有零贡献，对 8 个区(市)县的总达成度有负贡献(表 3.13)。

表 3.13 2021 年成都市各区(市)县学生兴趣特长养成水平对总达成度的贡献情况

二级指标	加权达成度/%		对总达成度的贡献
	2020 年加权达成度	2021 年加权达成度	
成都市	1.97	1.97	0.00
四川天府新区	2.00	2.00	0.00
成都东部新区	1.84	1.81	−0.03
成都高新区	2.00	2.00	0.00
锦江区	2.00	2.00	0.00
青羊区	2.00	2.00	0.00
金牛区	2.00	2.00	0.00
武侯区	2.00	2.00	0.00
成华区	2.00	2.00	0.00
龙泉驿区	2.00	2.00	0.00
青白江区	2.00	1.98	−0.02
新都区	2.00	2.00	0.00
温江区	2.00	2.00	0.00

续表

二级指标	加权达成度/%		对总达成度的贡献
	2020 年加权达成度	2021 年加权达成度	
双流区	2.00	2.00	0.00
郫都区	2.00	1.99	−0.01
新津区	1.95	2.00	0.05
简阳市	1.83	1.83	0.00
都江堰市	2.00	1.97	−0.03
彭州市	1.99	1.95	−0.04
邛崃市	1.91	1.96	0.05
崇州市	1.93	1.96	0.03
金堂县	1.95	1.92	−0.03
大邑县	1.98	1.96	−0.02
蒲江县	2.00	1.96	−0.04

（五）中职学校毕业生就业及升学比例

中职学校毕业生就业及升学比例指标指中职学校学生就业及升入高一级学校学习的比例，主要反映中职学校教育质量。《成都市区（市）县教育现代化发展水平监测指标体系（2020）》规定，中职学校毕业生就业及升学比例应不低于 95%。

1. 目标达成情况

2021 年，成都市有 22 个区（市）县的中职学校毕业生就业及升学比例达到目标值，较 2020 年减少 1 个，1 个区（市）县的中职学校毕业生就业及升学比例未达到目标值（图 3.14）。

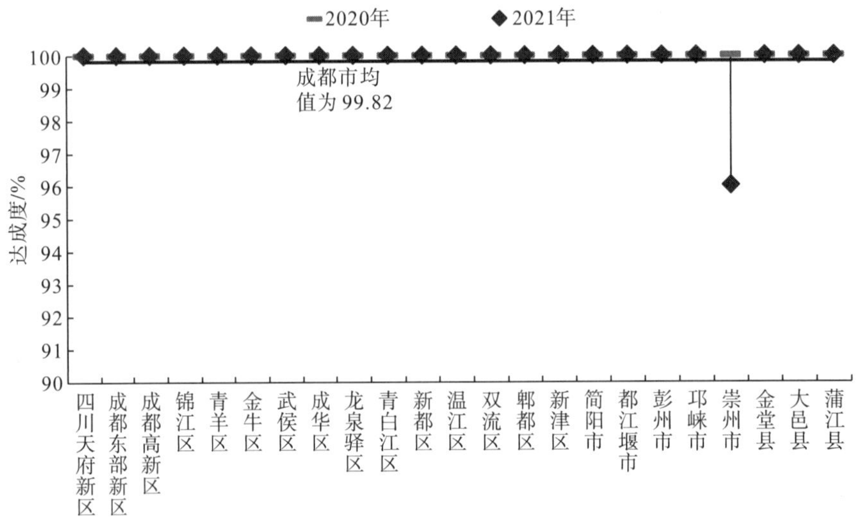

图 3.14　2021 年成都市各区（市）县中职学校毕业生就业及升学比例达成度

注：由于成都东部新区无中职学校，B15 中职学校毕业生就业及升学比例指标达成度视为 100%。

2. 对总达成度的贡献情况

《成都市区(市)县教育现代化发展水平监测指标体系(2020)》规定，中职学校毕业生就业及升学比例的权重为 2%。2021 年，该指标对 22 个区(市)县的总达成度有零贡献，对 1 个区(市)县的总达成度有负贡献(表 3.14)。

表 3.14　2021 年成都市各区(市)县中职学校毕业生就业及升学比例对总达成度的贡献情况

二级指标	加权达成度/%		对总达成度的贡献
	2020 年加权达成度	2021 年加权达成度	
成都市	2.00	2.00	0.00
四川天府新区	2.00	2.00	0.00
成都东部新区	2.00	2.00	0.00
成都高新区	2.00	2.00	0.00
锦江区	2.00	2.00	0.00
青羊区	2.00	2.00	0.00
金牛区	2.00	2.00	0.00
武侯区	2.00	2.00	0.00
成华区	2.00	2.00	0.00
龙泉驿区	2.00	2.00	0.00
青白江区	2.00	2.00	0.00
新都区	2.00	2.00	0.00
温江区	2.00	2.00	0.00
双流区	2.00	2.00	0.00
郫都区	2.00	2.00	0.00
新津区	2.00	2.00	0.00
简阳市	2.00	2.00	0.00
都江堰市	2.00	2.00	0.00
彭州市	2.00	2.00	0.00
邛崃市	2.00	2.00	0.00
崇州市	2.00	1.92	-0.08
金堂县	2.00	2.00	0.00
大邑县	2.00	2.00	0.00
蒲江县	2.00	2.00	0.00

注：由于成都东部新区无中职学校，B15 中职学校毕业生就业及升学比例对总达成度的贡献视为 0.00

四、2021 年度成都市各区(市)县教育投入水平

教育投入水平包括两个方面，一是教育经费投入，主要反映县级政府对公共教育事业发展所需资金的保障，以衡量县级政府对发展教育事业的努力程度和支持程度；二是办学条件投入，主要是指县域内政府和社会在办学条件的投入情况，反映学校硬件建设的达标情况与均衡程度。

教育投入水平指标包括实现教育经费“两个只增不减”、生均公共财政预算教育事业费、生均公共财政预算公用经费、生均体育运动场(馆)面积、生均教学及辅助用房面积、班额达标比例等 6 项指标。

(一) 实现教育经费“两个只增不减”

是否实现教育经费“两个只增不减”指标反映县级政府对教育的实际支持力度。落实《国务院办公厅关于进一步调整优化结构提高教育经费使用效益的意见》规定的“一般公共预算教育支出逐年只增不减”和“生均一般公共预算教育支出逐年只增不减”，是按照《中华人民共和国教育法》(2021 修订版)的规定保障教育经费的投入的基本承诺。

1. 目标达成情况

2021 年，成都市有 18 个区(市)县的实现教育经费“两个只增不减”达成度已达到目标值，另有 5 个区(市)县未达到目标值。

2021 年，成都市各区(市)县实现教育经费“两个只增不减”的达成度均值为 89.13%，高于或等于成都市均值的区(市)县有 18 个；低于成都市均值的区(市)县有 5 个，分别是成都高新区、武侯区、温江区、郫都区和彭州市，达成度均为 50%(图 3.15)。

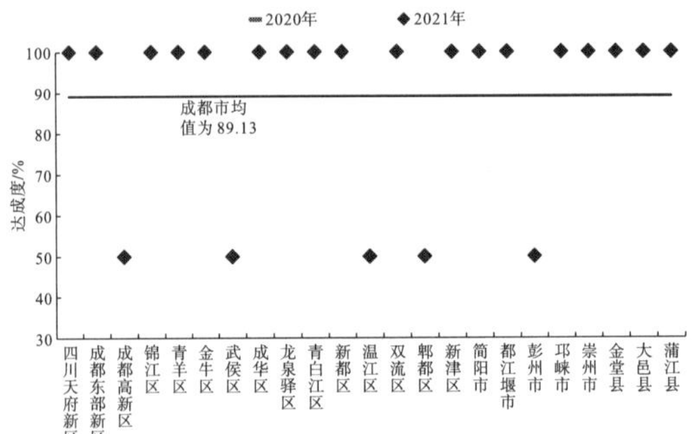

图 3.15 2021 年成都市各区(市)县教育经费“两个只增不减”达成度

注：由于指标口径及权重发生变化，2021 年 B16 实现教育经费“两个只增不减”不与 2020 年比较。

2. 对总达成度的贡献情况

《成都市区(市)县教育现代化发展水平监测指标体系(2020)》规定，教育经费“两个只增不减”及财政性教育经费占政府财政支出比例的权重为 2%。由于指标口径及权重发生变化，2021 年 B16 实现教育经费“两个只增不减”不与 2020 年比较(表 3.15)。

表 3.15　2021 年成都市各区(市)县教育经费“两个只增不减”对总达成度的贡献情况

二级指标	加权达成度/%		对总达成度的贡献
	2020 年加权达成度	2021 年加权达成度	
成都市	—	1.78	—
四川天府新区	—	2.00	—
成都东部新区	—	2.00	—
成都高新区	—	1.00	—
锦江区	—	2.00	—
青羊区	—	2.00	—
金牛区	—	2.00	—
武侯区	—	1.00	—
成华区	—	2.00	—
龙泉驿区	—	2.00	—
青白江区	—	2.00	—
新都区	—	2.00	—
温江区	—	1.00	—
双流区	—	2.00	—
郫都区	—	1.00	—
新津区	—	2.00	—
简阳市	—	2.00	—
都江堰市	—	2.00	—
彭州市	—	1.00	—
邛崃市	—	2.00	—
崇州市	—	2.00	—
金堂县	—	2.00	—
大邑县	—	2.00	—
蒲江县	—	2.00	—

注：由于指标口径及权重发生变化，2021 年 B16 实现教育经费“两个只增不减”不与 2020 年比较。

(二)生均公共财政预算教育事业费

《成都市区(市)县教育现代化发展水平监测指标体系(2020)》规定，生均公共财政预算教育事业费的目标值由幼儿园、小学、初中、普通高中及中职学校的生均公共财政预算教育事业费综合构成。

1. 目标达成情况

2021 年，成都市的 23 个区(市)县的生均公共财政预算教育事业费达成度均未达到目标值。

2021 年,成都市各区(市)县生均公共财政预算教育事业费的达成度均值达到 65.37%，高于或等于成都市均值的区(市)县有 13 个；低于成都市均值的区(市)县有 10 个，最低的是简阳市和大邑县，达成度分别为 47.08%和 45.07%(图 3.16)。

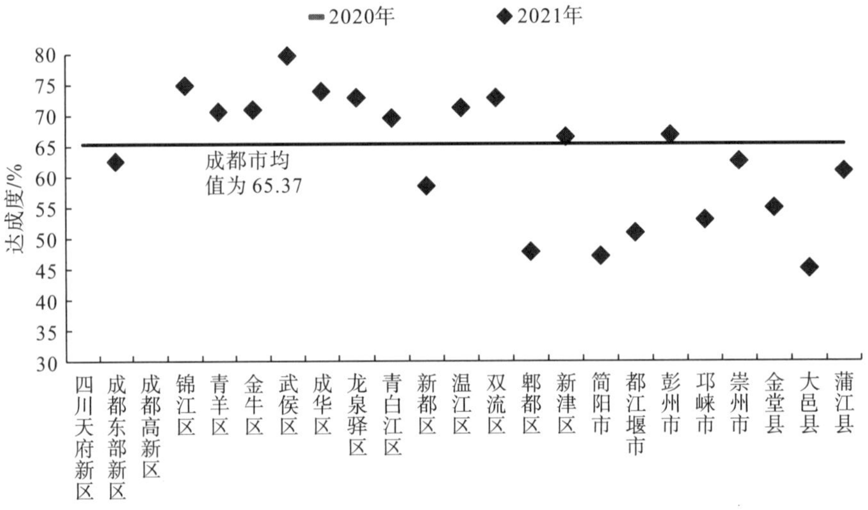

图 3.16　2021 年成都市各区(市)县生均公共财政预算教育事业费达成度

注：由于指标口径及权重发生变化，2021 年 B17 生均公共财政预算教育事业费不与 2020 年比较。

2. 对总达成度的贡献情况

《成都市区(市)县教育现代化发展水平监测指标体系(2020)》规定，生均公共财政预算教育事业费的权重为 5%。由于指标口径及权重发生变化，2021 年 B17 生均公共财政预算教育事业费不与 2020 年比较(表 3.16)。

表 3.16　2021 年成都市各区(市)县生均公共财政预算教育事业费对总达成度的贡献情况

二级指标	加权达成度/%		对总达成度的贡献
	2020 年加权达成度	2021 年加权达成度	
成都市	—	3.27	—
四川天府新区	—	4.19	—

续表

二级指标	加权达成度/%		对总达成度的贡献
	2020 年加权达成度	2021 年加权达成度	
成都东部新区	—	3.13	—
成都高新区	—	4.18	—
锦江区	—	3.74	—
青羊区	—	3.53	—
金牛区	—	3.55	—
武侯区	—	3.99	—
成华区	—	3.70	—
龙泉驿区	—	3.65	—
青白江区	—	3.48	—
新都区	—	2.93	—
温江区	—	3.56	—
双流区	—	3.64	—
郫都区	—	2.39	—
新津区	—	3.33	—
简阳市	—	2.35	—
都江堰市	—	2.54	—
彭州市	—	3.34	—
邛崃市	—	2.65	—
崇州市	—	3.13	—
金堂县	—	2.75	—
大邑县	—	2.25	—
蒲江县	—	3.04	—

（三）生均公共财政预算公用经费

《成都市区（市）县教育现代化发展水平监测指标体系（2020）》规定，生均公共财政预算公用经费的目标值由幼儿园、小学、初中、普通高中及中职学校的生均公共财政预算公用经费综合构成。

1. 目标达成情况

2021 年，成都市的 23 个区（市）县的生均公共财政预算公用经费达成度均未达到目标值。

2021 年，成都市各区（市）县生均公共财政预算公用经费的达成度均值达到 67.95%，高于或等于成都市均值的区（市）县有 12 个；低于成都市均值的区（市）县有 11 个，最低的是郫都区和大邑县，达成度分别为 37.83%和 38.63%（图 3.17）。

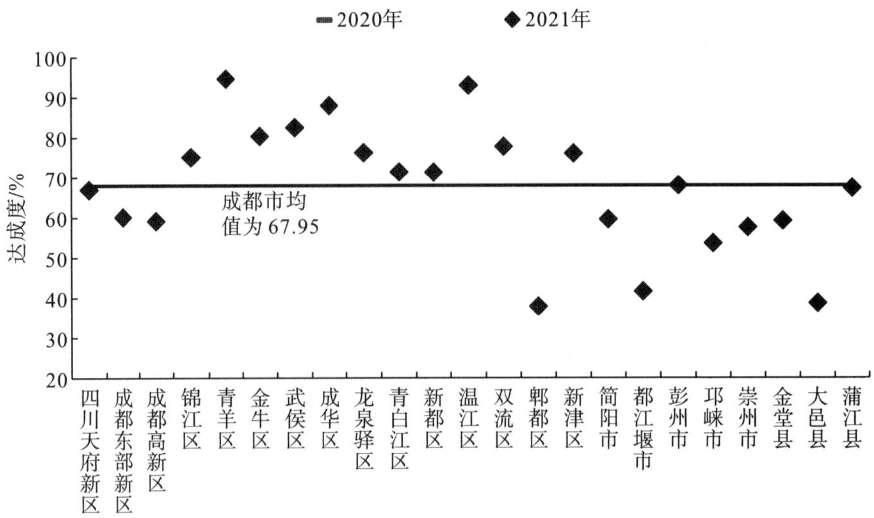

图 3.17　2021 年成都市各区（市）县生均公共财政预算公用经费达成度

注：由于指标口径及权重发生变化，2021 年 B18 生均公共财政预算公用经费不与 2020 年比较。

2. 对总达成度的贡献情况

《成都市区（市）县教育现代化发展水平监测指标体系（2020）》规定，生均公共财政预算公用经费的权重为 5%。由于指标口径及权重发生变化，2021 年 B18 生均公共财政预算公用经费不与 2020 年比较（表 3.17）。

表 3.17　2021 年成都市各区（市）县生均公共财政预算公用经费对总达成度的贡献情况

二级指标	加权达成度/%		对总达成度的贡献
	2020 年加权达成度	2021 年加权达成度	
成都市	—	3.40	—
四川天府新区	—	3.34	—
成都东部新区	—	3.00	—
成都高新区	—	2.95	—
锦江区	—	3.75	—
青羊区	—	4.73	—
金牛区	—	4.02	—
武侯区	—	4.12	—
成华区	—	4.40	—
龙泉驿区	—	3.81	—
青白江区	—	3.57	—
新都区	—	3.56	—
温江区	—	4.65	—
双流区	—	3.88	—
郫都区	—	1.89	—

续表

二级指标	加权达成度/%		对总达成度的贡献
	2020 年加权达成度	2021 年加权达成度	
新津区	—	3.80	—
简阳市	—	2.98	—
都江堰市	—	2.08	—
彭州市	—	3.40	—
邛崃市	—	2.68	—
崇州市	—	2.88	—
金堂县	—	2.96	—
大邑县	—	1.93	—
蒲江县	—	3.36	—

（四）生均体育运动场（馆）面积

《成都市区（市）县教育现代化发展水平监测指标体系（2020）》规定，小学生均体育运动场（馆）面积应不小于 8.76m^2，中学生均体育运动场（馆）面积应不小于 11.95m^2。

1. 目标达成情况

2021 年，成都市的 23 个区（市）县的生均体育运动场（馆）面积均没有达到目标值。2021 年，成都市各区（市）县生均体育运动场（馆）面积的达成度均值为 83.25%，高于或等于成都市均值的区（市）县有 12 个；低于成都市均值的区（市）县有 11 个，最低的是蒲江县，达成度为 68.64%（图 3.18）。

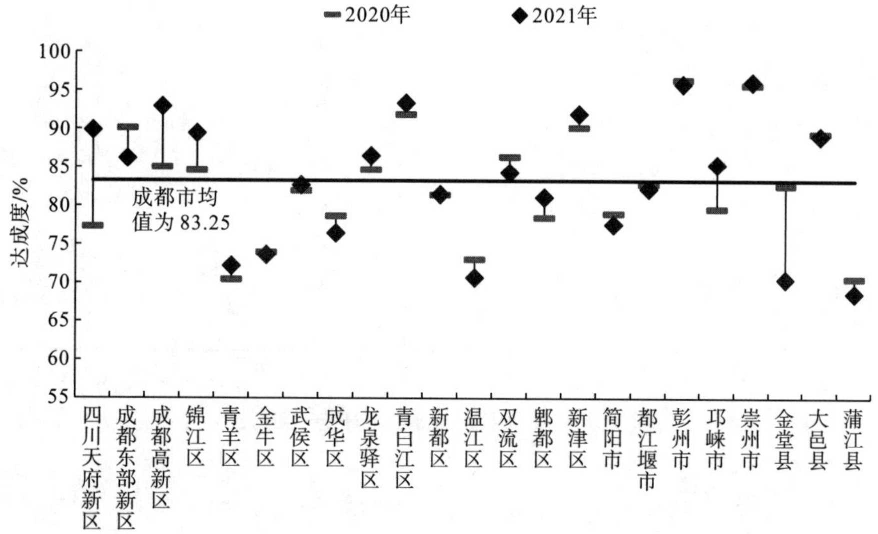

图 3.18　2021 年成都市各区（市）县生均体育运动场（馆）面积达成度

2. 对总达成度的贡献情况

《成都市区(市)县教育现代化发展水平监测指标体系(2020)》规定，生均体育运动场(馆)面积的权重为 1.5%。2021 年，该指标对 10 个区(市)县的总达成度有正贡献，对 3 个区(市)县的总达成度有零贡献，对 10 个区(市)县的总达成度有负贡献(表 3.18)。

表 3.18 2021 年成都市各区(市)县生均体育运动场(馆)面积对总达成度的贡献情况

二级指标	加权达成度/%		对总达成度的贡献
	2020 年加权达成度	2021 年加权达成度	
成都市	1.24	1.25	0.01
四川天府新区	1.16	1.35	0.19
成都东部新区	1.35	1.29	−0.06
成都高新区	1.28	1.39	0.11
锦江区	1.27	1.34	0.07
青羊区	1.06	1.08	0.02
金牛区	1.11	1.10	−0.01
武侯区	1.23	1.24	0.01
成华区	1.18	1.15	−0.03
龙泉驿区	1.27	1.30	0.03
青白江区	1.38	1.40	0.02
新都区	1.22	1.22	0.00
温江区	1.10	1.06	−0.04
双流区	1.30	1.26	−0.04
郫都区	1.18	1.22	0.04
新津区	1.35	1.38	0.03
简阳市	1.18	1.16	−0.02
都江堰市	1.24	1.23	−0.01
彭州市	1.45	1.44	−0.01
邛崃市	1.19	1.28	0.09
崇州市	1.44	1.44	0.00
金堂县	1.24	1.06	−0.18
大邑县	1.34	1.34	0.00
蒲江县	1.06	1.03	−0.03

(五)生均教学及辅助用房面积

《成都市区(市)县教育现代化发展水平监测指标体系(2020)》规定，小学生均教学及辅助用房面积应不小于 $7.5m^2$，初中生均教学及辅助用房面积应不小于 $10.2m^2$，高中生均教学及辅助用房面积应不小于 $10.2\ m^2$。

1. 目标达成情况

2021 年，成都市的 23 个区(市)县的生均教学及辅助用房面积达成度均没有达到目标值。2021 年，成都市各区(市)县生均教学及辅助用房面积的达成度均值达到 80.20%，高于或等于成都市均值的区(市)县有 12 个；低于成都市均值的区(市)县有 11 个，最低的是金堂县，达成度为 65.89%。

与 2020 年相比，2021 年成都市各区(市)县生均教学及辅助用房面积达成度增长幅度最大的是武侯区，增加了 5.99 个百分点(图 3.19)。

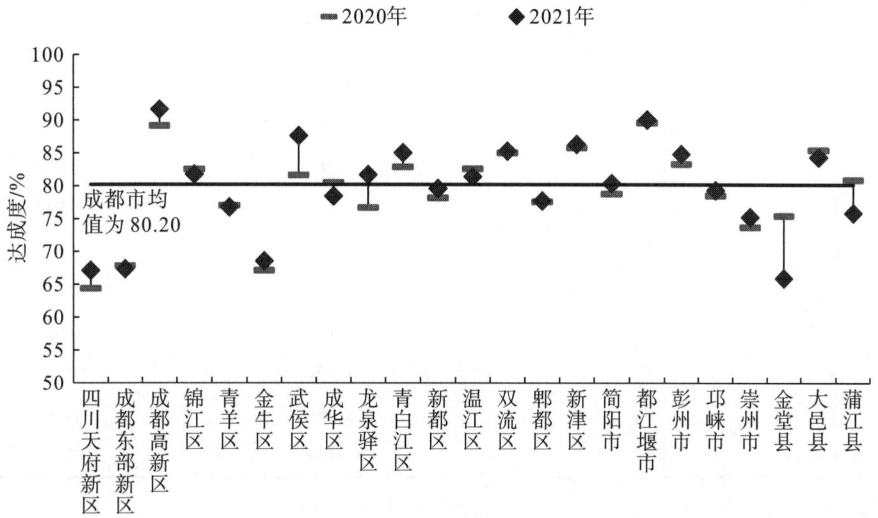

图 3.19　2021 年成都市各区(市)县生均教学及辅助用房面积达成度

2. 对总达成度的贡献情况

《成都市区(市)县教育现代化发展水平监测指标体系(2020)》规定，生均教学及辅助用房面积的权重为 1.5%。2021 年，该指标对 14 个区(市)县的总达成度有正贡献，对 1 个区(市)县的总达成度有零贡献，对 8 个区(市)县的总达成度有负贡献(表 3.19)。

表 3.19　2021 年成都市各区(市)县生均教学及辅助用房面积对总达成度的贡献情况

二级指标	加权达成度/%		对总达成度的贡献
	2020 年加权达成度	2021 年加权达成度	
成都市	1.20	1.20	0.00
四川天府新区	0.97	1.01	0.04
成都东部新区	1.02	1.01	−0.01
成都高新区	1.34	1.37	0.03
锦江区	1.24	1.23	−0.01
青羊区	1.16	1.15	−0.01
金牛区	1.01	1.03	0.02

续表

二级指标	加权达成度/%		对总达成度的贡献
	2020 年加权达成度	2021 年加权达成度	
武侯区	1.22	1.31	0.09
成华区	1.21	1.18	−0.03
龙泉驿区	1.15	1.23	0.08
青白江区	1.24	1.28	0.04
新都区	1.17	1.19	0.02
温江区	1.24	1.22	−0.02
双流区	1.27	1.28	0.01
郫都区	1.16	1.17	0.01
新津区	1.29	1.29	0.00
简阳市	1.18	1.21	0.03
都江堰市	1.34	1.35	0.01
彭州市	1.25	1.27	0.02
邛崃市	1.18	1.19	0.01
崇州市	1.11	1.13	0.02
金堂县	1.13	0.99	−0.14
大邑县	1.28	1.26	−0.02
蒲江县	1.21	1.14	−0.07

（六）班额达标比例

班额达标比例指标是反映了学生享受教育资源的状况。小班化教育是现代教育的发展趋势，是以生为本、实施素质教育、提高教育质量的重要举措。《成都市区（市）县教育现代化发展水平监测指标体系（2020）》规定，小学班额 45 人以下、中学班额 50 人以下班级数占总班数的比例达到 100%。

1. 目标达成情况

2021 年，成都市有 3 个区（市）县班额达标比例达成度达到目标值，较 2020 年增加 2 个，其余 20 个区（市）县均未达到目标值。

2021 年，成都市各区（市）县班额达标比例的达成度均值达到 85.38%，高于或等于成都市均值的区（市）县有 12 个；低于成都市均值的区（市）县有 11 个，最低为简阳市，达成度为 67.73%。

与 2020 年相比，2021 年各区（市）县班额达标比例达成度增长幅度最大的是大邑县，增加了 18.84 个百分点（图 3.20）。

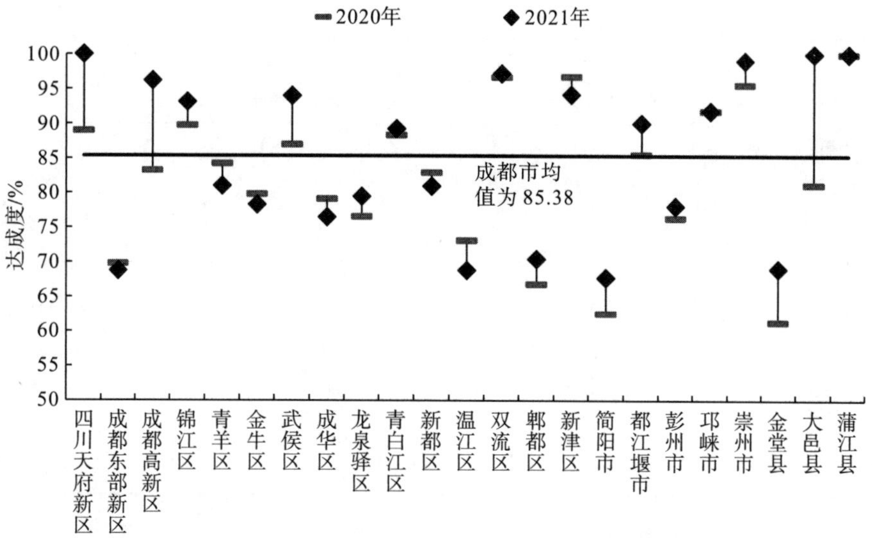

图 3.20　2021 年成都市各区(市)县班额达标比例达成度

2. 对总达成度的贡献情况

《成都市区(市)县教育现代化发展水平监测指标体系(2020)》规定，班额达标比例的权重为 3%。2021 年，该指标对 14 个区(市)县的总达成度有正贡献，对 2 个区(市)县的总达成度有零贡献，对 7 个区(市)县的总达成度有负贡献(表 3.20)。

表 3.20　2021 年成都市各区(市)县班额达标比例对总达成度的贡献情况

二级指标	加权达成度/%		对总达成度的贡献
	2020 年加权达成度	2021 年加权达成度	
成都市	2.48	2.56	0.08
四川天府新区	2.67	3.00	0.33
成都东部新区	2.09	2.06	−0.03
成都高新区	2.50	2.89	0.39
锦江区	2.69	2.79	0.10
青羊区	2.53	2.43	−0.10
金牛区	2.39	2.35	−0.04
武侯区	2.61	2.82	0.21
成华区	2.37	2.29	−0.08
龙泉驿区	2.30	2.38	0.08
青白江区	2.65	2.68	0.03
新都区	2.49	2.43	−0.06
温江区	2.19	2.06	−0.13
双流区	2.90	2.92	0.02
郫都区	2.00	2.11	0.11

续表

二级指标	加权达成度/%		对总达成度的贡献
	2020 年加权达成度	2021 年加权达成度	
新津区	2.90	2.83	−0.07
简阳市	1.88	2.03	0.15
都江堰市	2.57	2.70	0.13
彭州市	2.29	2.34	0.05
邛崃市	2.75	2.75	0.00
崇州市	2.87	2.97	0.10
金堂县	1.84	2.07	0.23
大邑县	2.43	3.00	0.57
蒲江县	3.00	3.00	0.00

五、2021年度成都市各区(市)县教育信息化水平

教育信息化反映教育系统对信息化社会的适应情况，以及信息技术和网络资源在教育中的应用情况。该指标包括百名学生拥有网络多媒体教室数、教师教育技术应用能力达标率2项指标。

（一）百名学生拥有网络多媒体教室数

《成都市区(市)县教育现代化发展水平监测指标体系(2020)》规定，小学百名学生拥有网络多媒体教室数要达到2.3间，初中百名学生拥有网络多媒体教室数要达到2.4间。

1. 目标达成情况

2021年，成都市有10个区(市)县的百名学生拥有网络多媒体教室数达成度已达到目标值，较2020年增加1个，但仍有13个区(市)县未达到目标值。

2021年，成都市各区(市)县百名学生拥有网络多媒体教室数的达成度均值达到96.30%，高于或等于成都市均值的区(市)县有13个；低于成都市均值的区(市)县有10个，最低的是郫都区，达成度为86.49%。

与2020年相比，2021年各区(市)县百名学生拥有网络多媒体教室数达成度增长幅度最大的是郫都区，增加了3.65个百分点(图3.21)。

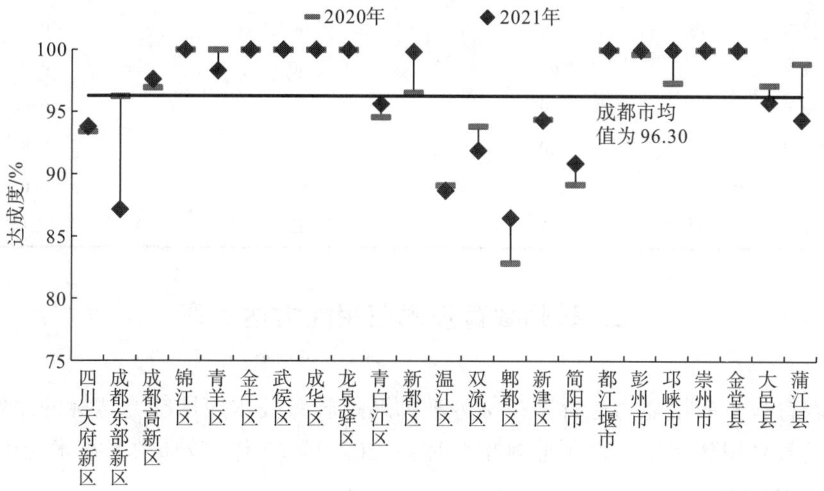

图3.21　2021年成都市各区(市)县百名学生拥有网络多媒体教室数达成度

2. 对总达成度的贡献情况

《成都市区(市)县教育现代化发展水平监测指标体系(2020)》规定，百名学生拥有网络多媒体教室数的权重为 3%。2021 年，该指标对 8 个区(市)县的总达成度有正贡献，对 9 个区(市)县的总达成度有零贡献，对 6 个区(市)县的总达成度有负贡献(表 3.21)。

表 3.21　2021 年成都市各区(市)县每百名学生拥有网络多媒体教室数对总达成度的贡献情况

二级指标	加权达成度/%		对总达成度的贡献
	2020 年加权达成度	2021 年加权达成度	
成都市	2.90	2.89	−0.01
四川天府新区	2.80	2.81	0.01
成都东部新区	2.89	2.61	−0.28
成都高新区	2.91	2.93	0.02
锦江区	3.00	3.00	0.00
青羊区	3.00	2.95	−0.05
金牛区	3.00	3.00	0.00
武侯区	3.00	3.00	0.00
成华区	3.00	3.00	0.00
龙泉驿区	3.00	3.00	0.00
青白江区	2.84	2.87	0.03
新都区	2.90	3.00	0.10
温江区	2.67	2.66	−0.01
双流区	2.82	2.76	−0.06
郫都区	2.49	2.59	0.10
新津区	2.83	2.83	0.00
简阳市	2.68	2.73	0.05
都江堰市	3.00	3.00	0.00
彭州市	2.99	3.00	0.01
邛崃市	2.92	3.00	0.08
崇州市	3.00	3.00	0.00
金堂县	3.00	3.00	0.00
大邑县	2.92	2.87	−0.05
蒲江县	2.97	2.83	−0.14

(二)教师教育技术应用能力达标率

教师教育技术应用能力达标率指标为教师通过教育技术应用能力达标的比例。《成都市区(市)县教育现代化发展水平监测指标体系(2020)》规定，教师教育技术应用能力达标率要达到 90%以上。

1. 目标达成情况

2021 年，成都市 23 个区(市)县的教师教育技术应用能力达标率全部达到目标值(图 3.22)。

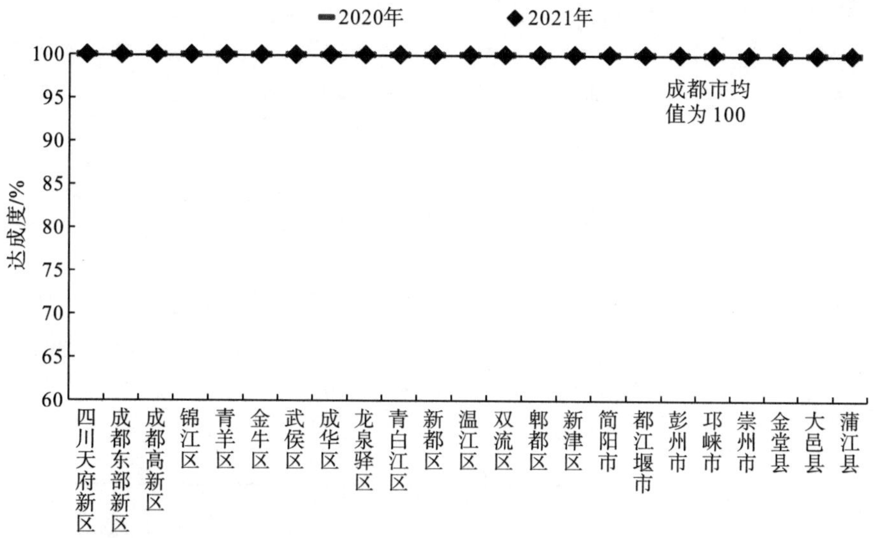

图 3.22　2021 年成都市各区(市)县教师教育技术应用能力达标率达成度

2. 对总达成度的贡献情况

《成都市区(市)县教育现代化发展水平监测指标体系(2020)》规定，教师教育技术应用能力达标率的权重为 2%。2021 年，该指标对 23 个区(市)县的总达成度有零贡献(表 3.22)。

表 3.22　2021 年成都市各区(市)县教师教育技术应用能力达标率对总达成度的贡献情况

二级指标	加权达成度/%		对总达成度的贡献
	2020 年加权达成度	2021 年加权达成度	
成都市	2.00	2.00	0.00
四川天府新区	2.00	2.00	0.00
成都东部新区	2.00	2.00	0.00
成都高新区	2.00	2.00	0.00
锦江区	2.00	2.00	0.00
青羊区	2.00	2.00	0.00
金牛区	2.00	2.00	0.00
武侯区	2.00	2.00	0.00
成华区	2.00	2.00	0.00
龙泉驿区	2.00	2.00	0.00
青白江区	2.00	2.00	0.00

续表

二级指标	加权达成度/%		对总达成度的贡献
	2020年加权达成度	2021年加权达成度	
新都区	2.00	2.00	0.00
温江区	2.00	2.00	0.00
双流区	2.00	2.00	0.00
郫都区	2.00	2.00	0.00
新津区	2.00	2.00	0.00
简阳市	2.00	2.00	0.00
都江堰市	2.00	2.00	0.00
彭州市	2.00	2.00	0.00
邛崃市	2.00	2.00	0.00
崇州市	2.00	2.00	0.00
金堂县	2.00	2.00	0.00
大邑县	2.00	2.00	0.00
蒲江县	2.00	2.00	0.00

六、2021年度成都市各区(市)县教师队伍水平

教师队伍水平主要反映县域教育现代化的人力资源状况。学校能否贯彻素质教育理念，运用先进的教育教学模式来提升教学质量，创办学校特色，都与教师队伍的建设水平密切相关。该指标主要包括各级教育师生比、专任教师学历提高比例、中等职业学校专业课教师达到“双师型”教师比例、中小学专任教师培训进修达72学时比例4项指标。

(一)师　生　比

师生比指标是国际教育评价指标中教育投入部分的必备指标，主要反映教师与所教学生在数量上的合理配置情况。它既可以反映学生获得的师资资源数，也可以反映教师的教学负担情况。《成都市区(市)县教育现代化发展水平监测指标体系(2020)》规定，小学教育师生比要达到1∶19，初中教育师生比要达到1∶13.5，高中教育师生比要达到1∶12.5。

1. 目标达成情况

2021年，成都市有18个区(市)县的各级教育师生比达成度已达到目标值，但仍有5个区(市)县未达到目标值。

2021年，成都市各区(市)县各级教育师生比的达成度均值达到99.39%，高于或等于成都市均值的区(市)县有18个；低于成都市均值的区(市)县有5个，最低的是金堂县，达成度为95.19%(图3.23)。

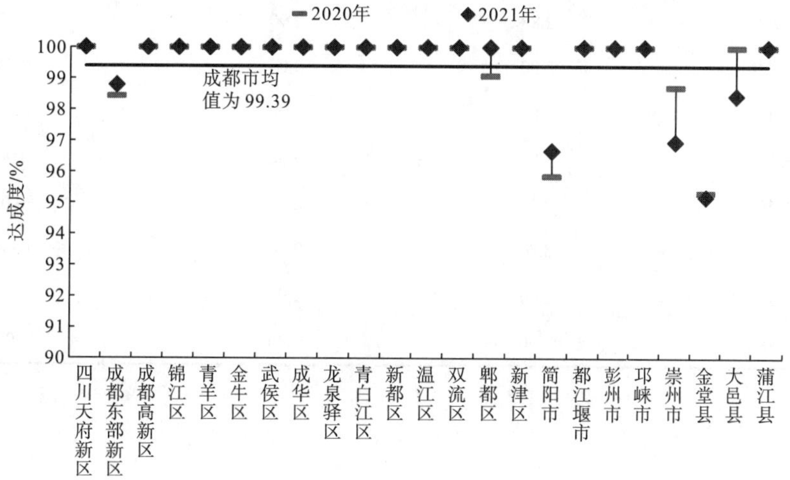

图3.23　2021年成都市各区(市)县师生比达成度

2. 对总达成度的贡献情况

《成都市区(市)县教育现代化发展水平监测指标体系(2020)》规定，师生比的权重为3%。2021年，该指标对3个区(市)县的总达成度有正贡献，对18个区(市)县的总达成度有零贡献，对2个区(市)县的总达成度有负贡献(表3.23)。

表3.23 2021年成都市各区(市)县师生比对总达成度的贡献情况

二级指标	加权达成度/%		对总达成度的贡献
	2020年加权达成度	2021年加权达成度	
成都市	2.98	2.98	0.00
四川天府新区	3.00	3.00	0.00
成都东部新区	2.95	2.96	0.01
成都高新区	3.00	3.00	0.00
锦江区	3.00	3.00	0.00
青羊区	3.00	3.00	0.00
金牛区	3.00	3.00	0.00
武侯区	3.00	3.00	0.00
成华区	3.00	3.00	0.00
龙泉驿区	3.00	3.00	0.00
青白江区	3.00	3.00	0.00
新都区	3.00	3.00	0.00
温江区	3.00	3.00	0.00
双流区	3.00	3.00	0.00
郫都区	2.97	3.00	0.03
新津区	3.00	3.00	0.00
简阳市	2.88	2.90	0.02
都江堰市	3.00	3.00	0.00
彭州市	3.00	3.00	0.00
邛崃市	3.00	3.00	0.00
崇州市	2.96	2.91	−0.05
金堂县	2.86	2.86	0.00
大邑县	3.00	2.95	−0.05
蒲江县	3.00	3.00	0.00

（二）专任教师学历提高比例

专任教师学历提高比例指标主要反映学前教育、义务教育、普通高中阶段教师从事相应层次教学工作的学历程度。《成都市区(市)县教育现代化发展水平监测指标体系(2020)》规定，幼儿园专任教师达到专科及以上比例要达到 90%以上；小学、初中专任教师达到本科及以上比例要达到 95%以上；普通高中专任教师达到研究生比例要达到 15%以上。

1. 目标达成情况

2021 年，成都市有 7 个区(市)县的专任教师学历提高比例达成度已达到目标值，较 2020 年增加 2 个，但仍有 16 个区(市)县未达到目标值。

2021 年，成都市各区(市)县专任教师学历提高比例的达成度均值达到 93.15%，高于或等于成都市均值的区(市)县有 14 个；低于成都市均值的区(市)县有 9 个，最低的是成都东部新区，达成度为 67.95%。

与 2020 年相比，2021 年各区(市)县专任教师学历提高比例达成度增长幅度最大的是邛崃市，增加了 8.95 个百分点(图 3.24)。

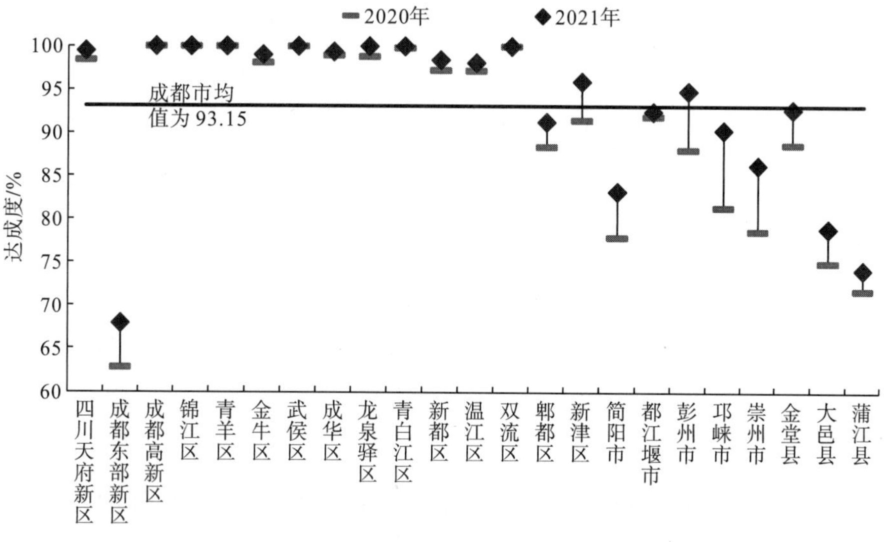

图 3.24　2021 年成都市各区(市)县专任教师学历提高比例达成度

2. 对总达成度的贡献情况

《成都市区(市)县教育现代化发展水平监测指标体系(2020)》规定，专任教师学历提高比例的权重为 6%。2021 年，该指标对 18 个区(市)县的总达成度有正贡献，对 5 个区(市)县的总达成度有零贡献(表 3.24)。

表 3.24　2021 年成都市各区（市）县专任教师学历提高比例对总达成度的贡献情况

二级指标	加权达成度/%		对总达成度的贡献
	2020 年加权达成度	2021 年加权达成度	
成都市	5.44	5.59	0.15
四川天府新区	5.90	5.97	0.07
成都东部新区	3.77	4.08	0.31
成都高新区	6.00	6.00	0.00
锦江区	6.00	6.00	0.00
青羊区	6.00	6.00	0.00
金牛区	5.89	5.94	0.05
武侯区	6.00	6.00	0.00
成华区	5.94	5.96	0.02
龙泉驿区	5.93	6.00	0.07
青白江区	5.99	6.00	0.01
新都区	5.84	5.91	0.07
温江区	5.83	5.89	0.06
双流区	6.00	6.00	0.00
郫都区	5.31	5.48	0.17
新津区	5.49	5.76	0.27
简阳市	4.68	4.99	0.31
都江堰市	5.52	5.55	0.03
彭州市	5.29	5.69	0.40
邛崃市	4.88	5.42	0.54
崇州市	4.72	5.18	0.46
金堂县	5.32	5.56	0.24
大邑县	4.50	4.74	0.24
蒲江县	4.31	4.45	0.14

（三）中等职业学校专业课教师达到“双师型”教师比例

中等职业学校专业课教师达到“双师型”教师比例指标反映职业教育的师资质量状况。“双师型”教师，指既拥有教师资格证，同时又拥有行业技能等级证书的教师。《成都市区（市）县教育现代化发展水平监测指标体系（2020）》规定，中等职业学校专业课教师达到“双师型”教师比例要达到 85%以上。

1. 目标达成情况

2021 年，成都市有 15 个区（市）县的中等职业学校专业课教师达到“双师型”教师比例达成度已达到目标值，较 2020 年增加 3 个，但仍有 8 个区（市）县未达到目标值。

2021 年，成都市各区（市）县中等职业学校专业课教师达到“双师型”教师比例的达成度均值为92.57%，高于或等于成都市均值的区(市)县有19个；低于成都市均值的区(市)县有4个，最低的是简阳市，达成度为33.18%。

与2020年相比，2021年各区(市)县中等职业学校专业课教师达到“双师型”教师比例达成度增长幅度最大的是蒲江县，增加了59.38个百分点(图3.25)。

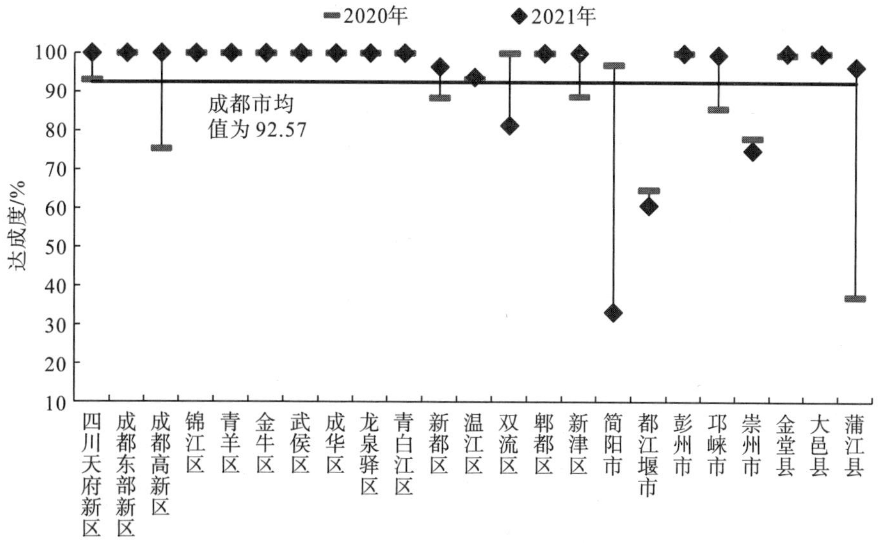

图3.25 2021年成都市各区(市)县中等职业学校专业课教师达到“双师型”教师比例达成度

注：由于成都东部新区无中职学校，B26 中等职业学校专业课教师达到“双师型”教师比例指标达成度视为100%。

2. 对总达成度的贡献情况

《成都市区(市)县教育现代化发展水平监测指标体系(2020)》规定，中等职业学校专业课教师达到“双师型”教师比例的权重为2%。2021年，该指标对8个区(市)县的总达成度有正贡献，对11个区(市)县的总达成度有零贡献，对4个区(市)县的总达成度有负贡献(表3.25)。

表3.25 2021年成都市各区(市)县中等职业学校专业课教师达到“双师型”教师比例对总达成度的贡献情况

二级指标	加权达成度/%		对总达成度的贡献
	2020年加权达成度	2021年加权达成度	
成都市	1.82	1.85	0.03
四川天府新区	1.86	2.00	0.14
成都东部新区	2.00	2.00	0.00
成都高新区	1.51	2.00	0.49
锦江区	2.00	2.00	0.00
青羊区	2.00	2.00	0.00
金牛区	2.00	2.00	0.00

续表

二级指标	加权达成度/%		对总达成度的贡献
	2020 年加权达成度	2021 年加权达成度	
武侯区	2.00	2.00	0.00
成华区	2.00	2.00	0.00
龙泉驿区	2.00	2.00	0.00
青白江区	2.00	2.00	0.00
新都区	1.77	1.93	0.16
温江区	1.87	1.88	0.01
双流区	2.00	1.63	−0.37
郫都区	2.00	2.00	0.00
新津区	1.78	2.00	0.22
简阳市	1.94	0.66	−1.28
都江堰市	1.30	1.22	−0.08
彭州市	2.00	2.00	0.00
邛崃市	1.71	1.99	0.28
崇州市	1.56	1.50	−0.06
金堂县	1.99	2.00	0.01
大邑县	2.00	2.00	0.00
蒲江县	0.74	1.93	1.19

注：由于成都东部新区无中职学校，B26 中等职业学校专业课教师达到“双师型”教师比例对总达成度的贡献视为 0.00。

（四）中小学专任教师培训进修达 72 学时比例

中小学专任教师培训进修达 72 学时比例指标主要反映中小学专任教师每年用于专业发展的时间。根据《教育部关于大力加强中小学教师培训工作的意见》（教师〔2011〕1 号），中小学在职教师规范性年培训时数为 72 学时，每五年累计培训时间不少于 360 学时。《成都市区（市）县教育现代化发展水平监测指标体系（2020）》规定，中小学专任教师培训进修达 72 学时比例要达到 100%。

1. 目标达成情况

2021 年，成都市有 16 个区（市）县的中小学专任教师培训进修达 72 学时比例已达到目标值，较 2020 年减少 1 个，仍有 7 个区（市）县未达到目标值。

2021 年，成都市各区（市）县中小学专任教师培训进修达 72 学时比例的达成度均值达到 97.85%，高于或等于成都市均值的区（市）县有 17 个；低于成都市均值的区（市）县有 6 个，最低的是郫都区，达成度为 85.19%。

与 2020 年相比，2021 年各区（市）县中小学专任教师培训进修达 72 学时比例达成度增长幅度最高的是简阳市，达成度增长了 17.73 个百分点（图 3.26）。

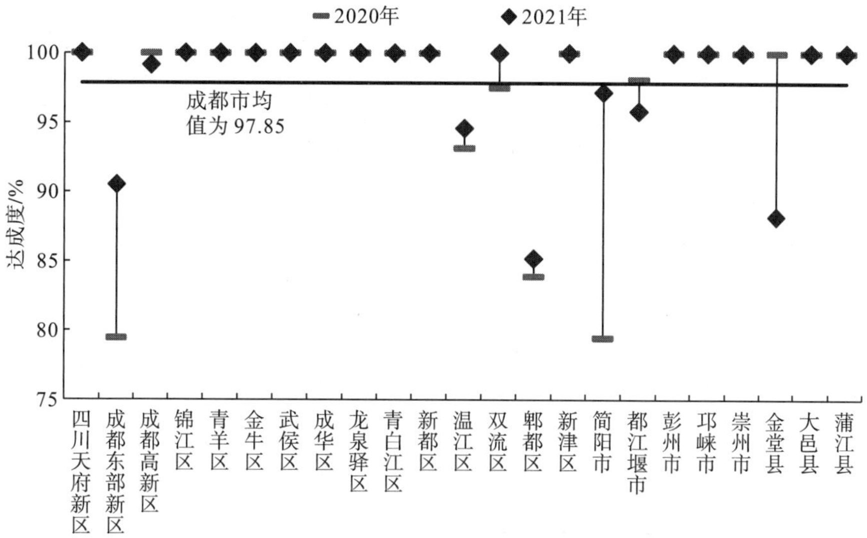

图 3.26　2021 年成都市各区(市)县中小学专任教师培训进修达 72 学时比例达成度

2. 对总达成度的贡献情况

《成都市区(市)县教育现代化发展水平监测指标体系(2020)》规定，中小学专任教师培训进修达 72 学时比例的权重为 2%。2021 年，该指标对 5 个区(市)县的总达成度有正贡献，对 15 个区(市)县的总达成度有零贡献，对 3 个区(市)县的总达成度有负贡献(表 3.26)。

表 3.26　2021 年成都市各区(市)县中小学专任教师培训进修达 72 学时比例对总达成度的贡献情况

二级指标	加权达成度/%		对总达成度的贡献
	2020 年加权达成度	2021 年加权达成度	
成都市	1.96	1.96	0.00
四川天府新区	2.00	2.00	0.00
成都东部新区	1.59	1.81	0.22
成都高新区	2.00	1.98	−0.02
锦江区	2.00	2.00	0.00
青羊区	2.00	2.00	0.00
金牛区	2.00	2.00	0.00
武侯区	2.00	2.00	0.00
成华区	2.00	2.00	0.00
龙泉驿区	2.00	2.00	0.00
青白江区	2.00	2.00	0.00
新都区	2.00	2.00	0.00
温江区	1.86	1.89	0.03
双流区	1.95	2.00	0.05

续表

二级指标	加权达成度/%		对总达成度的贡献
	2020 年加权达成度	2021 年加权达成度	
郫都区	1.68	1.70	0.02
新津区	2.00	2.00	0.00
简阳市	1.59	1.94	0.35
都江堰市	1.96	1.92	−0.04
彭州市	2.00	2.00	0.00
邛崃市	2.00	2.00	0.00
崇州市	2.00	2.00	0.00
金堂县	2.00	1.76	−0.24
大邑县	2.00	2.00	0.00
蒲江县	2.00	2.00	0.00

七、2021 年度成都市各区（市）县教育国际化水平

教育国际化水平主要反映成都教育国际交流与合作的水平。该指标主要由县域年度教育国际化综合实现度体现。

教育国际化综合实现度指标由成都市人民政府教育督导委员会办公室发布。《成都市区（市）县教育现代化发展水平监测指标体系（2020）》规定，教育国际化综合实现度要达到 85%以上。

1. 目标达成情况

2021 年，成都市有 8 个区（市）县的教育国际化综合实现度的达成度达到目标值，有 15 个区（市）县未达到目标值。

2021 年，成都市各区（市）县教育国际化综合实现度的达成度均值达到 89.79%，高于或等于成都市均值的区（市）县有 12 个；低于成都市均值的区（市）县有 11 个，最低的是简阳市，达成度为 58.91%。

与 2020 年相比，2021 年各区（市）县教育国际化综合实现度达成度下降幅度最高的是简阳市，达成度下降了 41.09 个百分点（图 3.27）。

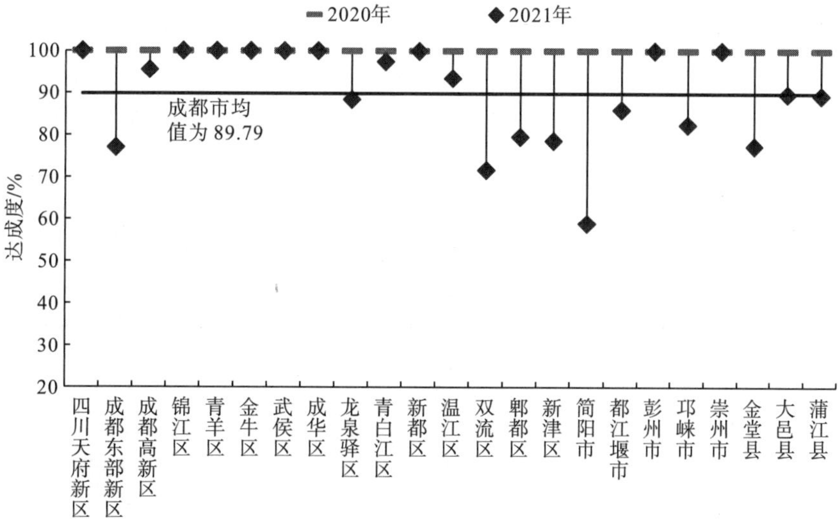

图 3.27　2021 年成都市各区（市）县教育国际化综合实现度达成度

2. 对总达成度的贡献情况

《成都市区（市）县教育现代化发展水平监测指标体系（2020）》规定，教育国际化综合

实现度的权重为 4%。2021 年，该指标对 9 个区（市）县的总达成度有零贡献，对 14 个区（市）县的总达成度有负贡献（表 3.27）。

表 3.27　2021 年成都市各区（市）县教育国际化综合实现度对总达成度的贡献情况

二级指标	加权达成度/%		对总达成度的贡献
	2020 年加权达成度	2021 年加权达成度	
成都市	4.00	3.59	−0.41
四川天府新区	4.00	4.00	0.00
成都东部新区	4.00	3.08	−0.92
成都高新区	4.00	3.82	−0.18
锦江区	4.00	4.00	0.00
青羊区	4.00	4.00	0.00
金牛区	4.00	4.00	0.00
武侯区	4.00	4.00	0.00
成华区	4.00	4.00	0.00
龙泉驿区	4.00	3.54	−0.46
青白江区	4.00	3.90	−0.10
新都区	4.00	4.00	0.00
温江区	4.00	3.74	−0.26
双流区	4.00	2.87	−1.13
郫都区	4.00	3.18	−0.82
新津区	4.00	3.14	−0.86
简阳市	4.00	2.36	−1.64
都江堰市	4.00	3.44	−0.56
彭州市	4.00	4.00	0.00
邛崃市	4.00	3.29	−0.71
崇州市	4.00	4.00	0.00
金堂县	4.00	3.09	−0.91
大邑县	4.00	3.58	−0.42
蒲江县	4.00	3.57	−0.43

八、2021 年度成都市各区(市)县学习型社会建设水平

学习型社会建设水平主要反映县域构建终身教育体系的完善程度和终身教育的发展水平。该指标包括市民终身学习 O2O 平台注册人数占常住人口的比例和从业人员继续教育年参与率 2 项指标。

(一)市民终身学习 O2O 平台注册人数占常住人口的比例

市民终身学习 O2O 平台注册人数占常住人口的比例指标反映的是县域内市民进行终身学习的情况。《成都市区(市)县教育现代化发展水平监测指标体系(2020)》规定，市民终身学习 O2O 平台注册人数占常住人口的比例要达到 3.5%以上。

1. 目标达成情况

2021 年，成都市有 14 个区(市)县的市民终身学习平台注册人数占常住人口的比例已达到目标值，较 2020 年增加 3 个，仍有 9 个区(市)县未达到目标值。

2021 年，成都市各区(市)县市民终身学习平台注册人数占常住人口的比例的达成度均值为 91.55%，高于或等于成都市均值的区(市)县有 17 个；低于成都市均值的区(市)县有 6 个，最低的是双流区，达成度为 55.59%(图 3.28)。

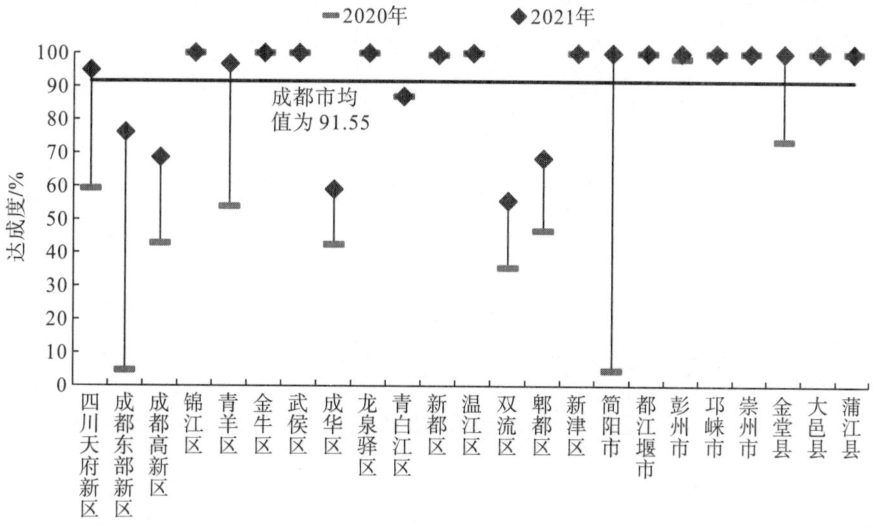

图 3.28 2021 年成都市各区(市)县市民终身学习 O2O 平台注册人数占常住人口的比例达成度

2. 对总达成度的贡献情况

《成都市区(市)县教育现代化发展水平监测指标体系(2020)》规定，市民终身学习O2O平台注册人数占常住人口的比例的权重为2%。2021年，该指标对10个区(市)县的总达成度有正贡献，对13个区(市)县的总达成度有零贡献(表3.28)。

表3.28 2021年成都市各区(市)县市民终身学习O2O平台注册人数占常住人口的比例对总达成度的贡献情况

二级指标	加权达成度/%		对总达成度的贡献
	2020年加权达成度	2021年加权达成度	
成都市	1.59	1.83	0.24
四川天府新区	1.18	1.90	0.72
成都东部新区	0.09	1.52	1.43
成都高新区	0.86	1.37	0.51
锦江区	2.00	2.00	0.00
青羊区	1.08	1.93	0.85
金牛区	2.00	2.00	0.00
武侯区	2.00	2.00	0.00
成华区	0.85	1.18	0.33
龙泉驿区	2.00	2.00	0.00
青白江区	1.74	1.74	0.00
新都区	1.99	1.99	0.00
温江区	2.00	2.00	0.00
双流区	0.71	1.11	0.40
郫都区	0.93	1.37	0.44
新津区	2.00	2.00	0.00
简阳市	0.09	2.00	1.91
都江堰市	2.00	2.00	0.00
彭州市	1.97	2.00	0.03
邛崃市	2.00	2.00	0.00
崇州市	2.00	2.00	0.00
金堂县	1.47	2.00	0.53
大邑县	2.00	2.00	0.00
蒲江县	2.00	2.00	0.00

(二)从业人员继续教育年参与率

《成都市区(市)县教育现代化发展水平监测指标体系(2020)》规定，从业人员继续教育年参与率要达到70%以上。

1. 目标达成情况

2021 年，成都市的 23 个区(市)县的从业人员继续教育年参与率均达到目标值(图 3.29)。

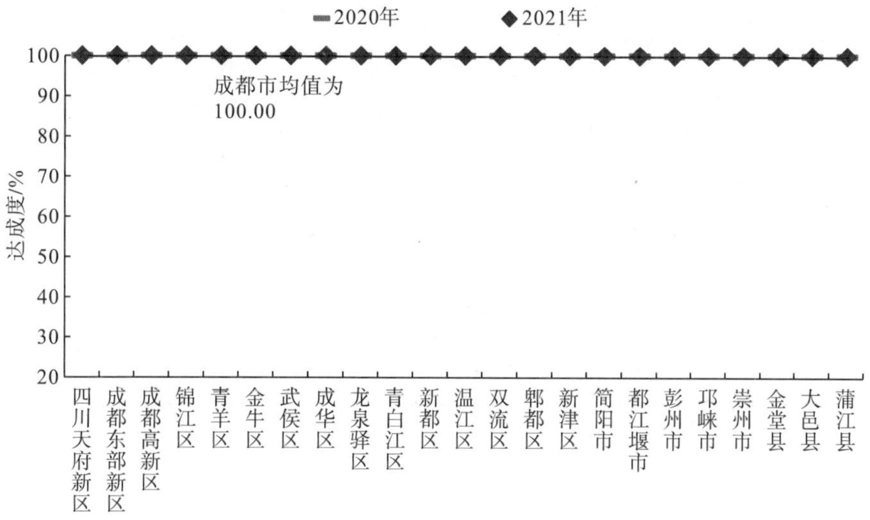

图 3.29　2021 年成都市各区(市)县从业人员继续教育年参与率达成度

2. 对总达成度的贡献情况

《成都市区(市)县教育现代化发展水平监测指标体系(2020)》规定，从业人员继续教育年参与率的权重为 2%。2021 年，该指标对 23 个区(市)县的总达成度有零贡献(表 3.29)。

表 3.29　2021 年成都市各区(市)县从业人员继续教育年参与率对总达成度的贡献情况

二级指标	加权达成度/%		对总达成度的贡献
	2020 年加权达成度	2021 年加权达成度	
成都市	2.00	2.00	0.00
四川天府新区	2.00	2.00	0.00
成都东部新区	2.00	2.00	0.00
成都高新区	2.00	2.00	0.00
锦江区	2.00	2.00	0.00
青羊区	2.00	2.00	0.00
金牛区	2.00	2.00	0.00
武侯区	2.00	2.00	0.00
成华区	2.00	2.00	0.00
龙泉驿区	2.00	2.00	0.00
青白江区	2.00	2.00	0.00
新都区	2.00	2.00	0.00
温江区	2.00	2.00	0.00
双流区	2.00	2.00	0.00

续表

二级指标	加权达成度/%		对总达成度的贡献
	2020 年加权达成度	2021 年加权达成度	
郫都区	2.00	2.00	0.00
新津区	2.00	2.00	0.00
简阳市	2.00	2.00	0.00
都江堰市	2.00	2.00	0.00
彭州市	2.00	2.00	0.00
邛崃市	2.00	2.00	0.00
崇州市	2.00	2.00	0.00
金堂县	2.00	2.00	0.00
大邑县	2.00	2.00	0.00
蒲江县	2.00	2.00	0.00

九、2021年度成都市各区（市）县教育治理水平

教育治理水平是指多元主体共同管理教育公共事务的水平。该指标反映了教育治理体系和治理能力的现代化水平。教育治理体系包括教育政策法律法规制度体系，以及包括政府、公民、其他组织和利益相关人在内的，民主产生这些教育制度和协商、参与实施这些教育制度的社会共治体系。教育治理能力包括教育政策法律法规制度的执行能力，以及实施这些制度所产生的绩效。教育治理体系和治理能力现代化，即教育治理现代化。

教育治理水平指标包括重大公共教育政策决策的社会参与度、重大公共教育政策实施风险评估的比例、学校章程网络公布率、社会及家长对教育满意度4项指标。

（一）重大公共教育政策决策的社会参与度

重大公共教育政策决策的社会参与度指标主要反映县级政府部门制订重大公共教育政策过程中民主决策机制的完善程度。在重大公共教育政策出台时，应严格遵循决策程序公开、民意征集、提案评议、专家论证、决策效果评估、责任追究等制度。《成都市区（市）县教育现代化发展水平监测指标体系（2020）》规定，重大公共教育政策决策的社会参与度要达到100%。

1. 目标达成情况

2021年，成都市有21个区（市）县的重大公共教育政策决策的社会参与度已达到目标值，较2020年增加了6个，另外有2个区（市）县未达到目标值。

2021年，成都市各区（市）县重大公共教育政策决策的社会参与度的达成度均值达到97.83%，高于或等于成都市均值的区（市）县有21个；低于成都市均值的区（市）县有2个，分别是龙泉驿区和邛崃市，达成度均为75%。

与2020年相比，2021年各区（市）县重大公共教育政策决策的社会参与度达成度增长幅度最高的是都江堰市，达成度增长了60个百分点（图3.30）。

2. 对总达成度的贡献情况

《成都市区（市）县教育现代化发展水平监测指标体系（2020）》规定，重大公共教育政策决策的社会参与度的权重为2%。2021年，该指标对8个区（市）县的总达成度有正贡献，对13个区（市）县的总达成度有零贡献，对2个区（市）县的总达成度有负贡献（表3.30）。

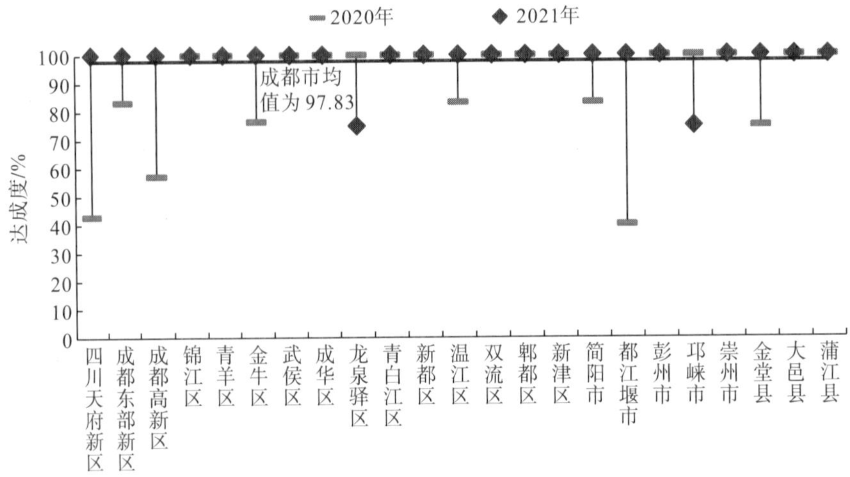

图 3.30　2021 年成都市各区(市)县重大公共教育政策决策的社会参与度达成度

表 3.30　2021 年成都市各区(市)县重大公共教育政策决策的社会参与度对总达成度的贡献情况

二级指标	加权达成度/%		对总达成度的贡献
	2020 年加权达成度	2021 年加权达成度	
成都市	1.78	1.96	0.18
四川天府新区	0.86	2.00	1.14
成都东部新区	1.67	2.00	0.33
成都高新区	1.14	2.00	0.86
锦江区	2.00	2.00	0.00
青羊区	2.00	2.00	0.00
金牛区	1.53	2.00	0.47
武侯区	2.00	2.00	0.00
成华区	2.00	2.00	0.00
龙泉驿区	2.00	1.50	−0.50
青白江区	2.00	2.00	0.00
新都区	2.00	2.00	0.00
温江区	1.67	2.00	0.33
双流区	2.00	2.00	0.00
郫都区	2.00	2.00	0.00
新津区	2.00	2.00	0.00
简阳市	1.67	2.00	0.33
都江堰市	0.80	2.00	1.20
彭州市	2.00	2.00	0.00
邛崃市	2.00	1.50	−0.50
崇州市	2.00	2.00	0.00
金堂县	1.50	2.00	0.50
大邑县	2.00	2.00	0.00
蒲江县	2.00	2.00	0.00

（二）重大公共教育政策实施风险评估的比例

重大公共教育政策实施风险评估的比例指标主要反映县域重大教育决策事项的出台或实施，是否经过社会稳定风险评估的情况。《成都市教育系统重大决策事项社会稳定风险评估实施细则》（成教发〔2014〕4 号）规定，社会稳定风险评估是重大决策事项能否出台或实施的前置程序和必要条件，应当应评尽评、全面客观，查防并重、统筹兼顾，未经评估或者评估未通过的重大决策事项不上会、不决策、不实施。《成都市区（市）县教育现代化发展水平监测指标体系（2020）》规定，重大公共教育政策实施风险评估的比例应达到 100%。

1. 目标达成情况

2021 年，成都市有 21 个区（市）县的重大公共教育政策实施风险评估的比例已达到目标值，较 2020 年增加了 4 个，但仍有 2 个区（市）县未达到目标值。

2021 年，成都市各区（市）县重大公共教育政策实施风险评估的比例的达成度均值为 97.83%，高于或等于成都市均值的区（市）县有 21 个；低于成都市均值的区（市）县有 2 个，分别是龙泉驿区和邛崃市，达成度均为 75%。

与 2020 年相比，2021 年各区（市）县重大公共教育政策实施风险评估的比例达成度增长幅度最大的是成都东部新区和简阳市，均增加了 66.67 个百分点（图 3.31）。

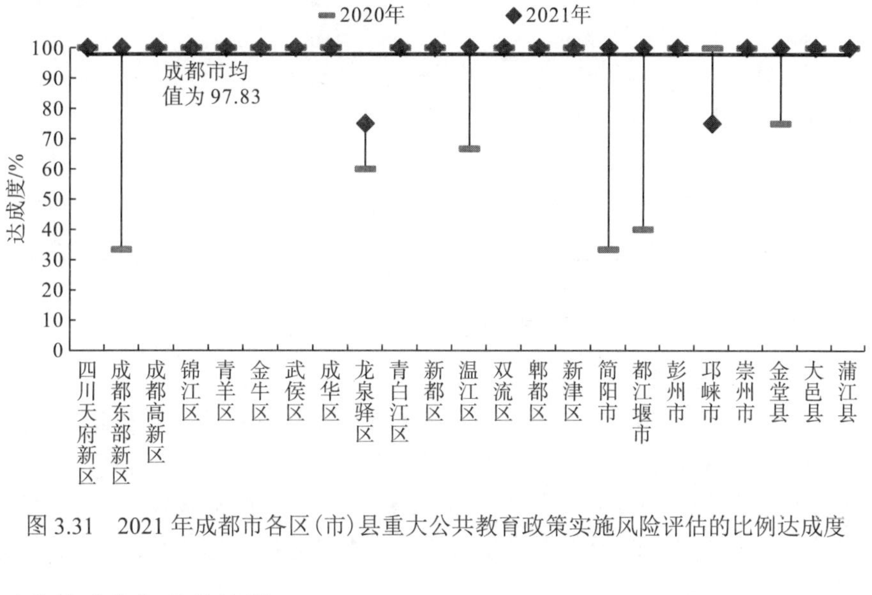

图 3.31　2021 年成都市各区（市）县重大公共教育政策实施风险评估的比例达成度

2. 对总达成度的贡献情况

《成都市区（市）县教育现代化发展水平监测指标体系（2020）》规定，重大公共教育政策实施风险评估的比例的权重为 2%。2021 年，该指标对 6 个区（市）县的总达成度有正贡献，对 16 个区（市）县的总达成度有零贡献，对 1 个区（市）县的总达成度有负贡献（表 3.31）。

表 3.31　2021 年成都市各区(市)县重大公共教育政策实施风险评估的比例对总达成度的贡献情况

二级指标	加权达成度/%		对总达成度的贡献
	2020 年加权达成度	2021 年加权达成度	
成都市	1.80	1.96	0.16
四川天府新区	2.00	2.00	0.00
成都东部新区	0.67	2.00	1.33
成都高新区	2.00	2.00	0.00
锦江区	2.00	2.00	0.00
青羊区	2.00	2.00	0.00
金牛区	2.00	2.00	0.00
武侯区	2.00	2.00	0.00
成华区	2.00	2.00	0.00
龙泉驿区	1.20	1.50	0.30
青白江区	2.00	2.00	0.00
新都区	2.00	2.00	0.00
温江区	1.33	2.00	0.67
双流区	2.00	2.00	0.00
郫都区	2.00	2.00	0.00
新津区	2.00	2.00	0.00
简阳市	0.67	2.00	1.33
都江堰市	0.80	2.00	1.20
彭州市	2.00	2.00	0.00
邛崃市	2.00	1.50	-0.50
崇州市	2.00	2.00	0.00
金堂县	1.50	2.00	0.50
大邑县	2.00	2.00	0.00
蒲江县	2.00	2.00	0.00

(三)学校章程网络公布率

学校章程网络公布率指标主要反映县域内县级中小学校依法治校的能力和水平。根据《成都市中小学校章程制定规程》(成教办〔2015〕9 号)的规定，各区(市)县教育行政部门已于 2017 年底前完成 30%的学校章程核准工作，2017 年底前基本完成所属学校章程核准工作并公布。《成都市区(市)县教育现代化发展水平监测指标体系(2020)》规定，学校章程网络公布率要达到 100%。

1. 目标达成情况

2021 年，成都市有 10 个区(市)县的学校章程网络公布率已达到目标值，较 2020 年增加 1 个，但仍有 13 个区(市)县未达到目标值。

2021 年，成都市各区(市)县学校章程网络公布率的达成度均值达到 92.43%，高于或等于成都市均值的区(市)县有 18 个的达成度达到目标值；低于成都市均值的区(市)县有 5 个，最低的是都江堰市，达成度为 46.51%。

与 2020 年相比，2021 年各区(市)县学校章程网络公布率达成度增长幅度最大的是温江区，增加了 15.09 个百分点(图 3.32)。

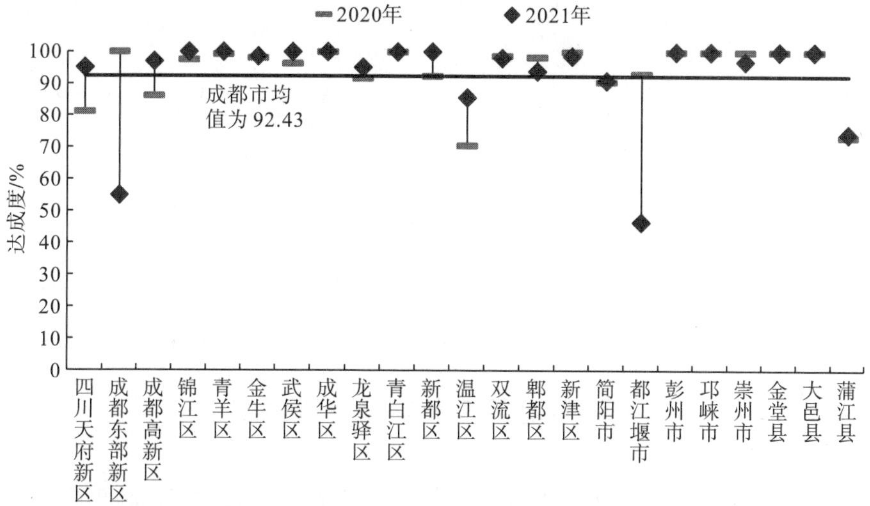

图 3.32　2021 年成都市各区(市)县学校章程网络公布率达成度

2. 对总达成度的贡献情况

《成都市区(市)县教育现代化发展水平监测指标体系(2020)》中规定，学校章程网络公布率的权重为 2%。2021 年，该指标对 11 个区(市)县的总达成度有正贡献，对 6 个区(市)县的总达成度有零贡献，对 6 个区(市)县的总达成度有负贡献(表 3.32)。

表 3.32　2021 年成都市各区(市)县学校章程网络公布率对总达成度的贡献情况

二级指标	加权达成度/%		对总达成度的贡献
	2020 年加权达成度	2021 年加权达成度	
成都市	1.88	1.85	−0.03
四川天府新区	1.62	1.90	0.28
成都东部新区	2.00	1.10	−0.90
成都高新区	1.73	1.94	0.21
锦江区	1.95	2.00	0.05
青羊区	1.99	2.00	0.01
金牛区	1.96	1.97	0.01
武侯区	1.93	2.00	0.07
成华区	2.00	2.00	0.00
龙泉驿区	1.83	1.90	0.07
青白江区	2.00	2.00	0.00
新都区	1.85	2.00	0.15
温江区	1.41	1.71	0.30

续表

二级指标	加权达成度/%		对总达成度的贡献
	2020年加权达成度	2021年加权达成度	
双流区	1.98	1.96	−0.02
郫都区	1.97	1.88	−0.09
新津区	2.00	1.97	−0.03
简阳市	1.81	1.82	0.01
都江堰市	1.86	0.93	−0.93
彭州市	2.00	2.00	0.00
邛崃市	2.00	2.00	0.00
崇州市	2.00	1.94	−0.06
金堂县	2.00	2.00	0.00
大邑县	2.00	2.00	0.00
蒲江县	1.46	1.48	0.02

(四)社会及家长对教育满意度

社会及家长对教育满意度指标主要反映社会公众对学校教育总体效果的接受程度，具体包括社会和家长对教育政策的满意度、对教育质量的满意度、对社会育人环境的满意度等。《成都市区(市)县教育现代化发展水平监测指标体系(2020)》规定，社会及家长对教育满意度应不低于80%。

1. 目标达成情况

2021年，成都市有22个区(市)县的社会及家长对教育满意度已达到目标值，较2020年增加5个(图3.33)。

2021年，成都市各区(市)县社会及家长对教育满意度的达成度均值达到99.98%，高于或等于成都市均值的区(县)有22个；低于成都市均值的区(市)县有1个，是简阳市，达成度为99.50%(图3.33)。

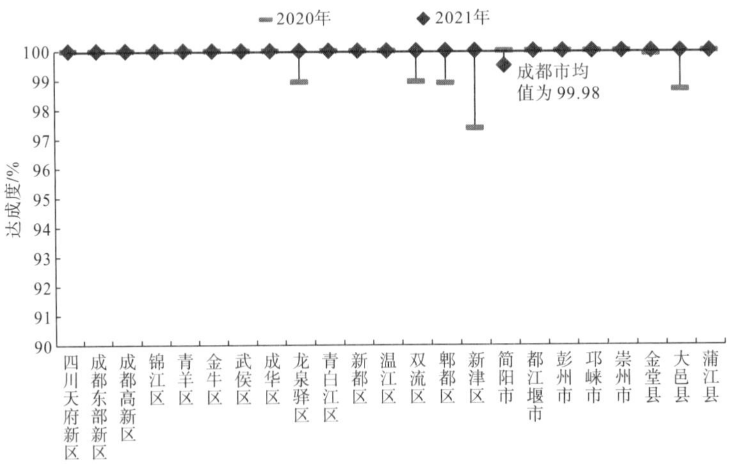

图3.33　2021年成都市各区(市)县社会及家长对教育满意度达成度

2. 对总达成度的贡献情况

《成都市区(市)县教育现代化发展水平监测指标体系(2020)》规定，社会及家长对教育满意度达成度的权重为4%。2021 年，该指标对 5 个区(市)县的总达成度有正贡献，对 17 个区(市)县的总达成度有零贡献，对 1 个区(市)县的总达成度有负贡献(表 3.33)。

表 3.33　2021 年成都市各区(市)县社会及家长对教育满意度对总达成度的贡献情况

二级指标	加权达成度/%		对总达成度的贡献
	2020 年加权达成度	2021 年加权达成度	
成都市	3.99	4.00	0.01
四川天府新区	4.00	4.00	0.00
成都东部新区	4.00	4.00	0.00
成都高新区	4.00	4.00	0.00
锦江区	4.00	4.00	0.00
青羊区	4.00	4.00	0.00
金牛区	4.00	4.00	0.00
武侯区	4.00	4.00	0.00
成华区	4.00	4.00	0.00
龙泉驿区	3.96	4.00	0.04
青白江区	4.00	4.00	0.00
新都区	4.00	4.00	0.00
温江区	4.00	4.00	0.00
双流区	3.96	4.00	0.04
郫都区	3.96	4.00	0.04
新津区	3.90	4.00	0.10
简阳市	4.00	3.98	−0.02
都江堰市	4.00	4.00	0.00
彭州市	4.00	4.00	0.00
邛崃市	4.00	4.00	0.00
崇州市	4.00	4.00	0.00
金堂县	4.00	4.00	0.00
大邑县	3.95	4.00	0.05
蒲江县	4.00	4.00	0.00

后　记

成都市教育现代化发展水平监测，是由成都市人民政府教育督导委员会办公室采用购买第三方技术服务方式，由中国教育学会评价办承接并提供监测技术服务和具体实施的项目。

感谢成都市 20 个区（市）县以及四川天府新区、成都东部新区、成都高新区和相关教育督导部门的大力支持、通力配合。

本书报告了 2021 年成都市教育现代化总体达成情况、各区（市）县教育现代化达成情况和成都市教育现代化各项监测指标达成情况。

技术设计：秦建平、张　惠。
报告撰写：张　惠、邓森碧、李存金、贾巧枝。
数据分析：张　惠、陈飞鹏、姜兴林、张沛玲。
统　　稿：张　惠、邓森碧。
审　　稿：中国教育学会评价办主任秦建平
成都市政府教育督导委员会办公室主任曾晶。